嵖岈锦

程继隆 / 著

人民东方出版传媒
东方出版社
The Oriental Press

图书在版编目（CIP）数据

喳岈锦 / 程继隆著. --北京：东方出版社，2024.8.
--ISBN 978-7-5207-3986-3

Ⅰ . K825.38

中国国家版本馆CIP数据核字第202437FK07号

喳岈锦
（CHAYA JIN）

著　　者：	程继隆
责任编辑：	朱兆瑞
出　　版：	东方出版社
发　　行：	人民东方出版传媒有限公司
地　　址：	北京市东城区朝阳门内大街166号
邮政编码：	100010
印　　刷：	北京联兴盛业印刷股份有限公司
版　　次：	2024年8月第1版
印　　次：	2024年8月北京第1次印刷
开　　本：	710毫米×1000毫米　1/16
印　　张：	25.875
字　　数：	280千字
书　　号：	ISBN 978-7-5207-3986-3
定　　价：	128.00元
发行电话：	（010）85924663　85924644　85924641

版权所有，违者必究
如有印装质量问题，我社负责调换，请拨打电话：（010）85924725

1962年5月1日，奶奶马大妮在嵖岈山翟庄家中

1962年仲秋，遂平县照相馆馆长到家中拍照

1974年5月1日，宋富锦在打印文件，时任步兵第594团团部保密员兼打字员

三弟宋存金入伍后探亲时和奶奶、父亲、母亲等家人合影

1976年5月，宋富锦任步兵第594团警通连副连长，在内蒙古巴盟中后旗、乌盟达茂旗中蒙边境线化装成牧民执行特殊任务

1986年秋，时任武警天津市总队第三支队参谋长的宋富锦，带领司令部全员干部汇报表演"多能训练"成果

1992年12月26日，宋富锦在武警学院海加利公司承建的天津港南疆防波堤工地上察看施工现场，当时受风暴潮影响，施工船搁浅在防波堤上

1997年,宋富锦投资兴建、杨成武将军题名的"富锦希望学校"落成

1997年11月25日，宋富锦（左一）参加武警学院海加利公司黄骅港开工仪式

宋富锦兄妹五人与母亲合影

2003年,宋富锦陪同时任天津市市长戴相龙视察临港工业区海加利工地

2004年9月27日，宋富锦（左一）代表天津海加利公司受让嵖岈山风景区经营权50年暨河南嵖岈山旅游实业发展有限公司揭牌仪式

2009年4月11日，宋富锦出席嵖岈山风景区第一届西游文化节启动仪式

宋富锦视察嵖岈山风景区南山门工地

宋富锦在嵖岈山风景区董事长办公室办公

宋富锦在嵖岈山留影

旅游旺季嵖岈山风景区游客如织

2011年6月25日,天津豫商会馆成立,宋富锦赠送天津市"八一三鸭子楼"1958年11月13日毛主席视察嵖岈山卫星人民公社照片

2015年4月1日，嵖岈山旅游集团公司副总经理宋骁飞（后排中）、总经理宋艳丽（后排右）、董事长宋富锦（后排左）在嵖岈山风景区南山门草坪施工现场

2016年4月16日，嵖岈山旅游集团公司副总经理宋骁飞（左）与途家网代表签订战略合作协议

2016年12月22日，天津市河南商会成立，宋富锦当选会长

2019年6月16日，嵖岈山翟庄家中留影：母亲李玉梅（前排中），宋富锦（前排左二）、大弟宋长金（前排左一）、爱人韩爱华（前排右二，怀抱孙子宋星河）、亲家母丁云（前排右一），后排左起四弟宋学文、女儿宋艳丽、妹妹宋学芝、儿子宋骁飞、儿媳计越、四弟媳李国英

2019年9月8日,宋富锦率领天津河南商会代表团
出席第二十二届中国农洽会

2021年6月22日,宋富锦带领天津河南商会党员开展
"重走长征路 奋进新征程"主题党日活动

宋富锦在天津海加利公司承建的天津北大防波堤工程纪念碑前拍照留念

2021年,宋富锦获得"在党50年"荣誉证书和纪念章

宋富锦在天津东疆港开拓功臣手模墙前留影

2023年10月11日,嵖岈山旅游集团公司董事长兼总经理宋艳丽(左二)在河南省"美好生活"露营展示周暨百度AI创作城市行首发式新闻发布会上发言

目 录

引 子
20年情系嵖岈织锦绣 / 001

第一章
嵖岈山景区前世今生 / 015

第二章
天津海加利是母公司 / 031

第三章
军旅路练就铮铮铁骨 / 053

第四章
怀满腔热血回报乡梓 / 071

第五章
2004，刻骨铭心的改制 / 091

第六章
共产党员的责任担当 / 107

第七章
激情燃烧的团队精神 / 121

第八章
强将手下无弱兵 / 137

第九章
九头牛也拉不回的定力 / 163

第十章
立志誓把嵖岈变金山 / 179

第十一章
旅游标准扎根嵖岈山 / 195

第十二章
友善传递侬家的温暖 / 213

第十三章
AAAAA 景区是怎样创建的 / 233

第十四章
人民公社旧瓶装新酒 / 253

第十五章
西游文化节如火如荼 / 271

第十六章
谁说忠孝不可以两全 / 287

第十七章
亲人们眼中的宋富锦 / 305

第十八章
70 岁交班，女儿挂帅 / 327

第十九章
细节为什么决定成败 / 345

第二十章
用感恩的心感谢有你 / 363

尾　声
奋斗者脚步永不停歇 / 385

引子

20 年情系嵖岈织锦绣

时光如白驹过隙，岁月似银线穿梭。不经意间，由河南嵖岈山旅游集团公司运营的嵖岈山旅游景区，已经走过了20年披荆斩棘的开发历程。一路走来，有艰辛，也有喜悦；顽强拼搏，有汗水，也有收获。如今的嵖岈山，较之20年前，已经是今非昔比，整体面貌有了很大改观，好像"女大十八变"的姑娘，出落得愈加妩媚多姿，招人喜爱。改造后的湖光山色，更像俊朗的小伙儿，年逾弱冠，青春焕发，充满了无限魅力。沉寂多年的嵖岈山，居然是窗户口吹喇叭——名声在外，经营规模由小到大，管理能力由弱到强，游客数量逐年上升，企业效益不断提升，旅游文化独树一帜。

"嵖岈"两个字是当地的方言，嵖是堆积、垒障，岈是犬牙交错、参差不齐、怪石林立。现在"嵖"和"岈"在新华字典中只有一个组词"嵖岈"，解释为"山名，在河南省遂平县"。两个字作为一座山的专用名词，除此之外无任何意义，这样的命名在全国独一无二。这绝无仅有的命名，来自它无与伦比的风景。

众峰峥嵘的嵖岈山，四季分明。春来色彩绚丽，大地一派生机；夏季艳阳火热，烘托山清水秀；秋日天高气爽，风吹落叶缤纷；冬天稍显寂寥，孕育新的生命。嵖岈山是一座神奇的山，她集华山之险，融黄山之灵，汇泰山之峻，采峨眉之风，奇峰张开臂膀，湖水敞开胸怀，欢迎五湖四海宾朋。亲爱的读者，您一定会急切地追问嵖岈山在哪儿。请允许笔者以文字作为向导，陪伴您一起走进锦绣的嵖岈山吧！

层峦叠翠的嵖岈山，坐落在河南省驻马店市遂平县境内，总面积50平方公里，现为国家AAAAA级旅游景区、国家地质公园、国家森林公园、国家重点文物保护单位、首批全国旅游标准化示范单位、国家生态旅游示范区，也是吴承恩《西游记》的创作地和中央电视台电视连续剧《西游记》的外景拍摄地之一。嵖岈山人秉持"绿水青山就是金山银山"的新发展理念，依托得天独厚的生态旅游资源和文化积淀，打造了一条观光、休闲、度假、旅居旅游产业链。

奇石突兀的嵖岈山，它系伏牛山东缘余脉，又名玲珑山、花果山，是一处造型奇特的花岗岩地形地貌的地质遗迹景观。"峰峰有奇石，石石挟仙气"，嵖岈山是罕见的山水景区中的精品、珍品、绝品。大自然上亿年的雕塑，造就了嵖岈山奇峰竞秀、壁立斧削的花岗岩景观，仿佛绝妙的立体山水画。景区内山势嵯峨、犬牙交错、怪石林立。南山、北山、六峰山、花果山、蜜蜡山、鸽子山，比肩而立；秀蜜湖、琵琶湖、百花湖、天磨湖，点缀其间。整个景区有九大景观、九大名峰、九大名棚、九大名洞、九大奇景、九大奇石，各类景点300多处，其中著名景点60多处。

洞壑幽邃的嵖岈山，人文历史悠久，底蕴丰厚，有汉代军事壁垒山城；许多历史文化名人都曾亲临嵖岈山。这里也成为历代文人墨客挥毫泼墨之地。革命战争年代，刘少奇、李先念等老一辈无产阶级革命家曾在嵖岈山留下了征战创业的足迹。1958年，这里成立了中国第一个人民公社——嵖岈山卫星人民公社，毛泽东主席亲临视察，嵖岈山革命年代所孕育的红色精神，在中华民族的发展史上写下了辉煌的一页。

山清水秀的嵖岈山，仰望——悬崖峭壁拔地而起，千岩万壑连云叠嶂；俯瞰——流水潺潺、湖光倒影、鸟翔鱼跃、古木葱茏。她具有奇、险、奥、幽四大特点，享有"中华盆景""中原石林""中州独秀""伏牛奇观"之美誉。这个著名旅游集团的创始人，名字也和嵖岈山一样美，他叫宋富锦，系天津港保税区海加利工程有限公司（以下简称"天津海加利公司"）董事长、天津市河南商会会长。宋富锦是嵖岈山的儿子，是从嵖岈山脚下走出来的企业家，30年的军旅生涯和长期的创业经历塑造了他一心为民的信念和乐善好施的品行。报效家乡父老，助力乡村振兴，尽快实现家乡农业更强、农村更美、农民更富的目标，是他投笔从戎时就立下的誓言，也是他梦寐以求的夙愿。

家乡人为家乡做事，是最令人高兴的事。宋富锦不辞劳苦、顽强拼搏，真抓实干、坚持不懈，始终把乡村振兴这面旗帜顶在头上、放在心上、扛在肩上、抓在手上，真正把让人民群众过上好日子作为自己的奋斗目标，用实际行动谱写了一曲又一曲新时代乡村振兴的动人赞歌。经过20年继往开来，艰苦创业，他带领着他的团队"鼓足干劲争上游，情系嵯岈织锦绣"，受到党和政府以及社会各界广泛赞誉。

宋富锦算不上眉清目秀，也谈不上英俊帅气，他年轻时候的照片笔者也见过，还没有老了神气呢！但是，如果论风度和气质，那可是无论年轻还是年老都不逊色。宋富锦，一米七八的个头儿，腰板挺直，说话干脆，声音洪亮，精气神十足，举手投足仍保持着军人的风范。那笔挺的军姿，一打眼儿就能看得出是当过兵的人，站如松、坐如钟、行如风、声如钟、气如虹。作风干练，一身铁骨，一腔侠情，站在那里像一座黑铁塔似的，里里外外透着一股憨厚而刚毅的气质。他果断幽默，不卑不亢，不温不火，却不乏闪光语言。他可能生来就是一个快节奏的人，说话、思维和行动都特别快，有时一个夸张的快动作，会惹得众人捧腹大笑……

如今，他虽然已经是七十挂零的年岁，面容略瘦，却红光满面；头发花白，却精神矍铄；古稀之躯，却腰板挺直。俗话说：没有人生而英勇，只是选择了无畏。20年前，军人出身的宋富锦回到久别的故乡嵯岈山创业富民，他不负党的光辉，不负国家使命，不负军徽荣耀，不负人民重托，起跑就是冲刺，开局就是决战。宋富锦就是凭着军人那种不怕艰难险阻的精神，开始了他人生的第二次创业。

嵯岈山的日月星辰淬炼他的血性，嵯岈山的蓝天白云见证他的忠诚。在这20年的征程上，有风调雨顺凯歌高奏，有危难之际绝处逢生，有挫折之中的毅然奋起，有失误之后的拨乱反正……现在的嵖岈山不仅是AAAAA级景区，而且是全国文明单位、第一批国家级文明旅游示范单位。为什么嵖岈山旅游景区能在短短的20年取得如此骄人的业绩？用宋富锦的话来回答就是："山因脊而雄，屋因梁而固。做事情是需要一点精神的，嵖岈山的开发亦是仰仗精神支撑的。"宋富锦永远都是一个披了铠甲的战士，即便是他的笑声，也带着一丝金属磁性般的穿透力。

从哲学角度而言，精神是人脑高度组织起来的产物，是人们在改造世界的社会实践活动中通过人脑产生的观念、思想上的成果。正如毛泽东同志那句经典的话，"人是要有一点精神的"。党要有精神，她是信仰；国家要有精神，她是国本；民族要有精神，她是脊梁；社会要有精神，她是阳光。精神穿越历史的云烟，历久弥新；精神经过时代的风雨，更臻醇厚。精神凝聚着力量，精神挺起了脊梁，精神铸就了辉煌。宋富锦的精神使嵖岈山旅游景区披锦绣，让嵖岈山百姓生活更富裕。

在采访的时候，宋富锦激动地说："中原文明博大精深，其核心也在于'精神'二字。胜负之争，精神先见。精神所在，就是血脉所在、力量所在；精神所在，就是活力所在、信心所在。做人做事，姿态可以低，但是脊梁不能弯！作为嵖岈山的儿子，要让自己的母亲感到骄傲！作为归乡的游子，要让自己的家乡感到骄傲！作为河南人，要让中原大地感到骄傲！作为中国人，要让自己的祖国感到骄傲！"

历史从哪里开始，精神就从哪里产生。嵖岈山山峰耸立，挺立的是脊梁；旅游景区勃兴，昂扬的是精神。生为军人唯报国，致富不忘家乡人。2004年，那是一个春天，已经从部队光荣退休的宋富锦，每个月拿着国家给予的可观的退休金并享受部队干休所的优厚待遇……然而，宋富锦的世界观、人生观、价值观与众不同，他认为日子要的是知足，生活要的是幸福，生命要的是健康，做人要的是骨气，做事要的是尽心，人生要的是无悔。就在他本应该珍惜身边幸福、安度晚年生活的时候，让人没想到的是他毅然决然地从繁华的大城市——天津回到了家乡嵖岈山艰苦创业，以如磐的理想敲响了嵖岈山的洪钟，以昂扬的信念拨动着琵琶湖的琴弦。

2004年6月18日，天津海加利公司受让了嵖岈山景区50年经营权，成立了"河南嵖岈山旅游实业发展集团股份有限公司"（以下简称"嵖岈山旅游集团公司"），聘请专家全面规划景区，投入巨资进行景区开发建设，以全新的理念管理经营景区。设计建设了既体现花岗岩地质地貌、地质遗迹特色，又具有高品位景观效果的融地质公园生态山门、山门内外广场、地质博物馆、游客服务中心、砖雕艺术馆、亚洲最高的大型观光水车组、休闲游憩带为一体的综合服务区，开辟了河南省内第一条长6公里的环湖木板路、花岗岩步游道等项目建设工程……

嵖岈山的旅游文化出自锦绣山水，锦绣山水绵延文化依赖于精神。嵖岈山旅游景区精神遗产优良，文化底蕴丰富，与西游文化、"石猴文化"密切相连，源远流长。唐代的著名高僧玄奘早年在嵖岈山一带诵经修行，明代的"淮安才子"吴承恩为避祸远行，途经嵖岈山而流连忘返，从嵖岈山天造地设的悬崖里、惟妙惟肖的奇石中汲取灵感，撞开了酝酿已久的文学艺术闸门，以嵖岈山千奇百怪的原生石景和有关狐仙鬼怪传说为素材，创作了文学名著《西游记》。书中的许多人物形象都能在嵖岈山的天然奇石中找到原型，像南山石猴院中的巨大石猴，就是人称"天下第一猴"孙悟空的化身，还有唐僧诵经、八戒醉酒、沙僧放马、白龙出水、老君花园等景观。置身于此，恍若进入了《西游记》神话世界。历史与现实紧相连，1998年中央电视台又以嵖岈山为外景拍摄了电视连续剧《西游记》，进一步丰富了《西游记》传奇文化的内涵，大大地提升了嵖岈山的知名度。

嵖岈山旅游景区有罕见的花岗岩球状风化地貌，有奇山秀水，琵琶湖、天磨湖、秀蜜湖、百花湖四颗明珠镶嵌在山中。文化是旅游的灵魂，旅游是文化的载体，精神是文化的内涵。为深入挖掘嵖岈山旅游景区独特的地质资源，嵖岈山人着力打造以西游文化和山地极限运动为主题的鲜明品牌符号，充分展示嵖岈山旅游产业集聚区的巨大变化，提振了嵖岈山人的精气神，提升嵖岈山旅游景区的整体品牌形象。精神所在，就是力量所在；血脉所系，就是动力所系。嵖岈山的风骨，宋富锦的气魄，鼓舞和强壮了嵖岈山人。

艰难方显勇毅，磨砺始得玉成。就像中央电视台电视连续剧《西游记》主题曲里的歌词那样："敢问路在何方，路在脚下。"天不怕地不怕的宋富锦，就是这样一个大写的人。在采访的时候，他深情地对笔者说："我有个特点：在顺境中，深思实干；在逆境中，挺胸前行；在绝境中，告诉自己'我是最棒的，一定能成功'。"他始终用智慧运筹帷幄，用创新引领发展，用胆识攻坚克难。因此，宋富锦的人生箭头永远是向前向上的！

用宋富锦的话说：因为当过兵，就是铁打的汉。不管是在部队，还是在地方，一个优秀的团队，应该有一个灵魂人物，这就像电视剧《亮剑》中的赵刚评价李云龙时所说的台词那样："一支部队也是有气质和性格的，而这种气质和性格与首任军事主官有关。他的性格强悍，这支部队就强悍，就呱呱叫，部队就有了灵魂。从此，无论这支部队换了多少茬人，它的灵魂仍然在。"这句话是很有哲理的。因此，走进一支部队或者了解一个团队，就必须抓住灵魂人物。宋富锦就是这样的灵魂人物，他在团队中的能量举足轻重。

那么，宋富锦这个灵魂人物的团队能量究竟是怎样发挥的呢？

在采访的时候，宋富锦坦言："我没有像样的文凭，初中二年级就应征参了军，所以后来拼命复习考上天津政法管理干部学院脱产学习两年才获得了大专文凭；我没有靠山，从军30年都是靠苦干实干逐级提拔的；我不聪明，几十年来没有一项任务的完成是走了捷径；我没有什么诀窍，只知道默默无闻地工作，下的都是'笨'功夫……我一步一个脚印地走了过来，忠诚地担负起党、部队和人民赋予的责任和使命；我只不过是始终没有忘记党的恩情、部队的培养、人民的抚育、亲朋的支持……"

我们不妨打开宋富锦的履历看一看，就会发现他说的都是大实话。

宋富锦，1951年5月出生于河南省遂平县嵖岈山下的一个小山村，1969年末入伍，中共党员，大专文化。在30年的军旅生涯中，历任无线电报务员、保密员、副连长、连长、参谋、营长、支队参谋长、副支队长、武警学院部队管理系学员队长（正团职、曾被系里选派到天津港、黄骅港为部队搞"三产"创收，从此涉足商界）等职。他曾经荣立二等功一次、三等功四次……

数十年如一日，宋富锦就是满怀爱党、爱军、爱民的心情进入工作状态的。他对党充满感情，对军队、对群众饱含深情，对工作拥有热情，对事业壮怀激情。"把工作放在心上，把心放在工作上"，是宋富锦的口头禅，也是他做好工作的法宝。2000年从部队光荣退休后，年过半百的他，迎来了人生的"第二青春期"，成为搏击商海的弄潮儿。无论在天津，还是在河南驻马店；无论在企业，还是在景区，他都孜孜不倦地发挥着自己的光和热，而且后发优势十分强劲。宋富锦认为，最好的生活方式，是和一群志同道合的人，一起奔跑在理想的路上，回头有一路的故事，低头有坚定的脚步，抬头有清晰的远方。

在采访的时候，宋富锦感慨万端，诚如其言，战友之间，无话不谈，他与笔者推心置腹："俗话说：人生七十古来稀。我的老战友啊！大哥已是年逾古稀之人，在党组织的关怀照顾下，衣食无忧，晚年幸福。作为一名受党和部队培养教育多年的老党员、老战士，我在工作岗位的时候都没有向任何荣誉伸过手，如今都光荣退休了，我更没有任何名利思想。在有生之年，我只有一个心愿：我爱党，愿党的事业蒸蒸日上；我爱国，愿国家飞速发展繁荣富强；我爱人民，愿人民的生活蒸蒸日上；我爱家乡，愿家乡的父老乡亲幸福安康……由于我不善表达，我就是想感谢党和人民给了我这么多荣誉，或者说我是借了党和人民的光才取得了这些业绩，我的职场能量离不开党和部队的教育培养，离不开人民群众的认可和支持，离不开改革开放时代的阳光雨露……把我人生的几段经历记录下来的目的，只为抒发一下我爱党、爱军、爱民的情怀，也许还能为后人留下点儿经验和教训……能够达到这样的目的，此生无悔，此愿足矣！"

这就是老共产党员、老退役军人宋富锦，无愧于党、无愧于部队、无愧于人民、无愧于历史、无愧于时代的责任与希望。宋富锦说："努力不一定会有回报，但努力的过程一定会让你成为更好的自己。不要质疑你的付出，每一点心血都在为你铺路，让你成为更优秀的人。尽最大的努力，做你最想做的那件事，成为你最想成为的那种人！"

积土成山，风雨兴焉；草木零落，冬去春回。共产党人最讲实事求是，最爱为人民服务。对宋富锦的采访，给笔者留下了深刻的印象。笔者发现，他并不是不善表达，而是非常健谈，谈话逻辑清晰、简明扼要、中气十足、直截了当，蕴含着充沛的真诚、坦荡、理性与自信，一直夹带着让人备受鼓舞的激情、热情和乡音……

通过多次来嵖岈山旅游观光、考察采访及所见所闻的资料数据，笔者深切地感受到：在嵖岈山，宋富锦是一面镜，一面拷问灵魂的镜；在嵖岈山，宋富锦是一杆旗，一杆催人奋进的旗；在嵖岈山，宋富锦是一座桥，一座无私承重的桥；在嵖岈山，宋富锦是一架梯，一架助人登高的梯。"躬身做桥，挺身为梯"，这是笔者对老战友宋富锦概括性的评价，也是他70余年人生境界的真实写照。时光雕琢着经年，深浅都有些痕迹。绿草知春，翠柳知夏，红枫知秋，寒雪知冬。流年逝去，收拾经年积累的回忆，闲时诉尽那片片碎语，为永远的今日添一份情趣。

时间是最客观的见证者。千年中华，雄姿沃土；浩瀚中原，人才辈出。烟火撩人，星光耀眼；青山不墨千秋画，绿水无弦万古琴。20年，时间不长，树高千尺有根，水流万里有源。20年，时间不长，现实让人繁忙，未来令人神往。20年，时间不长，泉水川流不息，精神传承弘扬。"自己选的路，咬着牙也要把它走完。"宋富锦说,"其实有时我觉得,这个咬牙的动作特别可爱且宝贵。因为它意味着自己其实知道自己选的路很辛苦、很难走。但是,只要有意义,我就选择坚持。我认为,只有敢蹚别人没蹚过的河,才能收获别样风景;只有敢走别人没走过的路,才能铺就锦绣前程;只有敢拓前人没垦过的荒,才能开辟新的绿洲。"

情系嵖岈织锦绣,钟灵毓秀写华章。二十年如一日,宋富锦对嵖岈山的情,不是一般人能够说清的;二十年如一日,宋富锦对嵖岈山的爱,不是一般人能够理解的。

第一章

嵖岈山景区前世今生

第一章 嵖岈山景区前世今生

在宋富锦离开家乡之前,他感到家乡的嵖岈山是最美丽的;在他走出家乡之后,他仍然认为家乡的嵖岈山是最美丽的。从军30年,他到过许多名山大川,但是有名气不等于美,他认为,只有嵖岈山的美才是真的美。他对家乡嵖岈山的依恋情有独钟,他对家乡嵖岈山的好感有增无减。就像李白读懂了敬亭山一样,宋富锦与嵖岈山也是"相看两不厌"。他无论走到哪里,都魂牵梦绕着嵖岈山。他觉得嵖岈山是一部词典,年轻时读它薄,年长时读它厚。

嵖岈山有雄壮的风采,也有朴素的品格。嵖岈山既豪迈,也俊秀。嵖岈山时而鬼斧神工,时而平淡无奇。从某种程度上说,宋富锦的性格和嵖岈山的性格相通,他们都是刚强的,不惧怕任何压力,但平常却显得和蔼慈祥,文质彬彬,英俊柔情。嵖岈山虽无言,然非无声。那飞流直下的瀑布,是它壮丽的交响曲;那潺潺而流的小溪,是它优美的琴声倾诉;那汩汩而涌的泉水,是它亮丽的歌喉展示;那怒吼的松涛,是它对肆虐狂风的抗议;那清脆的滴答,是它对流逝岁月的记录。这一切,美在宋富锦的心中。

挺拔天地,粲然四季,垂范千古,启迪万物,这是嵖岈山给予人类的厚重酬报。可以说，宋富锦对家乡嵖岈山的爱，三天三夜也说不完；宋富锦对家乡嵖岈山的情，是他决心开发嵖岈山的动力。

嵖岈山旅游景区位于中国的中部，隶属于郑州和武汉两大都市圈交会的枢纽地驻马店市，坐落在遂平县城西20多公里处，京广铁路、京广高铁从县城东西两侧纵贯而过，京港澳高速、商南高速、许信高速、焦桐高速和107国道等多条公路大动脉联通四方。嵖岈山像地缘上的纽扣，区位和交通优势十分明显。嵖岈山旅游景区总面积50平方公里，自然风光，如雨如烟如雾，点点是情，滴滴是意。用心感受这独特的韵味，游客的脑海中会留下轻纱般的温柔，有意无意间将嵖岈山美丽的风景收藏在心底。天然风韵，醉了蓝天，醉了白云，醉了太阳，醉了月亮，醉了山林，醉了奇石，醉了水禽，醉了花草，也醉了游客的心！

嵖岈山旅游景区系伏牛山东缘门户，又名玲珑山、嵯峨山和石猴仙山。景区内人文史迹星罗棋布，自然景观不胜枚举，置身其中，仿佛步入了一座雄伟神奇的地质宝库，又像走进了一个精彩绝伦的山水乐园，看不完的奇峰怪石、碧水幽洞，品不尽的人文史迹和地质奇观。望山，玲珑山、嵯峨山、花果山、六峰山，奇峰峭立，怪石嶙峋，千姿百态，层峦叠翠。看水，天磨湖、琵琶湖、百花湖、秀蜜湖、碧波潭、鹰愁涧，潭瀑相连，流水潺潺，湖水荡漾，钟灵毓秀。观花，郁金香、薰衣草、玫瑰、向日葵竞相绽放、争奇斗艳，万亩花海，花香四溢。泡泉，富含氯、硫、氟、氡、钙、钾、镁等30多种微量元素和矿物质的纯天然温泉，三步一小汤，五步一大汤，雾气氤氲，热气腾腾。品文化，这里有春秋时代的吴王墓和吴王城，有汉代大型军事壁垒山城和200多处古兵营遗址，有北齐三石窟和唐代的黄巢洞、清代的乾隆探险洞等众多的名胜古迹和人文景观；这里是西游文化、女娲文化、公社文化的发源地，也是全国第一个人民公社的诞生地和电视连续剧《西游记》的外景拍摄地，被誉为"东土西天、西游之源"。

嵖岈山地处亚热带与暖温带过渡地带，是典型的大陆性季风型半湿润气候，阳光充足，雨量充沛，温和湿润，四季分明。景区内林木森森，挺拔秀丽，虬枝横空，蔓藤缠绕，古朴卓越，韵味无穷。春季鲜花漫野，如梦如幻；夏季万木滴翠，云卷云舒；秋季丹桂飘香，红叶满山；冬季苍松傲雪，山舞银蛇。四季景色迷人，美轮美奂，是生态山水观光和休闲度假旅游的精品、珍品、绝品，有"中华盆景、天下奇观"和"仙山花海、灵水香泉"之美誉。明代吏部尚书、诗人许赞曾在此留下了"嵖岈山秀寻仙踪，隐隐云壑十万峰"的著名诗篇。当代著名书法家李铎也在此写下了"漫道黄山天下奇，嵖岈俏丽世间稀。千重瑰壁嵯峨甚，绝巘灵峰看欲迷"的赞美之辞。

嵖岈山经历五千年的文明繁衍，积淀了深厚的民族文化，不仅有优秀的旅游资源，而且是一片充满生机的热土。嵖岈山人民群众在党的带领下建设家园，取得了丰硕成果。

嵖岈山旅游景区于1987年12月被省政府列为河南省第一批省级风景名胜区，隶属于遂平县人民政府，由副处级的县政府直属事业单位嵖岈山旅游景区管理委员会统筹管理。可是由于经验不足，经营不善，资金链断裂，举步维艰。招商引资，势在必行。2004年6月18日，遂平县人民政府与天津海加利公司签订了《嵖岈山旅游景区旅游资源经营权转让合同书》，将嵖岈山旅游景区的经营权整体转让给新成立的河南嵖岈山旅游实业发展集团股份有限公司。嵖岈山旅游集团公司是宋富锦于2004年9月24日在河南省工商局以8000万元注册成立的民营企业，主要从事旅游资源、旅游区（点）的开发经营，旅游区内交通及配套服务，旅游商品设计与宣传销售，农业旅游开发，旅游关联产业的投资，旅游策划及管理咨询。

深化旅游企业改革，建立市场经济机制，是做大做强遂平县旅游产业的必由之路。按照党的十六大关于"实行所有权和经营权分离"的原则和《中共河南省委、河南省人民政府关于进一步促进非公有制经济发展的决定》精神，在2003年的全省旅游工作会议上，时任副省长贾连朝明确要求，各省辖市要进行1~2家旅游景区（点）改制试点工作，使各试点景区实行市场化运作、企业化管理。会议还要求省旅游局与各省辖市旅游局签订目标责任书，进行年终考核，实行奖罚兑现。所以，抓住机遇，超前运作，在遵守国家法律、法规和政策的前提下，在景区规划的统一指导下，实行所有权、管理权、经营权的相对分离，实现景区（点）企业化管理、市场化运作，让景区（点）在竞争中发展，在市场中激发活力，已成为旅游景区改制的关键。

旅游资源经营权转让是市场经济发展的必然趋势。进入21世纪以来，全国县以上旅游景区（点）如雨后春笋般地大量涌现，推向市场的各类旅游新产品急剧增加，旅游市场的竞争日趋激烈。特别是2001年我国加入WTO（世界贸易组织）以后，一些著名的国际旅游集团公司正以独资、合资、合作的形式向国内拓展业务，以其品牌优势、资金优势、网络优势、人才优势和管理优势与我国的旅游业展开竞争。不少国际旅游集团公司利用其优势挤占客源，在自身的品牌内形成客源流动，严重冲击我国的客源市场，致使一些规模不大、投入不足、管理不善、效益不好和人才奇缺的旅游景区（点）面临着入不敷出、难以生存的局面。基于这些原因，全国已有数百家旅游景区（点）捷足先登，通过出让、转让或拍卖旅游资源经营权等形式进行改制，与规模大、实力强、信誉好的大企业集团联合开发，达到了以资源换资金、以存量换增量的目的，使昔日步履维艰、身陷困境的景区（点）焕发出新的生机和活力，甩掉了政府投资的包袱和承担债务的风险，实现了游客人数和旅游总收入的井喷式增长。

在这样的大背景下，中共遂平县委、遂平县政府认为，旅游资源经营权转让是嵖岈山旅游景区走出困境、实现跨越式发展的必由之路。十几年来，经过历届党委、政府领导班子的不懈努力，嵖岈山旅游景区的开发建设已取得了初步的成效，具备了经营权转让的条件和基础：资源品位高，自然旅游资源丰富多彩，人文旅游资源璀璨夺目；可进入性强，处于伏牛山和黄淮海平原的接合部，区位优越，交通便利；开发潜力大，随着旅游市场需求和开发力度的不断加大，奇石观光游、休闲度假游、地质科普游、西游探奇游和公社文化游等一系列旅游精品将应运而生；市场前景好，除已稳固占领周边一、二级客源市场外，外围三级市场亦有望得到开发；外部环境优，市、县领导的高度重视，为市场化运作，企业化管理的旅游开发机制形成提供了可靠的组织保证；工作基础好，嵖岈山旅游景区的水、电、路、通信等基础设施日臻完善，旅游景点建设初具规模，为嵖岈山旅游资源经营权转让奠定了坚实的基础。

嵖岈山旅游景区的建设，虽然已具备了一定的基础，取得了初步的成效，但从现代旅游企业制度的要求和旅游市场激烈竞争的情况来看，还存在着不少制约因素。

债务沉重，后劲乏力。截至2003年，景区已欠银行贷款本息1622.095万元，财政局技改借款70万元，旧基建账款93.3万元，拆迁费50万元，其他债务214.3万元，共计2049.695万元，若按10年分摊偿还，每年仅还款一项就达205万元，加上每年经营成本400万元左右，每年需开支605万元左右，而景区门票年收入最高还不足400万元，存在严重的亏损现象。同时，嵖岈山旅游景区为了达到国家AAAAA级景区、国家级地质公园揭牌标准，当时还需要进行大规模的项目建设，如地学博物馆、地质科普长廊、东山门广场扩建改造、琵琶湖野营基地、天磨湖经东山门至琵琶湖内环线、南北山吊桥、天磨湖夜游、西游记文化广场、儿童游乐园广场、西游记雕塑、供水工程、ISO 9001质量体系认证、ISO 14001环境体系认证等一系列工程建设，3年内急需6000万元左右的资金投入。而根据遂平县级财政的实力，眼前无力拿出资金支持景区建设，银行贷款额度因负债也严重受限，嵖岈山旅游景区开发建设存在着巨大的资金缺口。

体制不顺，机制不活。政府是市场规则的制定者和执行者，集旅游资源所有权、管理权、经营权于一身，既当运动员，又当裁判员。在市场竞争中，理应企业是运动员，政府是裁判员。如果政府既当"裁判员"又当"运动员"，那么市场就会出现不公平竞争、借助权力排挤竞争对手等现象，影响经济的健康发展。市场规则是市场经济正常运行的保障。市场运行如果没有"游戏规则"，就会处于无序、混乱状态，市场机制无法实现资源的合理配置，无法实现优胜劣汰，甚至可能出现劣胜优汰。失去监督，缺乏竞争，难以按市场经济规律办事。

渠道不畅，人才匮乏。由于景区没有按照现代企业经营机制进行运作，员工能进不能出，干部能上不能下，缺乏激励竞争机制，干多干少、干好干坏一个样，致使优秀人才不能脱颖而出，外地人才不能吸引过来，造成人才尤其是中高级管理和导游人才缺乏。这个时候，老化的供给创造不了新的需求。就像一台"老车"，仅仅加点油、加点水，不行，需要大修，需要保养，需要换"发动机"。

观念陈旧，管理落后。在旅游行业快速发展之时，嵖岈山景区面临着许多困难，存在着许多亟待解决的问题：缺乏先进的管理理念和模式，制度不健全，措施不到位，致使机制不活，效率不高，影响了景区的快速发展。

面临以上种种阻碍发展的制约因素，嵖岈山旅游景区只有通过出让旅游资源经营权，转换企业经营机制，引进雄厚的资金、优秀的管理人才和先进的经营理念，才能摆脱发展困境，跟上时代前进的步伐。

面对诸多困难，嵖岈山旅游景区急需招商引资，吸纳民营资本，盘活实体经济。这才有了宋富锦在嵖岈山旅游景区第二次创业的壮举。

创业一定要有领军人物，宋富锦就是这样的领军人物。领军人物是创业企业的灵魂，没有一个强有力的领军人物，创业不可能成功。对于大多数创业企业来说，如果缺乏领军人物，公司基本经营不好；而如果领军人物胜任，公司成功的概率在80%以上。一帆风顺的人生，谁都可以说自己是优秀的船主。只有风暴来临的时候，才能真正分辨谁优谁劣。当然，面对逆境，你有能力驾驭，并迎难而上，这是一种智慧；面对强者，你分析自己的弱势，并选择避让，这也是一种智慧。

每个成功企业的成长过程都是一个"破茧化蝶"的过程，需要随机应对，需要有预见性，需要执着……所有的一切，都需要领军人物的心力、智力、魄力和体力。创业公司各方面都没有定型，产品、市场、资源、资金和团队等什么都缺，都需要领军人物来解决。领军人物善于发现问题和解决问题，对行业趋势、市场变化预测有自己独到的见解，能指明发展方向，团结和带领团队奋进。

领军人物需要具备三大素质（志存高远、心力强大、胸怀宽广）和两大能力（战略水平、学习能力）。领军人物必须志存高远，有强烈的事业心，相信创业一定能够成功。领军人物必须心力强大，无论遇到什么重大问题和重大事故，都能处变不惊，沉着应对。领军人物必须胸怀宽广，必须先人后己、有舍有得、愿意分享、身先士卒，才能号召起团队。领军人物必须有战略水平，必须具备制定战略目标、打法的能力，一个好的战略事半功倍，一个坏的战略事倍功半。领军人物还要有学习能力，时代变化很快，创业公司能否适应市场变化取决于领军人物的决定，领军人物不断学习吸收别人的成败经验与教训，吸收新的知识提高自我的认知水平，才能更好地带动团队前进。

作为嵖岈山旅游景区的领军人物，这些特质宋富锦完全具备。2004年景区改制以来，景区的公共服务和旅游基础设施日臻完善，旅游服务质量明显提高，各项管理进一步规范，特别是西游文化体验项目、景区行者酒店休闲度假项目、国家地质公园配套设施项目、观赏项目和智慧旅游景区公共服务项目的开发，更是把嵖岈山装扮得如诗如梦、风采迷人，形成了登山、赏花、品文化、休闲、娱乐、泡温泉的最佳产品组合。

随着景区知名度、美誉度的不断提升，嵖岈山旅游景区先后获得了40多个国家和省级品牌与荣誉，主要包括国家AAAAA级旅游景区、国家地质公园、国家森林公园、国家生态旅游示范区、国家国土资源科普基地、首批全国旅游标准化示范单位、全国中小学水土保持教育社会实践基地、国家水土保持科技示范园、全国休闲农业与乡村旅游示范点、中国女娲文化之乡、全国"天下奇观"旅游景区、全国青年文明号、全国文明单位、全国第一批国家级文明旅游示范单位、中国旅游景区协会理事单位、中国历史文化名镇、2014中国旅游总评榜年度最受欢迎景区、2015中国体育旅游精品景区、河南省首批旅游产业集聚区、河南省首批旅游度假区、河南省十大新锐旅游景区、河南省首届"十大优美的地质景观"、河南最美的地方、全省十佳山水景观、全省旅游黄金周最想去的地方、河南省文明风景旅游区、河南省平安景区、全省优秀风景名胜区、全省青年文明号旅游景区、河南游客口碑最佳景区、中原旅游十年最具潜力品牌、全省文化产业发展先进企业、全省服务业领军企业、全省诚信文明示范单位、河南省旅游系统先进集体、河南省特色文化基地、河南省林业产业化重点龙头企业、河南省百佳旅游摄影创作基地、2014河南旅游创新景区、2015年度旅游突出贡献奖、2016年度旅游目的地品牌力奖、2016年度旅游策划营销创意奖等。品牌的创建和提升，有效地提高了嵖岈山旅游景区的经济效益、社会效益和生态效益。2016年嵖岈山旅游景区共接待中外游客227万人，带动了当地吃、住、行、游、购、娱等相关服务业全面发展。2020年以来又先后被中央精神文明建设指导委员会评定为全国文明单位，被全国旅游标准化技术委员会评定为第一批国家级文明旅游示范单位。嵖岈山旅游景区正以其独特的自然景观、人文景观与完善的配套设施和优质的旅游服务，笑迎八方游客，喜盼四海宾朋的到来。

宋富锦带领的嵖岈山旅游集团公司现有员工208人，其中大专及本科以上学历人员105人，高级经济师、工程师、审计师、会计师18人。公司成立以来，按照"科学定位抓规划、打造精品抓建设、拓展市场抓营销、规范运作抓管理"的工作思路，不惜重金，高薪聘请了高层管理人员，搭建了公司管理架构；按照现代旅游企业制度要求，制定完善了一系列规章制度、工作措施和岗位职责；完成了《嵖岈山国家地质公园规划》和《嵖岈山旅游景区控制性详细规划及修建性规划》编制。

为了尽快把嵖岈山旅游景区打造成全省一流、全国知名的精品景区，公司先后投入10亿多元用于景区的开发经营和新产品打造。

强力度完善旅游配套设施。按照国家AAAAA级景区标准，新建了生态山门、游客服务中心、生态广场、环湖栈道、观光步行道、观光吊桥、观光车公路、景观式湖坝、大型风车、喷泉、瀑布、雾森系统、智慧化景区和景区环卫设施、购物设施、安全设施、观景设施、休息设施、标识系统等，夯实了景区转型发展的硬件基础。

高品位提升休闲度假功能。按照规划要求，开发了集生态旅游度假区、琵琶湖旅游休闲体验游览区、精品酒店、特色商业街于一体的休闲度假旅游产品。

高标准配套运动体验项目。按照规范标准要求，配套飞拉达攀岩、丛林飞跃、水滑道、滑翔伞、ATV体验、观光魔毯、六峰山自助探险游等休闲体验和运动娱乐项目建设。

精品化开发文化旅游项目。先后建成了西游记砖雕艺术馆、西游文化雕塑园、唐僧师徒四人大型组雕、西游文化广场、文化牌坊、文化廊亭和吴公亭、黑风洞、美猴王诞生处等一批文化旅游项目，先后成功举办了九届西游文化节和山地运动文化节，进一步提升了景区的文化品位。

全方位实施标准化管理和服务。公司在通过ISO 9001服务质量管理、ISO 14001环境质量管理和GB/T 28001职业健康安全管理国际认证的基础上，结合自身管理需要，制定完善了包含基础管理、建设管理、运营管理等六大系统、28个子体系、374个标准的《嵖岈山旅游景区标准化管理体系》，并通过全方位实施旅游标准化管理，增强了公司抓好转型发展工作的压力感和责任感，规范了各项工作流程和管理服务，使全体员工树立了"以人为本的服务理念"，做到了从各个环节为游客提供个性化、精细化、特色化服务，最大限度地满足了游客需求，提升了嵖岈山旅游景区的整体形象。

第二章

天津海加利是母公司

2000年，宋富锦从部队光荣退休，因为在部队就有办"三产"的经验，所以他征衣未解再跨鞍，成为天津海加利公司的负责人。他仍然像在部队一样，知责于心、担责于身、履责于行。短短几年的时间，宋富锦就把企业做得风生水起，在他的第二故乡天津颇有名气，在河南老乡的圈子里口碑节节高。

"宋家老大在天津填海造地挣大钱、发大财啦！"这个足以令家乡父老炫耀的消息，在宋富锦的老家嵖岈山下不胫而走，而且越传越神、越传越远，嵖岈山镇—遂平县—驻马店，甚至一度传到了省会郑州。

这时，遭遇资金困难的嵖岈山旅游景区和遂平县的有关领导，也想到了从家乡走出去的"财神爷"宋富锦，派要员赶赴天津寻求支援。"老乡见老乡，两眼泪汪汪"，更何况宋富锦是个恋家乡、重感情的人，他早就有勤劳致富回报家乡的想法，眼前家乡的困难就是他自己的困难，不能袖手旁观、置之不理。通过双方进一步洽谈，嗑儿越唠越近，情越扯越浓，宋富锦回乡创业的动力日益强烈。

那天晚上，宋富锦躺在床上翻来覆去睡不着觉，家乡嵖崿岈山的一石一水、一草一木，他都备感亲切……宋富锦觉得自己回报家乡的机会来啦！他"一骨碌儿"从床上爬起来，提笔写下了一首诗来表达自己当时的心情：

岁月于人有不饶，
且将余热付今朝。
心头储就崿岈意，
脱下军装再弄潮。

把自己挣到手的钱，投资给家乡，是输是赢，他都认了，这也叫肥水不流外人田。于是，双方经过近两年的磋商洽谈、资产评估、办理手续、人员配置、经营权转让……天津海加利公司就这样成了河南崿岈山旅游集团公司的母公司。

那么，河南省驻马店市的遂平县，当时出于什么考虑，决定将崿岈山旅游资源经营权转让给个人呢？为什么觉得宋富锦创办的天津海加利公司是最有潜力的？这次招商引资具有怎样的紧迫性、必要性和可行性呢？

天津海加利公司是国内第一批获得港口与航道工程施工总承包一级资质的民营企业，创建于1993年。这家公司原隶属公安部中国人民武装警察部队学院（简称武警学院，2018年转制更名为中国人民警察大学），根据中共中央办公厅、公安部办公厅、中国人民武装警察部队、天津市建委文件精神及军办企业与主管部门脱钩的有关规定，于1999年3月转制为有限责任公司。海加利公司多年来秉承以往部队企业的优良素质和严格作风，在公司开拓业务过程中，创造了优秀的业绩及良好的品牌和口碑。由部队企业转制，以港口工程施工为主体，业务范围覆盖建设工程、仓储物流、园林绿化、教科文卫、旅游发展等领域。具有港口与航道工程施工总承包一级、水利水电工程施工总承包二级、市政公用工程施工总承包二级、建筑工程施工总承包三级、地基基础工程专业承包三级、环保工程专业承包三级等施工资质。

在采访中，笔者见到了嵖岈山镇断山口村原支书张随，他和宋富锦同村，两家是房前屋后的邻居，世代交好。他说："宋大哥虽然比我大几岁，但是小时候我们都愿意和他玩。他心地善良而且办法多，经常帮助我们。放假的时候他常带着我们在嵖岈山中放牛放羊，在石板河中摸鱼捉虾。我十分佩服他对时间的把握，我们在嵖岈山中翻山越岭放牧的时候，因为没有手表，总是把握不准离家的距离和回家的时间，不知不觉中就离家很远了，而他总是能够及时组织大家往回走，让我们在日落之前平安回到家中。"

张随继续回忆道："大哥是个点滴之恩就涌泉相报的人。他接手天津海加利公司后，安排我到公司上班。他在给我们开会的时候经常讲：'在你困难的时候帮助过你的人，一定要记在心上。'大哥指着我说：'我当兵走的时候，家里穷，是村里的乡亲们给我凑钱做路费。走的时候，张随的奶奶拿着自己都舍不得吃的专门为我做的十个油馍和家里仅有的十来个鸡蛋把我送到村口,这让我一生难忘。'后来大哥提拔我当项目部生产经理、项目经理直至嵫岈山旅游集团公司副总经理。我十分感谢大哥对我的信任,在自己的岗位上努力工作,总想尽力回报他的知遇之恩。

"记得2003年的冬天,公司在年前一个半月放假,让大家回家过年。回到家还没有几天,我就接到了宋大哥的电话,告诉我天津东疆的业主单位年前有一项围堰工程还在施工,但是由于天气寒冷,加上海面风高浪急,原有的施工单位一直无法完成围堰施工最重要的环节——合龙口。年近尾声,业主单位非常着急,必须组建一支素质过硬、技术优良的施工单位才能按时完成工程任务,通过对日常项目、施工执行情况的比较,他们选择了海加利公司完成这项艰巨的任务,所以让我辛苦一下,带队把这项任务完成。我接到董事长的命令后,立即联系组织40多人的队伍,董事长安排我们乘坐大巴返回天津。见到董事长后,他和我们说:'时间紧,任务重,请大家立即登船作业,在保证安全的前提下确保完成任务,下船后给你们庆功。'

"董事长坚定的话语,鼓足了我们的干劲,我们40多人带着董事长的嘱托和信任,在船上一干就是40多天,吃住在船上,未曾离船半步。被子被海水浸湿了,我们和衣而卧;衣服被海水泡硬了,揉揉再穿上;衣领的盐碱把每个人的脖子磨破了,但是我们从未叫苦,没有一个人掉队,我们心中始终有个信念,绝不辜负董事长的委托。经过大家的共同努力，终于在业主要求的期限内按时按量完成了任务，为公司争得了荣誉。在下船的前一天，董事长安排人把员工的工资和奖金40多万元送到我的手上。因为工程刚结束，工资还未最终统计出来，当天无法将钱发到每个员工的手上，我抱着40多万元现金，很不放心，生怕有个闪失将钱弄丢，好在灵机一动，我给每个班组长发5万元，分开保管，美其名曰'有福同享，平安过年'。第二天，当钱分到大家手中的时候，他们看到自己手里的工资比以前多了一倍还多，以为公司算错了，我和大家解释说，这是董事长多给大家的奖励，大家听到都开心得不行。下船后，董事长亲自在塘沽最大的火锅店盛情款待我们，不但给我们饯行，还安排专车送我们回家过年。"

顺势而为硕果累。天津海加利公司顺应新形势、展现新作为、谱写新篇章，以京津冀协同发展为契机，以天津滨海新区港口建设为重点，业务核心区域紧紧围绕沿渤海"一圈"、黄海"一线"，沿中原"一中心"，构建出"一圈一线一中心"的战略发展布局。公司的施工足迹遍布天津港、河北黄骅港、江苏连云港、山东滨州港与烟台港、辽宁鲅鱼圈港等多个沿海港口，先后承揽和实施天津港北疆港区、南疆港区、东疆港区、天津港保税区、天津临港工业区、天津南港工业区、天津中新生态城、原北京军区乐亭靶场、福建厦门大嶝岛、河南嵖岈山旅游景区等区域的大规模开发建设，在港口建设、围海造陆、地基加固、市政道路、水利设施、园林绿化、环境景观等施工领域具有丰富的建设和管理经验。

技术队伍精。天津海加利公司拥有一支团结、高效、专业的管理团队，技术力量雄厚，技术骨干大多为中青年职工。而且，公司还通过中国船级社 ISO 9001 质量管理体系认证、OHSAS 18001 职业健康安全管理体系认证、ISO 14001 环境管理体系认证，历年通过年度审核和管理评审，拥有"交通运输企业安全生产标准化建设一级"达标等级证明。海加利公司有高级职称人员 35 人，中级职称人员 116 人，项目经理 39 人，形成了可靠的技术保障体系，已发展成为一个"实力强、设备精、技术硬、管理严、作风优、信誉好"的覆盖工程、餐饮、仓储、物流等多项业务的综合型企业。

公司实力强。海加利公司拥有 1.5 亿元的固定资产。几年来，先后顺利完成了天津港南疆防波堤工程，天津港客、货码头维修工程，河道改造及市政道路工程，海河口清淤围堰工程，天津市平房改造工程，天津港保税区南卡口工程，天津碱厂二期海上渣场续建（围埝）工程，黄骅港引堤及翻车机房地基处理工程，天津港散货物流中心二期煤堆场工程，天津港南疆防波堤南二期围埝工程，原北京军区乐亭靶场防潮堤及军事设施工程和天津临港工业区一期工程护岸北段等工程的施工，均因质量优良、管理科学、施工安全、信守合同而赢得客户的一致好评。

企业信誉高。天津海加利公司在 1996 年至 2003 年先后多次被黄骅港筹建办、黄骅港建设指挥部、中国人民解放军

66035部队乐亭施工指挥部、天津港散货物流中心、天津港务局、天津临港工业区建设开发有限公司等单位和部门评为"安全文明施工企业""重合同、守信誉施工企业""优秀施工企业""技术创新企业"和服务用户满意单位。

故乡情谊深。海加利公司董事长宋富锦是遂平县嵖岈山旅游景区断山口村人，是遂平籍在外埠创业卓有成效的代表人物之一，他视事业为生命，由原来的军队干部成功转变为一个富有创新精神和创业实力的企业家。他对自己的家乡情有独钟，常年招用家乡民工500~800人，曾在断山口村捐资修建富锦希望小学，决心报效家乡，愿意将自己的聪明才智和多年的积蓄贡献给嵖岈山旅游景区的开发建设。

因此，天津海加利公司成为嵖岈山旅游景区实现改制的理想对象。由天津海加利公司这一实力强、信誉好的企业投资开发嵖岈山，将会给嵖岈山的发展注入新的活力，为景区插上腾飞的翅膀，使遂平县的旅游发展前景更加广阔。

天津海加利公司的投入力度逐步加大，5年内投入1亿元，用于嵖岈山旅游景区琵琶湖野营度假基地、天磨湖夜游、地质博物馆、东山门广场扩改建、瀑布群水体景观、景区娱乐表演项目、东环山水系工程、嵖岈山卫星人民公社旧址和景区相关旅游设施建设开发，从而使嵖岈山以新的风貌向游客展示新的亮点，向市场推出新的卖点。

新的投资方带来了先进的管理经验和经营理念，嵖岈山旅游景区的管理水平有了显著提高。为了进一步提升旅游景区经营管理能力，天津海加利公司正式聘请了河南省旅游局原主管业务的副局长、正厅级巡视员、全省旅游界的权威方洪莲担任嵖岈山旅游景区高级顾问和总策划，聘请河南科技大学原旅游系系主任、时任鹤壁市旅游局局长苏进峰担任嵖岈山旅游开发有限公司总经理，并按照现代旅游企业制度的要求，加快组建管理团队。这种不拘一格、举贤荐能的企业用人模式，进一步提高了嵖岈山旅游景区的经营管理和服务水平。

嵖岈山旅游景区的促销推广活动得到进一步规范，改变了此前市场营销与产品打造脱节的现象，使促销与建设相辅相成，形成良性互动。景区的良性运营，为县政府旅游管理部门腾出了大量的时间和精力用于管理监督，专心致志地实施全县的景区规划、行业管理和资源保护等工作。通过纳税和门票固定回报等形式为县财政创收的同时，节约了基础设施建设和宣传促销开支。景区还大量吸纳劳动力，缓解当地就业压力，加快再就业工程的实施步伐。在嵖岈山旅游景区的带动下，景区（点）开发齐头并进，旅游特色更加凸显，服务功能更加完善。

嵖岈山旅游景区的开发对县域经济发展的辐射带动作用不断增强。随着开发资金的快速注入和精品景点的陆续推出，嵖岈山风景区的游客量和经济收入大幅度增长，使产业链条不断拉长，带动交通、通信、城建、金融、贸易、保险、宾馆、餐饮、娱乐等相关行业的迅速发展。

嵖岈山旅游景区引入外部投资人，获得了长足的发展。那我们有必要回顾遂平县党政主管部门是如何走上旅游资源经营权转让这条新路的。首要一点是弄清旅游资源经营权与所有权、管理权的关系。旅游资源从广义上讲，应包括林业部门批准的各级森林公园，建设部门批准的各级风景名胜区，环保部门批准的各种自然保护区，文物部门批准的各级重点文物保护单位，国土资源部门批准的各级地质公园和地质遗迹保护区，旅游部门批准的各级旅游定点单位以及世界文化遗产和世界地质公园。此外，旅游资源还应包括与其相关的外延部分，如知识产权、线路组合、无形资产等。长期以来，由于遂平县旅游主管部门对旅游资源这一概念认识不清，所以，对旅游资源所有权、管理权和经营权能否分离存在一些不同的看法。

关于旅游资源的所有权问题，国家现有的法律法规已有明确规定，即旅游资源的所有权归国家，是不能出让的，但旅游资源经营权是可以出让的。《中华人民共和国水法》第三条规定："水资源属于国家所有，即全民所有。农业集体经济组织所有的水塘、水库中的水，属集体所有。国家保护依法开发利用水资源的单位和个人的合法权益。"《中华人民共和国土地法》第二条规定："中华人民共和国实行土地的社会主义公有制，即全民所有制和劳动群众集体所有制。土地使用权可以依法转让。"

国家所有的旅游资源具体应由谁来管理呢？应当是各级

政府及其职能部门。各级政府以及有关职能部门拥有管理权，即管理、执法、监督的权力。但最终靠谁管理呢？常常是由政府及政府的职能部门直接管理，或是由企业直接经营，向政府交纳一定的管理费。大多数的旅游资源项目都是这样运作的，大多数的管委会、管理局、管理处行使着政府管理权，而大多数企业掌握着经营权，或者合二为一，或者分而治之。从建立社会主义市场经济现代企业制度和对国有资产保值增值的角度出发，应该对三权（所有权、管理权、经营权）进行严格分割，使之相互制约、共同发展，建立"产权清晰，权责明确"的现代旅游企业制度，按照市场经济的要求办事。

旅游资源经营权的"出让"或"转让"是符合目前形势与发展要求的，同时也能给国家的旅游资源保值增值，增加新的生机和活力，对于盘活国有资产、充分利用资源具有重大意义，是符合国家法律和发展要求的。

从理论上分析，旅游资源的"出让"只是经营权的合法转让，但管理权还是由政府及有关职能部门掌握，这是由旅游业涉及多方面的特性决定的。从产权理论来讲，产权是一种权力束，包括占有权、使用权、收益权和转让权。根据产权的可分割、可转让特性，在不改变所有者性质的前提下，可以使同一资源满足不同的人在不同时间的不同需要，而且只有在产权可以被分割的情况下，才能提高资产的利用效率。当产权被禁止处置的时候将会降低资产的实际效用。

在传统体制中，产权被束缚于限定的所有者，即使其他主体可能具备更优越的条件或者愿意投入更多的资金，试图对旅游资源更好地加以利用，也是不可能的。因此，根据产权的不同属性和特点，在保证国家拥有所有权的前提下，经营权从景区资源中剥离出来。运用市场化手段，在规定合同约束下，通过法定程序确定景区所有者与经营者的权利和义务，在一定时间、空间范围内将景区经营权以委托、租让、股份合作等形式，交由经营者运作，并不违反旅游资源属国家所有的基本原则。所以说，旅游景区资源的所有权与经营权分离不仅是可行的，而且具有规模越来越大、范围越来越广的趋势。

他山之石，可以攻玉。国内不乏旅游资源经营权转让成功的范例。

2001年，山东曲阜组建曲阜孔子国际旅游股份有限公司，购入曲阜的"三孔"（孔庙、孔府、孔林）等九大景区的经营管理权，深圳华侨城集团控股50%，为最大股东，其他股份则由曲阜孔子旅游（集团）公司、曲阜电缆（集团）股份有限公司、山东省中国国际旅行社等公司持有。

2002年2月，四川省宣布，出让三星堆遗迹、九寨沟国家森林公园、四姑娘山风景区等10大风景区经营权，寻求对外合作。浙江青田石门洞风景区对景区规划范围内的旅游资源开发使用经营权实行整体租赁式转让30~50年，开发经营者交付2000万~3000万元的转让租赁金即可获得开发经营权，拥有景区范围内全部的唯一的旅游开发经营权，实行独立经营、自负盈亏的企业运营模式。

2003年9月，建设部将贵州省列为旅游资源特许经营试点省。次年2月28日，贵州省黔西南布依族苗族自治州兴义市人民政府与浙江青鸟旅游投资集团，就马岭河峡谷——万峰湖国家重点风景区的特许经营项目达成协议。浙江青鸟旅游投资集团以缴纳特许经营费的形式获取特许经营权，特许经营期限为50年。

四川省雅安市委、市政府冲破阻力，审时度势，在关键时刻大胆决策：1997年将碧峰峡景区旅游资源经营权转让给成都万贯集团置业股份有限公司50年，雅安市政府按碧峰峡门票收入的10%分成，万贯集团获得该景区90%的门票分成。万贯集团接手后一期投入资金1.8亿元升级景区软硬件，9个月后竣工运营。2000年一年就接待游客93万人次，较1997年增长23倍，旅游直接收入6000多万元，较1997年增长200倍，实现利润2580万元，上缴税费500多万元，成为雅安市的第一利税大户，存量价值比投资的1.8亿元翻番。几乎是在一夜之间，碧峰峡就令雅安这个曾经年财政收入仅3000万元的城市名声大振。碧峰峡的名气使雅安的招商引资迎来了前所未有的辉煌，仅2000年便招商引资30多亿元，其中冲着"碧峰峡模式"而来的旅游开发项目就有4个，投资总额高达10亿元。

以上这些仅是公开报道的，实际上以"出让"或"拍卖"转让经营权的旅游企业不计其数。远的不说，近点的也有。

2002年7月2日,河南省新乡市辉县市把八里沟景区经营权出让给北京龙脉温泉疗养院50年,由受让方出资1.2亿元进行景区开发建设,双方按门票净收入(门票总收入扣除经营成本)的4∶6分成,即辉县市得4,受让方得6。这拉开了河南省风景名胜区出让经营权的序幕。

根据这些旅游资源经营权转让的成功范例,遂平县政府报上级主管部门拟定嵖岈山旅游景区经营权转让模式及主要条款。我国旅游资源的产业发展,涉及两方或两方以上合作问题时,通常采取合作经营、合资经营或经营权转让三种模式。景区经营权整体转让已经被实践证明是成功可行的模式。经营权转让较之其他两种模式,有着明显的特点,其优点有四:独家经营,外部干涉较少;不担心由于股东差异而产生的麻烦;受托企业可在较短时间内成功调整项目的销售结构,增加现金流;可操作性强,且有成功案例可循。原国家旅游局规划发展与财务司曾就国内各旅游景区资源现状撰文指出:在旅游运行和发展机制方面,四川、湖南等省利用出让景区开发经营权等机制创新取得骄人的成就。解决问题的最终关键因素是解放思想,更新观念,提高和统一认识。思想解放推动机制创新,机制创新带动资金投入,资金投入改变落后条件,最终促进旅游业的快速发展。

通过深入细致的考察、酝酿和探讨,遂平旅游主管部门把嵖岈山旅游景区改制的模式确定为旅游资源经营权转让,其具体内容是"整体转让,固定回报,独立经营,自负盈亏"。整体转让，就是将嵖岈山风景区所属的50平方公里景区的经营权一并由县政府转让给天津海加利公司。固定回报，就是出让和受让双方协商同意，每年以门票销售收入比例分成的形式由受让方回报给出让方。独立经营，就是受让方对景区实施全方位的经营，出让方不再介入景区的任何经营活动。自负盈亏，则是经营的效益完全由经营企业自理，政府将不再动用财政弥补景区经营的亏损。

根据嵖岈山旅游景区改制所选择的上述模式，经遂平县委、县人大、县政府、县政协四个班子联席会议议定，2004年6月18日，遂平县政府与天津海加利公司在河南省政府于温州举行的旅游招商会上正式签订了《嵖岈山风景区经营权转让合同》，其主要条款包括以下几个方面。

嵖岈山旅游景区经营权转让主体的确定。嵖岈山风景区旅游资源的转让主体包括出让主体和受让主体。出让主体为遂平县人民政府，是风景区资源和出让项目的所有方，目前代表国家拥有嵖岈山旅游景区的产权，包括所有权、管理权、经营权和处置权。受让主体为天津海加利公司，是受托经营景区资源和项目的法人方。在嵖岈山旅游景区经营权转让工作中，上述两方将作为转让主体出现。在完成一系列的转让程序、进入经营权转让后的实施阶段时，须采取转让主体和实施主体区别化的战略，两方都将在各自的管理框架内通过授权方式由具体的机构完成有关经营权实施工作。出让主体遂平县人民政府不直接参与嵖岈山旅游景区的有关管理工作，而是在将现有嵖岈山旅游景区管委会职能转移的前提下，组建新的代表政府的景区管理机构，它不介入景区具体的经营管理，其主要职责是对受让经营权的企业的经营活动实施必要的宏观管理、监督和政策服务。受让主体天津海加利公司在遂平注册成立遂平嵖岈山旅游开发有限责任公司，对风景区进行开发和日常的经营管理。

转让内涵的权属确认。本次转让涉及的产权只是嵖岈山旅游景区全部产权（所有权、使用权、收益权和处置权）中的使用权和收益权，合称经营权，既不触动关键的所有权，也不涉及资源的处置权，这种产权多元化的格局符合国家近年来的方针政策。

转让经营开发范围。主要范围包括嵖岈山旅游景区和黑龙潭、塔厥林场、马吴亮岗、嵖岈山卫星人民公社旧址、红石崖景区、下宋水库区域。经营范围以外至148平方公里内可开发利用的旅游资源，乙方享有优先开发经营权。

转让经营期限。转让经营期限为50年，自2004年6月18日签订合同起至2054年12月31日止。

乙方投资。50年内投入开发建设资金总值不低于5亿元（包括基本建设、基础设施的新建及更新改造、荒山绿化、市场营销、品牌打造及食、住、行、游、购、娱等相关配套项目的软硬件投入价值），其中前5年投入不低于1亿元。主合同书及附属补充协议签署并交接后，至2005年10月1日前，优先开发琵琶湖、东山门广场、地质博物馆、夜游项目、嵖岈山卫星人民公社旧址、下宋水库、万人洞，并进行南山、北山、天磨湖景区的基础设施完善工作，使其达到国家AAAAA级旅游区和国家地质公园标准；至2006年10月1日前，优先开发红石崖、六峰山、嵖岈山度假村、瀑布群、娱乐表演项目，并完成景区观光吊桥建设；至2007年10月1日前，优先开发东环山水系工程（石板河大坝至天磨湖猴桥大坝）及黑龙潭、塔厥林场、马吴亮岗荒山等；至2008年10月1日前，优先开发148平方公里以内可开发的其他旅游项目。

旅游从业人员安置。景区管委会所属行政管理人员由县政府安排，原景区管委会所属全部旅游经营工作人员由天津海加利公司负责接纳，具体事宜按劳动法规及公司用人制度执行。

转让费构成、金额及支付方式。转让费由两部分构成：一部分为承接转让前甲方（转让方）所属景区原有银行贷款本息余额约1622万元（截至本合同签署之日，以贷款凭证为准）；另一部分为景区山门门票分成。景区门票收入（含税）按下列比例分成：前5年，每年由乙方（受让方）按当年门票毛收入的12%支付给甲方；从第6年起，由乙方按当年门票毛收入的16%支付给甲方。乙方必须在每个自然年度的6月、12月分两次以银行转账方式将约定的收入分成划入甲方指定账户。

按上述比例进行利益分成，对于甲方是有利的。天津海加利公司经营前5年，每年要支付员工工资200万元，营销经费400万元，管理费70万元，设施维修费75万元，1亿元基本建设投入加贷款利息，按10年回收，每年应为1100万元。若按嵖岈山旅游景区预计的前5年年均门票收入1500万元计算，政府每年12%的门票分成应为180万元，营业税45万元（按3%计算），每年经营总成本达2070万元，则每年亏损570万元；若按年均门票收入2000万元计算，其他成本不变，政府每年12%的门票分成应为240万元，营业税按3%计算应为60万元，年经营总成本为2145万元，则年亏损额为145万元；若按年均门票收入3000万元计算，其他成本不变，政府每年12%的门票分成为360万元，3%的营业税为90万元，年经营总成本为2295万元，则年盈利705万元。此时，天津海加利公司与政府门票纯收入分成比例为2∶1。根据以上测算，天津海加利公司投入开发嵖岈山也存在着相当大的压力和风险。但从另一方面看，天津海加利公司获取的不单单是门票收入，更可观的是宾馆、餐饮、游乐、购物及其他相关的旅游收入，尤其是后40年，随着投入成本的相对降低，效益会越来越高。而政府则规避了风险，获得了较高的收益。同时，由于实行门票收入比例分成，特别是后45年分成比例达到16%（加之营业税达到19%），政府收入有较大回旋余地。

嵖岈山旅游景区经营权按上述模式转让后，不仅可获得稳定的门票分成，还将带动遂平县就业、交通、餐饮、住宿、购物等相关产业的发展。若年门票收入达到1500万元，游客人数可达到75万人，按食、住、行、游、购、娱人均消费130元计，旅游总收入达9750万元；若年门票收入达到3000万元，游客人数可达到122万人，日均3300多人，按人均消费160元计，旅游总收入可达到1.95亿元。若按国家测算标准，每接待150名游客提供1个直接就业机会，每增加1个直接就业人员就带动社会相关产业增加5个就业机会，那么，如年游客量达到122万人次，就可提供8100多个就业机会。同时，随着嵖岈山知名度的不断提高和遂平旅游形象的快速提升，当地必将进一步加快对外开放步伐，从而挖掘更多的商机，推动县域社会经济的快速发展。简言之，通过经营权转让，遂平籍人把在外地赚到的钱拿回来投资家乡，再把外地人吸引到遂平，让其在遂平消费，让遂平人赚外地人的钱，使地方和企业达到双赢。与天津海加利公司一道搞好景区深度开发，打造精品名牌，进一步做大、做强遂平的旅游产业，有助于尽快实现遂平县委、县政府确定的"创建旅游名县"的宏伟目标。

对此，嵖岈山旅游集团公司副总经理尚丰民说："实践证明，嵖岈山旅游景区经营权转让具有很强的必要性、可行性、合理性和创新性。出受让双方在确保景区生态、环境和文物保护的前提下，本着互利双赢、共同发展的原则，对嵖岈山旅游景区进行了所有权、管理权、经营权分离的改制，走出了一条政府出资源、出政策、搞服务，企业出资金、出人才、搞经营的成功发展之路。是'计退市进''公退民进''政退社进'具体实践，为嵖岈山旅游景区实行市场化运作、企业化管理，在市场中竞争、竞争中发展奠定了基础，搭建了平台。通过嵖岈山旅游集团公司十几年来的科学规划、强力开发、规范管理和精心经营，嵖岈山旅游景区实现了跨越式发展。"

在采访的时候，宋富锦推心置腹地谈了四点体会。

"一、《嵖岈山风景区经营权转让可行性分析报告》具有轰动效应，合同的签订开创了河南省旅游业改制的先河。我们是河南省第一家、全国第二家（第一家是四川的碧峰峡）旅游改制企业。

"二、让利政府，前5年12个点，后45年16个点，这是在毛收入的基础上拿走12个、16个点啊！况且身为AAAAA景区的嵖岈山软硬件建设项目多，所需资金很大。再比如，新冠疫情三年，贷款为员工发工资（员工一个没裁，薪酬待遇不减）……别说我这一辈，即便儿子辈、孙子辈恐怕也不可能收回成本。当然，我也没想去收回成本，只是一心想回报家乡、回报社会。

"三、地方政府要制定出可持续的、接地气的、合理的、互惠双赢的政策，营造一个宽松的亲清（亲而不违规，清而有作为）的投资经营环境，真正做到尊商、爱商、亲商、安商、护商。一张蓝图绘到底，新官一定要理旧事。

"四、地方政府的诚信建设、乡村环境的宽松、坚实的组织保障是吸引民营企业家投资旅游、振兴乡村的关键。人无诚信不立，家无诚信不和，业无诚信不兴、国无诚信不威。签订的合同一定要依法履行，承诺的事情一定要不折不扣地兑现。以地方政府和乡村诚实守信的实际行为给民营企业参与乡村振兴吃上'定心丸'。

"我投身嵖岈山旅游开发（乡村振兴）事业20年，最大的感触是：嵖岈山旅游的特色在自然、传统、本真和文化。嵖岈山旅游景区自始至终坚持以绿色作为主色，以西游文化作为特色，在纯真的大自然中，望得见山，看得见水，铭记历史，不忘乡愁。"

第三章

军旅路练就铮铮铁骨

公元 2000 年，被称为千禧年，中国人民满怀希望地迎来了新世纪的曙光。这一年，对宋富锦来说，是他人生历程中难忘的一年，也是他人生转折的一年。在这一年，宋富锦从部队光荣退役。

元旦那天，一贯关心国家大事的宋富锦，早早地就到街头的报摊上买回一份当天的报纸，坐在沙发上认真地读起 2000 年新年献词《迎接新世纪的曙光》："当今年的新年钟声敲响，全中国人民、全世界人民都怀着无比兴奋的心情迎接将要到来的新世纪曙光。值此重要的历史时刻，我们为千百年来人类文明的巨大进步深受鼓舞，为我们的党和人民在过去的岁月中所创造的辉煌业绩骄傲自豪，为有中国特色的社会主义事业焕发生机和活力而充满信心和力量。"朴实的话语，令宋富锦心潮澎湃，感慨万千。

30 年前，怀着从军梦想的他步入军营；30 年后，满载军人荣光的他光荣退役。此时此刻，宋富锦百感交集，千言万语，只能用军人的一个标准动作代替，他庄重地举起右手向军旗敬礼告别。作为一名合格的军人，宋富锦对于使命召唤从不"迟到"，在任务面前从不"缺席"。但是，部队毕竟是部队，为了保证战斗力，不养小，铁打的营盘，流水的兵；为了减轻负担，也不养老，流金的岁月，未了的情。根据军队建设的需要，每年将有一定数量的干部要退出现役作退役安置。这些干部在长期革命斗争中英勇奋战，努力工作，对革命战争胜利和军队建设，做出了重要贡献，宋富锦就是一位军队退役干部。2018年4月16日，退役军人事务部成立以后，除现役军人以外的复员、退伍、转业、离退休、自主择业的军人，统称为退役军人，从此，他们有了"娘家"。

宋富锦任团参谋长多年，他知道有一种作战叫阻击战。打阻击有的时候轻松，但很多时候也会很艰苦，打到一定时间会实施战略撤退或转移。但是撤退和转移绝不是对阻击战的否定。从部队退休以后，宋富锦就立志要回报自己的家乡嵯岈山。我们可以从他写的四句诗里，了解他当时的心境：

离别故土入津门，
商海搏浪力打拼。
智慧勤劳创天地，
赢得财富报乡邻。

现在，让我们打开时光卷轴，翻阅宋富锦这位退役军人闪耀光芒的军旅人生吧！

在采访的时候，宋富锦告诉笔者，他是小69、大70应征入伍的。这是一个什么概念呢？也就是他在1969年的年末在家乡穿上军装，但是并没有"一颗红星头上戴，革命的红旗挂两边"，至于帽徽和领章是1970年初正式到部队参加新兵训练时才佩戴上的。

那是1969年12月，正在中学就读初中二年级的宋富锦，怀着一腔澎湃的报国热情，在乡亲们和全校师生敲锣打鼓的欢送下，胸前佩戴着大红花，穿上了梦寐以求的草绿色新军装，成了一名光荣的人民解放军战士。宋富锦从小就有当兵的愿望，想加入军队成为一名优秀的军人，身着军装向国家尽忠。长大后的宋富锦一直没有忘记自己儿时的理想，始终在为参军入伍准备着。这一天，他终于成为一名军人。从此，他的人生就变得不一般了。

入伍最大的感受是自己的变化，最直观的变化就是自己变得更加强壮了。军人就是要保卫家乡、保卫国家，强健的体魄就是实现我们价值的基础。宋富锦说："更深层次的变化是自己内心的变化，部队就像是一座大熔炉，锻出了我眼中的坚毅，炼出了我面对挑战绝不服输的血性。穿上军装，我感受到了它给我带来的责任和荣光，我愿把青春献给这身军装。"

当兵的人都有眷恋家乡的情结，宋富锦也不例外。他的家乡虽然是嵯岈山脚下一个不起眼的小山村，但是，嵯岈山深深地扎在身在军营的宋富锦心目中。一条小河缓缓地从村西向东流去。春天桃花朵朵，夏天杨柳依依，秋天落英缤纷，冬天寒风飘雪，四季美景美不胜收。这个小村庄，对于宋富

嵖岈锦

锦来说，真的像歌曲《在那桃花盛开的地方》唱的那样，每当听到战友们唱这首歌的时候，他都会激动不已：

> 在那桃花盛开的地方
> 有我可爱的故乡
> 桃树倒影在
> 明净的水面
> 桃林环抱着秀丽的村庄
> 啊啊故乡
> 生我养我的地方
> 无论我在哪里放哨站岗
> 总是把你深情地向往
>
> 在那桃花盛开的地方
> 有我迷人的故乡
> 桃园荡漾着
> 孩子们的笑声
> 桃花映红了姑娘的脸庞
> 啊啊故乡
> 终生难忘的地方
> 为了你的景色更加美好
> 我愿驻守在风雪的边疆

时间像是一只无形的手，它使今天变为昨天，又把昨天变成更遥远的回忆。回想1970年新年伊始，大地复苏，万象更新。在一片锣鼓声、爆竹声及喧闹声中，在带兵首长的率领下，宋富锦随近千名身着草绿色军装的热血男儿，胸前挂着鲜艳夺目的大红花，怀着"保家卫国"的青春梦和对未来的美好憧憬，告别了亲朋好友和父老乡亲，奔向了驻扎在天津的军营。

他们的部队是新组建的中国人民解放军步兵某部第五九四团。刚到营区，政委即为这批初来乍到的"新兵蛋子"举行了一个简短的欢迎仪式，然后按照连、排、班"三三制"的原则，宣布每一位新兵的归属。班长是位1965年入伍的老兵，地道的湖北口音。他待人随和，但对这些"新兵蛋子"的要求还是十分严格的。

每日清晨，一轮红日从东方地平线上冉冉升起，在一阵清脆悦耳的军号声中，宋富锦便和战友们一骨碌从地铺上爬了起来。班长做的第一件事就是手把手地教这帮"新兵蛋子"如何在最短的时间内把军被叠放得如同"豆腐块儿"似的整齐划一。数分钟之后，他们便迅即一路小跑地来到广场中心集合点。各连分头清点人数，出操跑步。"一、二、三、四"掷地有声的口令声和"嚓嚓嚓"的脚步声，雄赳赳、气昂昂，汇成了一股强烈的电流，燃烧着"新兵蛋子"们炽热滚烫的胸膛，燃烧着他们如梦如幻的激情。

出操跑步完毕后，便是分头进行队列训练，或立正、稍息，或报数、敬礼，或跑步、正步走之类。早操结束后，他们迅即返回各班，在各班班长的带领下，开始整理内务，打扫室内外环境卫生等。早7点半，各连、排带队准时来到新兵营餐厅大门外集合。随着当天"值日官"的一声起唱："我是一个兵，来自老百姓……""革命军人个个要牢记，三大纪律八项注意……"那嘹亮的歌声，顿时回响在新兵营的上空，铿锵有力，久久回荡。歌毕，"新兵蛋子"们鱼贯而入偌大的餐厅，八个人一桌，白花花的稀饭加馒头，有时还有包子、米饭等。大家伙儿紧紧地围坐在一起，一边有滋有味地品尝着，一边情趣盎然地闲聊着，此情此景，其乐融融，革命大家庭的温馨流露其中。

八时许，各连、排准时集结在新兵营的广场中央，齐刷刷地端坐在各自打好的背包上，等待新兵营首长训话。开场前，以连为单位，比赛拉歌。"一连的战友们啦，嗬嗨！来一个那么，嗬嗨……"抬首望去，三连领唱的那个大高个儿正扯着嗓门起劲吆喝着，彼时彼刻，身为通信一连领唱的宋富锦，自然也不甘示弱，"嗖"的一下站了起来，更是鼓起嗓门，领着一连的战友们齐声呐喊着："三连的战友们啦，嗬嗨！来一个，那么嗬嗨……""一、二、三、四、五，我们等得好辛苦！""一、二、三、四、五、六、七，我们等得好着急！"于是乎，"向前，向前，向前，我们的队伍向太阳，脚踏祖国的大地……""大刀向鬼子们的头上砍去，全国爱国的同胞们……""南呀么南泥湾，好呀么好风光……"那一首首当年颇为流行的经典歌曲，此起彼伏，一浪高过一浪。

歌毕，新兵营首长们才开始轮番上阵，为这些初出茅庐的"新兵蛋子"训话上课。首长们训话的中心议题主要有三个方面：一是国际、国内面临的形势，大环境、大背景、大气候；二是中国政府、中国军队首先要把自己国内的事情办好，坚定不移地贯彻执行毛主席的军事思想、军事路线，树立高度的战备观念，"备战备荒为人民""深挖洞、广积粮，不称霸"；三是作为革命军人，任何时候任何情况下，皆要以服从命令为己任，一切行动听指挥。平时训练，战时打仗，召之即来，来之即战，战之能胜。首长们轮番训话后，各连、排、班组织战士们紧密联系思想实际，连续几天分头展开了热烈的大讨论。

紧张的军事训练开始了，一连、二连、三连的"新兵蛋子"们，分别在各连连长的带领下，齐聚到空旷的广场上，在各自指定的位置进行训练。一是进行体能、基本素质训练，主要是齐步、跑步、正步走，单杠、双杠，鞍马、俯卧撑、逾越障碍；二是军事技能训练，主要是射击、刺杀、投掷模拟手榴弹、匍匐前进；三是单兵教练，凝聚团队意识，主要是培养协同作战、团队整体作战能力。紧张的军事训练结束之后，每每闲暇时刻，新兵营里一般十天半个月的，还能组织大家伙儿看上一两部电影，这也是部队实战教育、思想教育必不可少的生动活泼的教育形式，或者叫"精神食粮"吧！看的是露天电影，每当夜幕降临时，在新兵营空旷的广场上早早地挂起一块白色的大银幕，新兵们以连为单位集结，坐在自己的背包上，饶有兴趣地观看着团部放映员手摇放映机放映的《小兵张嘎》《南征北战》《地道战》《地雷战》，或者朝鲜故事片《卖花姑娘》、南斯拉夫战争片《瓦尔特保卫萨拉热窝》等影片。电影散场后，一阵嘹亮的熄灯号后，"新兵蛋子"们随之进入梦乡，梦是那般香甜，睡得那般深沉。然而，不知什么时候，一阵阵急促的哨声，划破了宁静的夜空，划破了漆黑的军营。"快、快、快，紧急集合！"班长闻声而起，催促着大家赶紧打点背包，跑步去广场集合。"新兵蛋子"们慌慌张张地套上军装，打点着行头，携带着装备，飞也似的跑向广场中央。新兵营首长们迅速清点完由各连、排相继报告的人数。于是乎，一场紧张的夜间"野外拉练"开始了……

就在新兵入伍的第七天，组织上从全团2000多名新兵中挑选了9名到师部（天津杨柳青）参加8个月无线电报务训练。这么少的名额，宋富锦有幸被选上了，为什么？因为首长们看中他入伍后写的一篇文章《团结起来，争取更大的胜利》，感到他似乎还有点儿文化。他没有辜负首长和同志们的期望，训练结束后荣获原北京军区通信业务大赛无线电收报第二名，被一起训练学习的战友誉为"永不消逝的电波"。

一年一度的新春佳节即将来临，这是"新兵蛋子"们在部队欢度的第一个春节。新兵营首长们想了很多妙招，吩咐炊事班的同志每天变换着花样，比平日里多加了几道菜。大年三十，以连为单位，组织战士们分头包饺子，同时还组织了丰富多彩的文体活动，诸如乒乓球、篮球、拔河、歌咏比赛等。军营上下，一派喜气洋洋的节日气氛。

欢乐的新春佳节过后，宋富锦和他的战友们再度投入紧张的体能及军事素质等方面的综合训练。转瞬之间，近两个月的时光过去，新兵营的紧张军事训练阶段将要结束，在团部司、政、后相关部门和新兵营首长的综合考评下，这些"新兵蛋子"即将奔赴各自的连队，各奔前程。临别的那一天，"新兵蛋子"们相互拥抱，依依不舍、难解难分，这就是手足般的战友情。

一到连队，军事训练的科目有增无减。宋富锦对部队里的作息时间还不太适应，加上艰苦的训练，长时间的站军姿，长时间的举枪训练、体能训练，对于身体瘦弱的宋富锦来说，有些吃不消，他一度感到自己坚持不下去了。好在部队在训练间隙对新兵进行的革命传统教育，使他深受鼓舞。在老班长和战友们的帮助下，宋富锦才渐渐挺了过来，成为一名合格的解放军战士。

宋富锦认真聆听一个个感人至深的革命故事，被革命先烈英勇不屈、前仆后继的精神所折服，还有那无所畏惧的忠勇、马革裹尸的无悔，革命先烈的付出让他感慨万千。穿上军装，责任在心，担当在肩，英烈留下的精神财富，成为他披荆斩棘、一往无前的不竭动力。军人自有军人的性格。军人从不承认失败。时间这块磨刀石，使他在追求中磨掉了幼稚与浮躁，在忍耐中磨锐了目光，在困苦中磨炼了性格。在军号响起时，他想到的是把胜利的旗帜插上高地。

英雄前辈的血性基因，在宋富锦身上传承。他第一次以瞄准手的身份参与实兵对抗演练，担负着全连最为关键的任务。尽管在训练场上他的成绩都能达到良好，但是面对恶劣环境下的严苛要求和多昼夜"持续作战"的考验，宋富锦心里起初有点没底儿，总担心自己完成不好，在关键时刻给连队丢脸。经过一个多月的训练，他以全连第一的考核成绩充满自信地走上演训场。指挥所不断传来指挥口令，老班长在一旁准确复诵，宋富锦精准操控，动作如行云流水，一气呵成。数十发带尾焰的子弹精准覆盖靶区……10环、10环，谁会相信这是一个新兵的成绩，宋富锦让新兵营首长和战友们刮目相看。部队组织野营拉练时，宋富锦除了背着枪、行李，包里还装着书籍。因此，他身上的背包总比战友重得多。

在采访的时候，宋富锦不无感触地说，检验军人素质高低的一项重要指标，就是看能不能在真枪实弹中打得上靶、打出高分。立稳"靶子"，紧盯目标，看清楚要"打哪里"。射击得有"靶子"，不然就没有目标，不知道该往哪里打。"靶子"立起来后，要始终紧盯不放，丝毫不可懈怠，时刻提醒自己必须全部打中、打出高分，才能打出满意度来；如果看不清目标，不敢打、打偏了或者脱靶了，是不可能取得满意成绩的。只有在靶场第一线苦练硬功，刻苦钻研动作要领，瞄准目标，通过反复磨炼，熟练掌握射击要领和方法，搞明白什么样的"靶子"应该是怎么个打法，才能有成竹在胸的底气。

无论平时训练，还是打靶实战，宋富锦都是志在必得，能够瞄准"靶心"，"打得准"靠的是实力。只有精确瞄准"靶心"，心不慌，气不躁，适时果断击发，才能精准命中，成为一名"神枪手"。

由于宋富锦的优秀表现，1970年5月4日，他加入了共产主义青年团，1971年2月1日，他加入了中国共产党。他的突出表现和成绩，得到了排长、连长、指导员的欣赏，受到老班长和战友们的肯定，在老班长复员的情况下，组织上直接任命他担任594团通信连15无线电台班班长。作为一班之长，他把班里的工作放在心上、抓在手上，成为班里战友的榜样。在接受采访的时候，宋富锦说："证章胸前挂，喜报寄回家。"这是那个年代每个战士的追求！

宋富锦能在部队中快速升迁，和他出色的个人能力以及过硬的军事素质有非常大的关系。尤其是在他担任连长时，带出的兵非常出色，带的连也是部队里的好连队。后来宋富锦顺理成章成了一名营长，在他的带领下，这个营也成为比较出色的营。在当时那个年代来看，宋富锦确实是一位出色的战士、优秀的指挥员。年轻时的宋富锦在其他人的印象里，简直没有任何缺点。很多士兵都感觉他非常平易近人，没有一点干部的架子，私底下非常好接触，大家也喜欢和他在一起说说笑笑。

随着职务的提升，宋富锦更加严格地要求自己，因为自己是一个连、一个营的表率，倘若自己都做不好，怎么带好手底下的兵呢？兵孬，孬一个，将孬，孬一窝，就是这个道理。由于工作和训练上的勤恳表现，宋富锦在部队屡次升职，因为他具备了优秀的装备使用技术和较高的政治觉悟，脱颖而出的宋富锦没几年便升职为团参谋长。

在军营这座大熔炉里，在人民解放军这所大学校里，宋富锦的人生轨迹发生了根本性的变化，由一名农家子弟淬炼成优秀的指挥员（副团职）。他把人生最好的青春岁月，奉献给了祖国的现代化国防事业。宋富锦当团参谋长的时间比较长，他说："战场是实打实的较量，打仗是硬碰硬的对决。当兵的，开的是打仗铺，卖的是子弹头，脑子里时刻都要有敌情观念，要带着敌情练兵。把训练当主业，把打仗当专业。"他费尽苦心，终于带出来一批精兵强兵。

在这时，宋富锦的人生陷入了瓶颈，他深刻地认识到：所有的不凡，一定伴随着数不尽的跌倒；所有的辉煌，一定伴随着数不清的挫折。没有一件事情可以让你一步登天，更没有一件事情可以将你彻底打垮。不停走，别放弃，总有一天会走到柳暗花明。他感到自己的文化水平和军事素养很难跟上如今所处职位的需要。他在工作和生活上从来没有走捷径，总是默默耕耘。因此，宋富锦决定暂时停下脚步，去能够提高素质的军事院校学习深造。想去军事院校？那可不是一件容易的事。

经历过黑暗的人，即便是一缕微弱的光芒，也要拼命抓住和珍惜。宋富锦意识到了学历的重要性，于是他毅然决然地选择先提升自己的学历，复习备战参加成人高考。成人高考是很多在职人员提升学历的首要选择，学习方式灵活，学制较短，学历正规。于是，他起早贪黑，用心苦读，终于功夫不负有心人，以高于录取分数线28分的成绩被天津政法管理干部学院录取，离职学习两年。

入学以后，宋富锦很谦和，也很爱笑。从他平实、坦诚的言谈中，同学们总能感受到这位穿军装的同学有一种执着向上的力量。他曾经摘录了这样一段话勉励自己：你要想舒服，就不要羡慕和嫉妒别人世界的精彩；你要想精彩夺目，就要经受难以想象的艰难考验和打磨。于他而言，不断磨砺、矢志攀登，才能看到最壮丽的山峰。他如此思，更是如此行。"我没有什么爱好，工作就是生活，生活就是工作。"宋富锦说。

多年的军旅生涯，让他养成了冲锋在前的性格。在宋富锦看来，跟在别人的后面，或许没有什么风险，也不需要太多付出，但这样永远都不能攀登高峰。要占领制高点，就要另辟蹊径，披荆斩棘，敢为人先。他说："我对自己有个要求：通过不懈的努力，不断完善和超越自己。我这几十年一直都是这样做的，不会被周围的一些东西所影响。"

出于对法律的热爱，在校期间，宋富锦全然沉浸在自我提升中，尽情享受知识的滋养。"相对于天赋，我始终认为自己的努力更重要。在大学期间，我除了学习还是学习。当时图书馆的工作人员一见到我就会说，'你又来了'。"回想起自己的大学时光，宋富锦感慨地说。因为基础知识相对薄弱，所以他更加珍惜来之不易的求学机会。那时候，除了上课和睡觉，剩下的时间，宋富锦基本在图书馆度过。他一直觉得要付出比常人更多的努力，才有可能弥补相对薄弱的知识基础。

从天津政法干部管理学院毕业后，宋富锦在部队原来的位置早已有人接替，其他职位也都是一个萝卜一个坑。面对现实，他只能调走。于是，他装着从大学学到的知识离开了天津，来到位于北京、天津之间的廊坊，走进武警学院，担任部队管理系上校学员队长，职级由原来的副团提升为正团。后来，根据当时的政策，为了解决教学科研经费的不足，系首长委派宋富锦去搞"三产"为部队创收，他便一头扎到天津港、黄骅港，做起了自己并不熟悉的生产经营活动。从此，他涉足企业，进入工商界。

1998年10月6日至7日，中共中央、中央军委召开军队、武警部队和政法机关不再从事经商活动工作会议，会议研究讨论了实施方案，要求各有关方面扎实工作，确保按期完成军队、武警部队和政法机关与所办经营性企业彻底脱钩的任务。当年12月，军队开始向国家和地方政府移交企业，军队全面停止经营活动，按政策规定进行审查核定，初步实现了1998年底前军队、武警部队与经营性企业彻底脱钩的战略决策。12月15日，解放军和武警部队完成与一切经营性企业脱钩。1999年1月11日，国家税务总局发布的文件，规定军企移交地方后，不再享受相关的优惠政策，企业在移交前所欠的税款，随同债权、债务一并移交。

"三产"移交地方后，宋富锦回到武警学院等待组织重新分配工作。作为一名有着30年军龄的老兵，他相信是金子在哪里都会闪光，不仅深深地懂得"军人以服从命令为天职"的道理，而且更懂得作为一名共产党员，服从组织安排是最起码的素养。2000年1月，宋富锦在部队光荣退休，但是他对教育培养自己30年的部队仍然恋恋不舍，心里五味杂陈。

"每当想起当兵的岁月，我便思绪万千，仿佛听到了那久违的号声。我们随着连长的口令，迈着整齐的步伐，开始了新的一天！曾记得，在那练兵场上，摸爬滚打，练就一身过硬本领。曾记得，在那柳荫下，学着理论确立人生理想信念。曾记得，在那寂静夜晚，促膝谈心，化解心中疑团偏见。"

30年来，他把青春献给军旅，扎根本职，他将誓言融入生命。作为所在部队发展壮大的见证者、实践者、贡献者，宋富锦坚守信仰、爱岗敬业，在各项重大任务中倾注了辛勤的汗水，书写着无限的忠诚。

30年来，他聚焦中心，不辱使命，从军逐梦，从一名无线电报务员到一名野战部队的营长，从武警防暴（机动）大队大队长到武警学院正团职上校学员队长，每项工作都率先垂范，展现了军人的血性担当和职业情怀。

30年来,他永葆本色、作风过硬,每一次改革转型他都铆在岗位上,为部队建设献计献策,给下属连队树立了榜样,为官兵留下了好口碑。

半生戎马,载誉而归;今朝解甲,毕生荣光。从军人到企业家,他实现了人生第一次亮丽的转身;从"精卫填海"到投资景区,他实现了人生第二次跨界飞跃。从天津大都市回到嵖岈山,他跨地区、跨行业发展,将大爱奉献给父老乡亲。

霜鬓不坠青云志,重染白发再出征。沧海桑田,永不蜕变。在即将离开军营的时候,宋富锦写下这样一首诗:

戎装一身守国防,
历尽艰辛更自强。
胸怀华夏多壮志,
坚定意志永跟党。
酸甜苦辣一壶酒,
滚打摸爬不走样。
从军只想国防稳,
退役搏击商海忙。

第四章

怀满腔热血回报乡梓

第四章 怀满腔热血回报乡梓

树高千尺总有根,水流万里终有源。因树有根,方能生发;因水有源,方能奔涌。落其实,思其树;饮其流,念其源。故乡是家人们血脉相承的根,是每个游子心中难以割舍的情怀,游子就像是放飞的风筝,无论走到天涯还是海角,那根风筝线都会将他牢牢地拴系。感受着故乡土地的恩泽,体味着故乡土地的疲累,敬畏着故乡土地的力量,铭念着故乡土地的奉献。即使宋富锦已经离开故乡嵖岈山30年,那里的山山水水却仍然让他魂牵梦绕。

新中国成立前,宋富锦家是远近闻名的贫雇农。他们家既没有土地,也没有房屋,用宋富锦的话说:"房无一间,地无一垄。比贫农还贫,比雇农还穷。"是共产党让他们翻了身,不仅分得了土地,还分得了房屋,全家人从此走上了社会主义的康庄大道,真正当家做了主人。因此,宋富锦最爱唱的歌是那首《唱支山歌给党听》,字字句句都蕴藏着朴素的阶级情怀,表达了他对党的感恩之情。

1951年3月4日(农历正月二十七),宋富锦出生于河南省驻马店市遂平县嵖岈山乡断山口村翟家庄一个翻身不久的农民家庭。那时正是中华人民共和国成立初期,他在懵懂中经历了新中国成立以来那些万象更新的岁月，见证了人民群众扬眉吐气、意气风发、当家作主的火红年代。儿时的记忆，少年的苦读，青年走进军营的历练，脱下戎装走进商界的搏击，在他70多年漫长的岁月里，无不留下诸多清晰的印痕……

一个人会有两个故乡，一个是出生的地方，一个是精神的故乡。宋富锦每次填写履历的时候，在"籍贯"栏中写上故乡的名字，那片诞生了自己肉体的土地同时也孕育了自己的精神世界。"籍贯"栏的地名，代表了一个人祖辈精神的传承地。鲁迅说，父母存在的意义，不是基于孩子舒适和富裕的生活，而是当你想到父母时，你的内心会充满力量，会感受到温暖，从而拥有克服困难的勇气和力量。故乡有亲如父母的一群人，把一种无形的东西深刻在宋富锦的骨髓中，像五指连着手臂。纵然人生像个圆，穿过圆心的直线有无数条，会造就形色各样的人生；故乡的"深刻"，却是自己无法丢掉圆心而任意驰骋的。没有了圆心，便失去了丰富生命的根本。

父亲名字叫宋玉兴，中等身材，长得壮实。他虽然没多少文化，但是为人侠义。宋玉兴1949年入党，新中国成立初期曾任乡镇委员，南湾水库建设副指挥，断山口大队治保主任、党支部副书记、书记。他一生克勤克俭，没有什么奢求。唯一的癖好是在庄稼地里转悠，摆弄些谷穗、麦穗、瓜果类，甚至有些入迷。麦收时节，一轮金黄金黄的太阳，把它诱人的光洒在茫茫麦海中，一阵一阵、一层一层的麦浪起伏在地平线上，一种羡煞人的美，令人惊艳。父亲匍匐在这麦海中，手中的镰刀一茬、一茬地平割着麦子，身后留下一片平整的麦桩，就像用剪刀修整过的，像图画一般。

宋富锦还清楚地记得，他应征入伍的那天，年近半百的父亲，一路沉默寡言，送他至故乡小路的桥头。临别时，父亲看似云淡风轻，实则替儿子无限担忧。父亲语重心长地对他说，人是异乡草。宋富锦平生第一次听到这样的五个字，并不真正明白其中的含义。他只知道，自己已经是成年人了，而且参军入伍了，该去走自己的路了。自己的路，在未知的远方，他注定要做一个游子，要勇闯天涯。这里——嵖岈山下的这块土地，是他走向远方、勇闯天涯的起点。在外漂泊30多年后，他才明白一个道理：故乡，容不下肉身；他乡，容不下灵魂。

宋富锦记忆中的家乡景象是那样的美丽动人。

清晨，冷冷的空气弥漫在山坳里，到处都是雾蒙蒙的，仿佛披上了一件白色的纱帘。"喔喔喔"，随着远处传来的一声雄鸡报晓，整个山坳就慢慢地热闹起来。太阳公公也渐渐地露出了他的脸，树木经过一夜的休眠，也强打精神挺起来了。休息了一夜的人们又开始了一天的辛劳。

中午，懒洋洋的太阳温暖地照着大地。妇女们在水塘里洗着衣服，叽叽喳喳地谈论着东家长西家短，手里的洗衣棒不停地挥舞着，水花高高地溅起，像绽开的花儿一样美丽。男人们挑着箩筐、扛着锄头来到田间，他们要趁着暖和的阳光给麦苗除草施肥。

黄昏，一缕青色的炊烟，从家家户户的烟囱中冒出，袅袅上升，四面八方弥漫着饭菜的香味。太阳因为害怕寒冷，早早地钻进了"被窝"。成群的鸭子摇摇摆摆地走在满是灰尘的公路上，鸡妈妈带着一窝小鸡向着主人乞要食物，奶牛在牛圈里发出"哞哞"的叫声，呼唤着它的牛崽赶快回家。打盹的小狗睁开混沌的眼睛，看了一眼吵闹同伴，继续睡它的大觉。

夜晚，弯弯的月亮挂上了天空。劳累一天的人们回到家里，洗一把脸，吃一顿饭，准备上床睡觉。慢慢地，狗不叫了，牛也安静了，马儿忘记了踢马房的挡板，整个山坳里都安静了下来。辛勤劳动了一天的人们躺在床上，很快就进入了甜美的梦乡。日子就这样一天一天地过着。

光阴如水，许多心思就这样在时光中沉淀，直到变成如水般平静。往往一个人的时候，宋富锦开始细数光阴的脚步，他总能听见雨声，一滴、一滴、一滴……宛如刻在心底的忧愁，被水声惊醒，又被尘埃覆盖。

爬山虎的脚，一眨眼儿，就爬出了满墙的绿色。夏花的张扬和悦目，也在这个季节里变得风情而又妩媚。一些思念，使宋富锦开始在夜里失眠，他开始氤氲无尽的情思，在闲暇的午后，黑夜来临的时候，安静成一泓秋水的宁静。夜很黑，紧紧地把时光包裹，把眼睛糊住，只能借着微弱的星光和远去的记忆，在文字中蜿蜒，在心底扎根，而后把相思饮尽。

云朵，开始躲起来了，和往事一起酝酿着一场大雨。他的身姿不再轻盈，只剩下沉重的脚步声，踏破了这个夏日的炎热。一些从未说出的话语，此刻也一并停留在唇边，怕风吹来，一点就破。那些热气开始蒸腾一场雨，在午后或是夜里，就那样经不住风的诱惑，随便就落了下来。一些花草树木的枝叶上，开始淌着雨水，流到每一棵植物的心里。

他的眼眸里开始落下水来，浑圆，晶莹剔透。一不小心，就溢满了整个清晨与黄昏。仿佛是一见钟情的清新，又像是时光老去之后的诀别。时光慢慢地行走，宛如平静的湖水，犹如荡漾的微澜。他开始走在旷野里，望着远方，挣脱所有的爱恋，让思念放飞。

从此以后，梦里他乡，都是故乡，幻化成嵣岈山的模样……

故乡嵣岈山的广大父老乡亲淳朴善良、吃苦耐劳、无怨无悔的身影，宋富锦记忆犹新，挥之不去。还有那年复一年的春播秋收、村头的老井、赶驴拉磨的主妇、打麦场上铡草的夫妇、纳鞋底的大娘、用棒槌在河边浣衣的老妪、拉着架子车在乡间土路上跋涉的父辈和兄长。岁月像一把无情的刀，刻画了很多艰难的记忆。改革开放的春风吹遍大江南北，宋富锦的故乡也和其他地方一样，面貌一天天在改观。

宋富锦从部队退休以后，他不知是因为惊觉了流年的匆匆，还是顿悟了记忆的珍贵，怎么年纪越长，怀旧的情绪也越多了？总是会在漫不经心的日子里，很不经意地就想起从前，想起嵫岈山下的故乡。

对于从前，记忆最深的当然还是自己生于斯、长于斯的村庄。低矮的石墙院，门前的小河流，嵫岈山上的羊肠道，满山的野花香……还总记起打麦场上，那一群玩"疯"了的猴孩子，谁是鼻涕虫，谁是小坏蛋，谁的嘴最甜，谁的手最贱……都记得呢！那时候孩子之间天天疯玩在一起，大人之间更是心无芥蒂，相互帮忙、相互接济那是经常，正如赵本山在《咱们屯里的人》唱的那样，"乡里乡亲都和睦，老少爷们儿更合群"。

说起邻里，家家都是一墙之隔。两家之间隔一堵共用的石墙，墙不高，一探头就能彼此看见。在忙完家务难得的清闲时光里，邻家相互扒着墙头聊一会儿家长里短。那时候农村的条件还很差，但是两家不论谁家做了稍微稀罕点儿的饭食，都会盛一碗递过去，都不用出院门去送，扒着墙头喊一声就行。

一般接过来的碗，都不会倒出东西递空碗回去，都是连碗留下，待下一次有点稀罕东西的时候，再盛上一碗送回去，家家亦然。

那时候，生活条件差，有稀罕东西的时候毕竟少，所以传递的东西有时候可能就是刚熬的红豆粥，或者是新鲜出炉的烤地瓜，又或许是半块豆腐，甚至是刚刚出锅的窝头。

东西不在于孬好，一来一往之间，增进的是彼此记挂的那份人情。我惦记着你家有年长的老人，你记挂着我家有年幼的孩子，一碗家常饭，情意永相牵！

正应了那句"老吾老以及人之老，幼吾幼以及人之幼"，这在母亲和邻居家奶奶身上得到了完美的体现。两个地道的农村妇女，没有受过所谓的高等教育，纯粹是农村人特有的淳朴热情、善良厚道使然！

冰冷的石墙没有隔断两家的情谊，来回传递的食物是满满的烟火人情，是农村人特有的古道热肠。每次回忆起这些往事，宋富锦心底还是满满的感动、满满的温暖。乡里乡亲，一个亲字让人久久无法释然。宋富锦本身就是个热心肠的人，退休了，他非常想念以前的乡邻、儿时的玩伴儿，很想再跟他们一起去蹚一蹚儿时摸鱼的河，爬一爬曾经拾柴的山，从头道一道几十年的家长里短……

时间不会延长距离，只会叠重思念。白云苍狗，光阴似箭；沧海桑田，世事变迁。这世上永恒不变的，大概就是美好的记忆、纯真的情感。

宋富锦太想家啦！

想家是人之常情。宋富锦想起在武警学院工作时，每当到了寒暑假，那些老教授们（有的甚至已经退休）也和学员们一样，争相订票回家。有的已经花甲之年，有的已经古稀之年，有的甚至耄耋之年，他们仍然想家。

有的人很不理解，问道："这里不就是你们的家吗？你们都这把年纪了，旅途劳顿，还折腾啥呀？到了节假日孩子们回到你们身边不就齐了吗？"

他们回答得很耐人寻味："这里是部队，不是家……我的家，在故乡！"这话听得宋富锦眼泪都快掉下来啦！由此可见，军人们对家的渴望是常人理解不了的，军人们对家的情感是刻骨铭心的，军人们对家的向往是终生难忘的。

宋富锦也有同感，他觉得家是剪不断的血脉亲情，家是放不下的牵肠挂肚，家是离不开的绵绵情意。人这一辈子，无论变成什么样子，家始终都在那里。家在，你就不是浮萍，家人在，你就不会孤单。家是那个给你温暖的地方，是延续爱和深情的所在。

对于家乡，宋富锦不但感到山亲、水亲、人亲，而且就连家乡的农作物他都一样亲。他爱吃的玉米，在割过的麦田里破土而生，忽而葳蕤成林，诠释对大地的一片赤诚，即便褪去青绿的外衣，直到枯萎，居然站出自己的风骨，金甲裹身，却心怀慈悲，留下清白在人间。

对家乡的特产芝麻，宋富锦情有独钟，即便它微小，微小到可以忽略不计，一旦给它土地、阳光和水分，它就可以长成你喜欢的模样。挺拔、壮实是它的个性，而且它说话算数，开起花来，节节高，每一朵花都能兑现承诺。

家中园子里挂在树梢上的枣儿，宋富锦喜爱有加。几日秋风吹过，叶落，树渐瘦，枣儿却纷纷换上盛装，或青，或黄，或红，如一颗颗露珠，在树梢上闪烁，每当从树下经过，凝眸仰望，总想打它几棒子，随手捡起落地的枣儿品尝。

宋富锦印象最深的是垂挂在架上的丝瓜，在一片片硕大的叶子的掩映下，轻轻地挥一挥衣袖，丝瓜花儿黄又黄，它错过了春，挣扎了半个夏，朵朵黄花，怒放无人欣赏，也无人懂得。处境尽管艰难，却并没有影响它一路的打拼，给它泥土，给它篱笆，就一心扎根安家，给它木架，就努力向上攀爬，微风拂过，绽放黄花，还有那一根根悠荡的长瓜，相惜相望，毕竟根茎相连，一根青藤上，黄黄的花、长长的瓜……

然而，当地的农民毕竟还是靠天吃饭、土里刨食，如果遇到灾年往往吃不饱肚子。在宋富锦的记忆中，他的家乡比较穷。究竟穷到什么程度呢？三年严重困难时期，宋富锦曾经和老娘挎着篮子要过饭，好心人善良施舍的眼神让他终生难以忘怀。世界上还是好人多啊！在采访的时候，宋富锦对笔者讲："即便是在我参军后的1976年，那时我已经当上副连长了，工资也不是很高，家里连三间草房都盖不起，还是全村人东拼西凑，总算为我们家盖起了三间房……欠父老乡亲们的情我一辈子都还不完。"

恩是心上一扇门。宋富锦怀着一颗感恩的心，故乡对于他具有无限的吸引力，回家的路是那样的亲。开始感觉到路的概念，是宋富锦在上小学的时候。从他家到学校，村里人都说是三里路。不过他对这个距离的准确性总是表示怀疑。他从八岁上学开始，每天都要走这条橙黄色的土路，一路上前前后后、三三两两总有百十来人，都是上学的。说说笑笑，打打闹闹，滚作一团，弹弹跳跳，这都是常有的事。这样的情景可惜不能再现，如果当时有摄像机，能够把这些场面拍下来，一定是非常有趣的。然而，30年过去了，家乡的这条土路却还是老样子，这让宋富锦的心中有些不安……

1993年，已升任正团职干部的宋富锦，服从部队组织安排，创办了所在部队的企业。凭着聪明智慧、领导艺术与工作激情，他带领干部战士很快打开了工作局面，把生产经营做得有声有色。同年12月，他为了适应形势的发展，投身商海，组建了天津海加利公司。多年来，他保持部队的优良传统和作风，重视建立现代企业的组织管理体系，吸收先进管理经验，更新经营管理理念，融军旅灵魂于企业管理，走自己特色之发展道路，坚持"靠质量求生存，以机遇促发展，用效率创效益，凭诚信得信誉"的宗旨，逐步使企业发展成为覆盖工程、物流、仓储、石油等多项业务的综合型企业集团。

当兵30年，宋富锦在部队这座大熔炉里锤炼自己，付出了青春年华，由一名战士逐渐成长为一名上校军官，先后荣立过二等功1次、三等功4次。笔者为什么又提到他多次立功的事儿？因为同为军人的笔者知道，和平年代在部队立功可不是一件容易的事。自1955年我军取消特等功以后，军人所能获得的最高奖励等级，其斩获之难，牺牲之大，从下面这句话中可见一斑："三等功站着领，二等功躺着领，一等功家属领"。当然，这句话或许有不尽准确之处，但在和平年代，不是在重大行动中做出突出贡献且付出了巨大牺牲，是拿不到这个奖励的。因此，获得二等功都是非常不容易的。

军旅生涯影响了宋富锦整个人生，这种影响是深入骨髓的，不可磨灭的。他的感党恩、爱国情、使命感、责任感，甚至生死观，都是军旅生涯铸就的。部队的培育，使他的思想有了飞跃提升，意志更加坚定。退休后，从紧张充实的部队生活一下子闲下来，他浑身不舒服，心情很郁闷。他有一个幸福美满的家庭，上有高堂老母，中有举案齐眉的爱人，下有品质优秀的儿女，可以乐享天伦。但他总感觉自己身体还好，精力还算充沛，早早跨入颐养天年的行列，不是他想要的生活。

在部队为国尽忠几十年，退役后很想回到家乡陪伴年过九旬的老母亲，尽一个当儿子的孝心。当时妻子想不通，不同意他的决定，家乡生活条件差，治疗用药也不方便。但妻子又深知他决定的事谁也无法改变，只能顺从。知己的老战友也劝他，一把年纪了别再折腾啦，把身体保养好，和儿孙乐和乐和得了。

经过深思熟虑，他决定带领全家回老家嵖岈山干一番事业，为家乡尽一份力。在天津兴办企业越成功，宋富锦回报家乡的情怀越盛。他有感而发写了这首诗：

嵖岈秀色不胜收，
游子眷恋满心头。

> 投资开发报故里，
> 振兴遂平甲中州。

在天津商海搏击发展中，宋富锦注重回报家乡和社会。家乡有2000多人次农民工在他的企业里务工，他不仅解决了他们的就业问题，而且把他们带上了致富路。不仅如此，他还时常出资扶助家乡的公益事业。这不仅需要情怀、机遇和定力，而且需要家人的理解。

当宋富锦把投资嵖岈山的决定告诉家人和朋友后，几乎遭到了身边所有人的质疑和反对。主要有这么几个阻力，老母亲听到宋富锦要与县里面签合同的消息后，老太太饭吃不香，觉睡不着。清晨五点钟，她找儿子宋富锦要县委书记、县长的电话，想告诉他们不要把嵖岈山包给他，免得儿子把辛辛苦苦挣来的钱砸到里头。老伴儿更是跟着他着急上火，苦口婆心地说："老宋啊，我们娘几个这么多年可算随军吃上商品粮了，现在你又撵我们回农村，把儿子变成村夫，到时候你再给他找个村姑你就满意啦？"可是，从嵖岈山脚下走出来的宋富锦，对那座生他养他的山，充满太多的感情啊！家乡人民需要他，他有责任帮助曾经养育自己的山水摆脱困境，以报效家乡的养育之恩。于是，他耐心说服家人和好友，义无反顾地投身于嵖岈山的开发建设。

如果光有情怀、有机遇，没有实力也不行啊！自1998年改制之后，宋富锦就放手大胆地去干事创业，他当年拿的第一桶金就是一万三千来块钱。从那时起他就决定要回报家乡嵖岈山。宋富锦对于家乡的公益捐助，并不是从2004年"受让"嵖岈山风景区以后才开始的，而是早在1999年，他个人就捐资20万元，在家乡断山口村建立富锦希望小学，杨成武老将军为该校题写了校名。置身公路边的这所学校，仿佛听到恰同学少年时的琅琅读书声；擦肩而过，依稀能见到宋富锦挥斥方遒的豪迈身影……

从此，宋富锦对家乡和社会的捐赠一发而不可收。

2008年，为四川汶川地震灾区捐款20万元；

2011年，为遂平县新建的奥林匹克广场捐赠价值160万元的巨型景观石；

2012年1月至2016年6月，资助困难农民工、白血病患者谢军和陈凯歌、"8·12"大爆炸牺牲的武警消防战士家属等达280万元；

2013年，向云南青少年基金会捐建云南希望学校10万元；

2015年3月至9月，出资320万元给翟庄修水泥路（包括桥涵）3.8公里；

2015年6月至7月，出资60万元给断山口村安装自来水；

2015年8月至12月，捐资80万元给翟庄修建小型水库1座；

2015年，为嵖岈山村（健生园北侧）修水库捐资80

万元；

2016年，为遂平县优秀教师和贫困学生捐款10万元；

2016年4月16日，为云南省昭通市惠民社会工作服务中心、翼装飞行资助孤儿22万元；

2016—2018年，为帮助花庄、断山口帮扶的低保户、贫困户（含高中生、大学生）及帮扶建档立卡在岗职工就业共计出资86.75万元；

2020年，新冠疫情期间为嵖岈山景区管委会捐赠价值5000元的水果、牛奶等应急物资，为遂平县红十字会捐赠近10万元的防疫物资。

2021年7月25日，向遭受特大水灾的新乡卫辉捐赠皮划艇10艘及价值10万余元的饮用水、桶装方便面、面包等急需物资。

2022年初，天津新冠疫情出现反复，天津市河南商会按照市委、市政府的部署，积极响应市工商联倡议，第一时间向全体会员发出了疫情防控倡议书，广大"豫商"积极响应，以不同方式助力一线疫情防控工作，有的捐款，有的捐物，有的组织志愿者团队，有的在各自的区域协助开展核酸检测工作，分别发挥着自己的能量和爱心（具体数字没有统计），以实际行动助力天津疫情防控，表现出了在津中原儿女强烈的家国情怀和社会担当。2022年向公益事业捐赠25万元。

2023年8月向爱心助学公益事业捐赠1万元。

以上捐赠资金共计1195.25万元。

宋富锦深有体会地说："奉献爱心不但能温暖他人，也能照亮自己。""成功不是看个人得到多少，而是看他为社会奉献了多少！"在商海劈波斩浪、摸爬滚打多年的他，是一位不畏艰险的硬汉。铮铮铁骨的身躯，却也包裹着一颗柔软的心。尊老爱幼是中华民族的传统美德。老有所养、幼有所依是社会文明进步的体现。在全力把公司做大做强、引领人们脱贫致富的同时，他还积极投身社会公益事业，将目光投向了那些处于社会底层的弱势群体。

为了使景区周边的村民尽快过上富裕的生活，他千方百计拓宽村民就业渠道，积极引导村民围绕旅游上项目、搞经营，增加经济收入。面向周边乡村招聘导游员、讲解员、保洁员、检票员、保安和观光车司机等固定员工300多人。通过景区工程施工、酒店服务和林业花卉管理，宋富锦安排当地村民灵活就业，增加经济收入，使不少村民成了远近闻名的富裕户。

在采访的时候，嵖岈山旅游集团公司副总经理武新强告诉笔者："宋董事长每次回到家乡，每天总是会在嵖岈山脚下的几个小乡村转一转、看一看，碰到了熟人，总会热情地和他们打打招呼，唠唠家常。年长的乡亲见到他，总是会亲切地和他说：'富锦，你啥时候回来的？吃饭了没？到家喝汤吧（喝汤：当地方言，吃饭的意思）！'

"宋董事长总是笑着回答：'我吃过了，你们的身体都好吧？家里都好吧？'几句家乡话便拉近了彼此距离，他和乡亲们热情地交谈起来。"

嵖岈山脚下的土地十分贫瘠，粮食亩产量非常低，景区开发初期乡亲们的日子过得很是拮据，贫困家庭也比较多，特别是上了点岁数的老年人，日子过得就更加清苦，遇到那些老人，宋董事长总是从衣袋里掏出钱，或多或少地分给每一个人几百块，说上一句："买些好吃的吧，保重好身体。"

宋富锦的这些善行善举，深深地感动了在他身边工作多年的武新强。他说："这些事儿，都是我亲眼所见，有些人，我还记得他们的名字：贺文祥、赵毛、宋元……

"虽然离开家乡好多年，但是宋董事长好像十分了解乡亲们的家庭状况，陈庄村有一个叫陈四明的贫困家庭，宋董事长每次见到他都会拿裤兜里的钱倾囊相助。陈四明后来每每看见宋董事长回来，他总是老远高兴地喊：'大哥，你回来啦！'脸上满是喜悦，或许是宋董事长的资助让他贫困的生活得以为继。"

随着景区不断开发建设，景区的品牌效益逐步提升，在景区的带动下，乡亲们的生活有了质的飞跃，嵖岈山村成为远近有名的富裕村，老百姓常说："我们都感谢宋大哥，没有他投资开发建设景区，我们就不会有今天的好日子。"一个品德高尚的人，既是自爱之人，又是爱人之人。爱人者，人恒爱之，正是宋富锦的善良和仁爱之心，换来了乡亲们对他由衷的感恩。

宋富锦在村里人缘非常好。村里平辈的人称他"宋大哥",小一辈的人喊他"宋大叔",再小一辈的人叫他"宋大爷"。村里的大事小情,他都要管一管,谁家有难处他都要帮一帮。村里家家的红白喜事他都要到场,送上一份礼金。

从天津到嵖岈山,多少个日日夜夜;从嵖岈山到天津,多少次风雨兼程。无数次来回奔走于两地之间的宋富锦,只凭着为家乡人民谋幸福的信念,一次次向父老乡亲伸出援助的双手。为了履行企业的社会责任,一次次向社会献出爱心。

第五章

2004，刻骨铭心的改制

报效家乡父老，是宋富锦投笔从戎时就立下的誓言，也是他孜孜以求的夙愿。遂平县委县政府领导从他回报家乡的实际行动，联想到了困境中的嵖岈山风景区。由于受管理体制和资金瓶颈所困，当时的嵖岈山旅游景区已负债2000多万元，可以说是举步维艰，入不敷出。于是，2003年11月至2004年2月，遂平县委书记、县长、县四大班子分管旅游工作的领导、县旅游局和嵖岈山旅游景区管委会的负责人，先后多次带着家乡人民的重托，诚邀他回家乡投资开发嵖岈山。当时他的公司在天津发展得可谓如日中天，有无限商机。他的家人及天津商界的朋友得此消息后，都说："天津这么好的前景，你要是放着钱不赚，却回河南投资，真是吃饱了撑的，况且在旅游开发领域你又是一个门外汉。千万要三思而后行。"

一边是家乡父老期待的目光，一边是天津无限的商机，历史又一次把他推到了人生的十字路口。何去何从，他反复斟酌，彻夜难眠，论商机，天津可以说是得天独厚，他在天津耕耘了30多年，有着良好的社会关系和信誉，而且公司已具备了相当的规模，回家乡搞旅游开发，万一不成功，经济损失是小事，重要的是影响公司的信誉和他个人的形象。这时，浓浓的赤子之情和报效之心占据了上风。

2003年10月28日至2004年2月12日，宋富锦先后5次聘请中国（深圳）综合开发院旅游策划与研究中心专家团队对嵖岈山旅游景区的开发建设进行考察、分析和综合研判。在科学论证的基础上，他把投资开发嵖岈山的模式确定为旅游资源经营权转让，其具体内容主要包括"整体转让，固定回报，独立经营，自负盈亏"。根据嵖岈山风景区的上述改制模式，遂平县政府与天津海加利公司于2004年6月18日正式签订了《嵖岈山旅游景区经营权转让合同书》，由此开创了河南省旅游景区经营权转让的先河。

2004年9月，他在河南省工商局注册8000万元人民币成立了河南嵖岈山旅游实业发展集团股份有限公司，并出任公司董事长。公司法人代表宋骁飞担任监事会主席，聘请河南省旅游局副局长、正厅级巡视员方洪莲担任公司高级顾问和总策划，聘请河南科技大学原旅游系系主任、副教授、时任鹤壁市旅游局局长苏进峰担任公司总经理，聘请深圳海上田园原总经理助理刘玲琳和深圳华侨城旅游区的曾谦担任副总经理，聘请遂平县现任旅游局长尚丰民担任公司副总经理兼总经理办公室主任，聘请深圳华侨城旅游区的于连涛担任景区管理部经理。公司主要从事旅游资源、旅游区（点）的开发经营，旅游区内交通及配套服务的建设与运营，旅游商品设计与宣传销售，农业旅游开发，旅游关联产业的投资，以及旅游策划及管理咨询。9月27日，全国政协副主席周铁农出席河南嵖岈山旅游实业发展集团股份有限公司揭牌仪式，并亲自为公司揭牌，这标志着河南嵖岈山旅游集团公司正式开业运营。

2004年是嵖岈山旅游集团公司改制的关键年，对于宋富锦来说是刻骨铭心年。改制的前提是出让方和接收方的合作，双方势必都要争取利益的最大化。企业改制需要精兵强将，需要优秀的干部，所以对于原公司的高层管理人员，不能良莠不分照单全收，非常时期需要雷霆手段。宋富锦雷厉风行地进行了高管人员的重组。在采访的时候，宋富锦说："当你学会拒绝别人，学会以牙还牙时，他们反而会尊重你，甚至敬畏你。我终于相信了那句话：无情一点并没有错。"

俗话讲得好：阎王好见小鬼难搪。往往上头的决策是对的、是好的，可是在具体实施的过程中，就涉及方方面面的利益，他不管是谁招的商、引的资，也不管是谁来投资，无论如何只要在这里一天，就要老子天下第一。既然是"交易"，就会有"游戏规则"，这似乎是避免不了的。县里有关部门还是计划经济时代的思维，非要向嵖岈山旅游集团公司硬塞三个"副总"，说什么要"扶上马送一程"，这不是明显要继续掌管企业的大权吗？无端留下三个"保姆"，这不是多余吗？在采访的时候，宋富锦解释了什么叫多余。那就是："夏天的棉袄，冬天的蒲扇，还有等我已经心冷后你的殷勤。我认为，我们的员工不能穿便服，扎领带，戴草帽，趿拖鞋，否则显得不伦不类。要想让嵖岈山旅游景区的事业兴旺发达，我们的决策不能受制于人……"

此外，由于个别乡村干部法律意识淡薄，不按合同办事，在公司受让的经营开发范围内多次出现因第三方侵权而造成的土地资源、荒山资源、森林资源和水体资源等权属争议。不仅景区内原有的违规建筑长时间得不到拆迁，而且景区内又出现了多处新建房屋和新立坟墓等违规建筑。还有个别村干部打着招商引资的旗号，在公司受让的经营开发范围内圈地、租地，把依法转让和承包给公司的荒山、土地、水库和森林资源，又违约对外重复发包、交叉转包，严重影响了公司的开发建设和正常运营。

一时强弱在于力，千秋胜负在于理。不管你有多么真诚，遇到怀疑你的人，你就是谎言。不管你有多么单纯，遇到复杂的人，你就是有心计。不管你有多么天真，遇到现实的人，你就是笑话。宋富锦因为此事与县里的主管领导拍过桌子、摔过方凳，这是宋富锦在情急之下肾上腺素过度分泌的"冲动"之举。

在合作双方即将剑拔弩张的时候，一个关键性的人物出现了。他就是嵖岈山旅游景区一位黄忠似的人物——与宋富锦肩并肩打拼多年的尚丰民，他比宋富锦小两岁，也是一位部队转业干部。他1953年11月生，河南省临颍县人，1984年底转业到遂平县。河南省委党校本科学历，2005年3月晋升高级经济师，2006年至今连续担任河南省A级旅游景区检查员，2017年被河南省旅游局推荐为全国旅游标准化工作专家。

这位老同志的履历相当耀眼：他当兵14年，1984年转业后，在河南省遂平县科协任办公室主任；1988年3月—1992年11月，在遂平县政府办公室任秘书；1992年12月—1996年2月，在遂平县政府办公室任副主任；1996年3月—2000年2月，在嵖岈山旅游风景管理区任区长；2000年3月—2002年2月，在嵖岈山旅游风景管理区任党委书记；2002年3月—2005年3月，在遂平县旅游局任党组书记、局长兼任遂平县委办公室、遂平县政府办公室副主任；2005年4月—2009年12月，在河南嵖岈山旅游集团公司任副总经理兼总经理办公室主任；2010年1月—2013年5月，在河南嵖岈山旅游集团公司任执行总经理；2013年6月—2020年1月，在河南嵖岈山旅游集团公司任董事长助理。其中1988—2004年，他先后多次被评为市、县先进工作者及优秀共产党员和优秀党务工作者；1996—2004年，他连续被评为全省风景名胜区先进个人、全省旅游行业先进工作者；2003年、2007年，他分别被评为遂平县第五批和第六批专业技术拔尖人才；2009年，他被评为全省风景名胜区管理先进个人……退休后，继续留任嵖岈山旅游集团公司。古稀之年，他仍然一如既往地为嵖岈山旅游景区的发展献计出力。

从尚丰民的履历来看，读者可能就明白啦！他参与了嵖岈山旅游景区改制的全过程，因此他是最有发言权的。由于他无论在部队还是在地方都做过多年的文字工作，他不仅回答问题井井有条，而且为笔者提供了大量的文字材料。对于嵖岈山旅游景区改制，尚丰民不偏不倚"一手托两家"，起到了承上启下、继往开来的作用。因此，他对嵖岈山旅游景区改制的情况了如指掌，谈起来客观具体，实事求是。

在采访的时候，关于嵖岈山旅游景区改制模式及主要内容的确定，尚丰民这样说："嵖岈山风景区是1987年被省政府批准的全省第一批省级风景名胜区。十几年来，有过灿烂和辉煌，也有过挫折和坎坷。为了尽快改变景区投入不足、体制不顺、机制不活、管理不善、效益不佳的状况，使嵖岈山旅游景区焕发出新的生机和活力，遂平县人民政府决定按照所有权和经营权分离的原则对景区进行改制，并多次与宋富锦协商，请天津海加利公司投资开发嵖岈山。通过深入细致的考察、酝酿、探讨和论证，遂平县政府和天津海加利公司共同商定把嵖岈山旅游景区改制的模式确定为旅游资源经营权转让，概括地讲就是'整体转让，固定回报，独立经营，自负盈亏'。"

尚丰民为了达成这个具有历史意义的合作，从中做了许多斡旋工作。为了捋顺甲乙双方的怨气，他现学了市场经济有关方面的知识。他召集合作双方拿出白纸黑字、盖有鲜红公章大印的协议书，一条一款地按葫芦抠籽儿，结果不辩自明。为了促使双方合作共赢，他本着责任共担、利益共享、共同发展的原则，在兼顾双方利益的基础上，求同存异促成了双方的合作。

妥协是一门艺术，在商业合作中也势在必行。宋富锦用善良回报善良，用温暖响应温暖，让希望呵护希望。他吞下了委屈，喂大了格局。嵖岈山旅游景区改制工作，在双方签订经营权转让合同及8个附属协议后，终于起航了。

开局关乎全局，起步决定后程。宋富锦面对新的机遇和挑战，从小事着手，把握好当下，对专注的事情保持热爱，对未来的理想保持坚定。他相信，没有等出来的收获，只有干出来的幸福。在采访的时候，尚丰民告诉笔者，在仅仅一年多的时间里，宋富锦率领员工推陈出新，打造精品，嵖岈山旅游景区改制就初见成效。按照"科学定位抓规划、打造精品抓建设、拓展市场抓营销、规范运作抓管理"的工作思路，紧紧围绕创建旅游名县、打造精品名牌的奋斗目标，求实苦干，团结奋进，宋富锦力促景区的规划、建设、营销、管理等各项工作都取得了实质性进展。

规划设计迈出了新的步伐。为高起点、高标准、高品位地搞好景区开发建设，公司投资120多万元聘请北京建筑建工设计院和天津滨海旅游规划建筑设计公司资深专家重新编制了《嵖岈山旅游区控制性详规》《嵖岈山旅游区修建性详规》和新山门广场综合设计方案、风情街规划设计方案，确定了嵖岈山旅游景区的中长期发展目标、主题形象定位和特色旅游产品；按照"三山四湖五条线"的空间布局，划分了近期开发的九大功能区和远期开发的五大功能区。同时，还对北山的汉墓、岩画、北齐三石窟和军事壁垒山城遗迹等汉文化进行了深入的挖掘，不断丰富嵯岈山的文化内涵，为进一步加快嵯岈山的开发建设步伐描绘了蓝图，奠定了基础。

基础设施建设取得了新的成效。在全面规划、整体设计的同时，积极筹措资金，加快了各个工程项目的施工步伐。一是完成了长126米、宽1.8米，可同时通行60人的南北山观光吊桥建设；二是完成了连接南北山、天磨湖、六峰山，全长12000米的步游道及与步游道相配套的观景台、购物点、安全设施、环卫设施和休息设施等工程项目；三是按照国家AAAAA级旅游区要求和国际化标准，策划安装了景区导向牌、景点介绍牌和安全警示牌；四是完成了景区休闲游的憩带建设和重点区域的绿化；五是完成了贯通秀蜜湖至新山门的水系拓展工程和8个溢流坝等水体景观建设；六是完成了目前全国最大、品位最高的大型观光水车群工程；七是完成了体现国家地质公园和森林公园特色的景观式大树组成的生态山门和占地4万平方米的多功能山门广场、生态停车场建设；八是按照世界地质公园的标准，完成了嵯岈山国家地质公园博物馆、标志碑和地质公园标识系统建设；九是完成了连接天磨湖—东山门—琵琶湖全长6公里的景区内环线旅游公路；十是启动了风情街、滑草场、跑马场、高尔夫练球场和琵琶湖综合开发等项目建设工程，这些项目的建成，为嵯岈山旅游景区增加了新亮点，推出了新卖点。

市场营销有新进展。坚持把市场营销作为重中之重，精心策划，超前运作，把握市场动向，搞好市场细分，拓展营销渠道，创新营销方法，先后投入营销经费200多万元，通过会议促销、媒体促销、活动促销、委托代理促销、周边巡回促销和宣传品促销等形式，有效地提高了嵖岈山旅游景区的知名度，进一步巩固了河南、湖北成熟市场，炒热了周口、漯河等周边市场，拓展了河北、山西、安徽等机会市场，实现了入园游客和门票收入的同步增长。

管理纳入新的规范。受让嵖岈山旅游景区经营权后，始终把经营管理放在首位，持之以恒，常抓不懈。

及时搭建管理架构。高薪聘请了旅游管理专业人才，按照现代旅游企业制度的要求，及时成立了由董事长、监事会主席、总经理和3位副总经理组成的总经理室，下属企业发展部、景区管理部、市场营销部、工程园林部、财务部、人力资源部和总经理办公室等公司一级部门，每个一级部门又根据工作需要下设了相关的二级部室，保证了公司各项工作的协调运转。

科学进行景区认证。聘请了北京兴国环球质量认证有限公司对嵖岈山风景区进行ISO 9000质量管理体系认证、ISO 14000环境管理体系认证和GB/T 28001职业健康安全管理体系认证，嵖岈山景区成为全省旅游景区（点）第一家通过三位一体认证的景区，使景区走上了科学化、规范化的管理轨道。

积极开展员工培训。根据景区接待服务工作的需要，分期分批对员工进行了旅游管理知识、接待服务知识、文明礼貌用语、仪容仪表、微笑服务等方面的业务培训,先后举办各类培训班30多期,使员工受训率达到100%,有效提高了员工的自身素质。

努力提高服务质量。对全体员工统一了工装和工卡,规范了服务行为;对环卫人员划分了区段,明确了责任,实现了园区全天候保洁;对导游员实行了严格管理,规范了景区导游词,提高了导游服务水平;对山上的货亭、摊位、庙宇和马匹等个体经营户实行了分类定点管理,规范了服务行为。坚持以人为本的服务理念,从一般普通服务向个性化、特色化、精细化服务转变。提出了"不让一个游客在崆峒山受委屈"的承诺,从停车、咨询、购票、导服、游览、购物、餐饮到临时休息等各个环节,对游客实行个性化服务,力所能及、想方设法满足游客的需求,力求让每一位游客收获舒畅的心情和满意的笑容。忠实地实践"以人为本,游客就是上帝"的服务理念,有效地维护了游客权益,提升了崆峒山风景区的整体形象。

旅游资源保护得到进一步加强。景区改制后,崆峒山旅游集团公司从长远的利益出发,进一步加强了旅游资源保护。

制订保护规划,明确功能分区。及时制订了旅游资源专项保护规划及具体的实施方案,合理划分功能区域,确定了一级景观景物核心保护区、二级景观环境严格保护区、三级环境保护区、四级扩大生态保护区,并分别对四个级别保护区的保护内容和保护措施提出了明确的要求。

普查旅游资源，建立保护档案。对景区的181个旅游资源单体进行了普查，逐个登记造册、建档立卡，为规划区域内的古树名木、历史文物、飞禽走兽、奇峰怪石，地质遗迹、庙宇庭院、文物古迹的保护和管理提供了可靠的依据。同时对考古专家曹汛教授一年多来在崦岈山实地考察发现的春秋战国以来的古墓、石窟、岩画、碑记、古兵营遗址、秦砖、汉瓦、瓦当、古鬲、古兵器、古币等30多类、100多处（件）具有较高价值的文物古迹进行了挖掘、收藏和严格保护。

强化保护意识，狠抓规划实施。在景区开发建设中，从项目的设计、选址到各个施工环节，董事长、总经理和项目负责人都严格把关。特别是在山上游览步道的修建中，为了追求景观效果最好、动石动土最少、视觉范围最大、构筑环线最多且又衔接布局合理、游客进出方便的效果，董事长带领总经理和分管副总、工程部负责人翻山越岭，不辞辛苦，先后30多次上山选线、指导、检查，对每一块山石、每一棵藤树、每一段游道、每一处古迹的资源保护都提出了明确的要求，制定了可行的措施，有效地维护了规划的严肃性。

在采访的时候，笔者问起他们对崦岈山风景区改制工作的体会，尚丰民说，这一定要让宋董事长讲。宋富锦也不谦让，接过尚丰民的话题深有感触地说："崦岈山旅游景区改制工作是实现景区跨越式发展的关键，是落实科学发展观的具体实践。纵观整个改制过程，我们体会较深的主要有这么几点……"于是他如数家珍：

"领导重视是保证。嵖岈山旅游景区是遂平县乃至驻马店市旅游企业的龙头，改制成败直接关系到遂平县旅游业的兴衰，影响着全市旅游业的发展，意义非常重大。遂平县委、县政府高度重视，确立了'慎重初战，务求必胜'的指导思想，从确定目标、考察论证、筛选合作方案到签署合作意向等都进行了周密部署，做了大量的调查研究。由县四大班子领导带队，先后到四川雅安碧峰峡景区、山东孔子国际旅游股份有限公司等景区学习改制经验。省、市领导和省、市旅游局也多次深入景区精心指导，提出了一系列合理化的建议和指导性意见，推动了嵖岈山旅游景区改制工作的顺利进行。

"解放思想是前提。和诸多新生事物一样，由于受计划经济思维模式的影响，嵖岈山旅游景区改制工作一开始就遇到了来自多方面的阻力，部分干部群众和景区员工不同程度地存在一些担心和顾虑。对此，县委、县政府多次召开改制工作领导小组成员会、老干部及社会各界人士座谈会、风景区管委会领导班子成员和全体干部职工动员会，宣传中央、省、市、县关于改制的精神和兄弟景区改制的成功经验，分析嵖岈山旅游景区改制工作的必要性、可行性和紧迫性，引导大家提高了认识，统一了思想，增强了大家支持改制、参与改制的自觉性和责任感。

"正确选择改制模式是基础。借用尚丰民的话：我们旅游资源型的产业发展，涉及两方或两方以上的合作问题时，通常采取合作经营、合资经营或经营权转让三种模式。为了选择适合嵖岈山改制的最佳模式，我们出资30多万元高薪聘请中国综合开发院旅游策划与研究中心资深专家和国际投资专家对嵖岈山旅游景区和周边市场进行了深入的考察和调研，通过专家会诊，确定了旅游资源经营权转让的改制模式。实践证明，经营权转让较其他两种模式有着明显的优点：一是独家经营，外部干扰较少；二是不担心由于股东因素而产生麻烦；三是受托企业可在较短时间内成功调整项目的销售结构，增加现金流量；四是可操作性强，且有成功案例可循。改制模式的正确选择为嵖岈山旅游景区经营权的成功转让奠定了坚实的基础。

"兼顾各方利益是根本。嵖岈山旅游景区改制必然触动一些深层次的矛盾和问题。如景区班子成员的安置问题、景区员工的接纳问题、原景区工商户的管理问题、景区群众的林权和土地归属问题以及债权债务、开发范围、利益分成、管理监督、国有资产保值增值问题等，都要求我们慎重对待，妥善处理。对此，我们按照'从长谋划、不计小节、让利于民、造福一方'的原则，通过给当地百姓建学校、修公路、建水库，发展个体经营，吸纳农民就业和提高对农民拆迁、征地、林木、水域等附属物的补偿标准等途径，使多方面的利益都得到了兼顾，解除了大家的后顾之忧，保证了改制工作的有序推进和平稳过渡。

"宽松的外部环境是关键。嵖岈山旅游景区改制工作成功运行，离不开宽松的外部环境和社会各界的关心支持。旅游系统的同人和社会各界的朋友积极为我们改制出主意、想办法、献良策，并为我们寻求合作伙伴铺路搭桥、穿针引线。遂平县政府、景区管委会和县直各有关部门想改制所想、急改制所急、帮改制所需，为公司的开发建设提供优惠政策，创造宽松环境，经常深入景区开发现场，指导工作，排忧解难，进一步坚定了我们搞好改制工作的信心，促进了改制工作的顺利进行。"

勇斗雷霆描嵖岈，饱尝风霜揽云霞。我们可以从宋富锦《故乡恋·嵖岈情》一诗中读出他当时的心境和情怀：

明知隔行创业难，
却学吃蟹敢为先。
立志景区名四海，
倾力开发为梦圆。
少小离家客异地，
岁月难蚀故乡恋。
愿尽绵薄报父老，
欲把嵖岈变金山。

第六章

共产党员的责任担当

无论是在军营磨炼，还是下海经商，宋富锦都深知责任意识对于一名合格的共产党员、一名优秀退役军人的意义。尤其是接手嵖岈山旅游景区以后，他对"责任"这两个字的理解更加深刻。在采访的时候，宋富锦很有哲学意味地向笔者诠释了"责任"，他说："在当今这个时代，要想把自身的工作做好，就要把自己应负的责任切实地担当起来，就要把责任上升到信仰的高度。"

他进一步解释道："对于责任的要求，是伴随着人类社会的出现而出现的。有社会就有责任，当然，责任也分为个人的责任和集体的责任。个人责任指一个完全具备行为能力的人所必须履行的职责，道德和法律时刻追究的，就是人的责任或者由人所组成的团队的责任——个人的责任、单位的责任、国家的责任、道德的责任、法律的责任等。因此，居庙堂之高也好，处江湖之远也罢，一个人，无论身居何位，只要你尚有行为能力，你都要为你的行为负责。"

紧接着，宋富锦又从哲学高度谈到了政府责任和社会责任。他认为，回乡创业者就要入乡随俗，到什么山上唱什么歌。他经常对与他打交道的公务人员说要在自己的职位上对人民群众负责，了解和保护人民群众的利益，满足人民群众对政府工作的期待。社会责任是在一个特定的社会里，每个人在心理和感觉上对其他人的伦理关怀和义务。具体来说，就是社会并不是无数独立个体的集合，而是一个相辅相成不可分割的整体。尽管社会不可能脱离个人而存在，但是纯粹独立的个人却是一种不存在的抽象。简单点儿说，就是没有人可以在没有交流的情况下独自一人生活。因此，无论做什么工作都一定要有对社会负责、对其他人负责的责任感，而不仅仅是为自己的欲望而生活，这样才能使社会变得更加美好。在多年的工作实践中，宋富锦感到要具备社会责任感，应该体现党的意识、体现共产党员的责任意识。

宋富锦是一位非常"靠谱"的党员领导干部。什么叫"靠谱"？通俗一点说，就是说话算话，不欺不骗；专业一点说，就是为人可靠，值得信赖；私心一点说，就是不用防备，相处舒服；准确一点说，就是人品过关，让人安心。他能够以坚定的政治担当、历史担当、责任担当，在其位、谋其政、干其事、求实效，真正做到面对矛盾敢于迎难而上、面对危机敢于挺身而出、面对失误敢于承担责任、面对歪风邪气敢于坚决斗争，做出了无愧于时代、无愧于人民、无愧于历史的业绩。

宋富锦经常这样想：虽然嵯岈山旅游资源的所有权是国家的，自己只拥有景区50年的经营权和管理权，但是自己也必须切实增强守土有责、守土负责、守土尽责的责任担当。

有权必有责，有责必担当，用权受监督，失职要问责。这要求切实抓好工作落实，强化责任担当。要在其位、谋其政、干其事、求实效，以"钉钉子精神"做实做细做好各项工作，召之即来、来之能战、战之必胜。实干最能检验和锤炼党性。切实"干"字当头，既要想干、愿意干、积极干，又要能干、喜欢干、善于干，其中积极性又是首要的。宋富锦无论在哪个岗位、担任什么职务，都做到了能干、善于干、积极干，树立岗位就是使命、责任就是命令的担当意识。他还要求嵖岈山旅游景区的管理人员加强对员工的能力培训和实践锻炼，涵养员工担当作为的底气和勇气，让员工在理论学习和实践锻炼中砥砺品质、增长才干，把责任扛在肩上，切实担当起新时代党和人民赋予嵖岈山旅游景区的使命和重任。

增强嵖岈山旅游景区员工的政治担当、历史担当、责任担当，革命的优良传统不能忘。关于魏朗斋纪念园的修建，宋富锦就是基于责任担当而为的。在采访的时候，宋富锦回忆说："我的小学就是在现在的嵖岈山东山门、原大礼堂、小礼堂（嵖岈山职业学校旧址）度过的。魏朗斋校长的抗日故事和办学功绩，自幼在我脑海里打下深深的烙印，他的爱国情怀一直激励着我。"为宣传和弘扬魏朗斋的爱国主义精神，2012年初，由河南嵖岈山旅游集团公司出资，在原嵖岈山职业学校旧址，兴建了以魏朗斋先生为主要标志的纪念园。

魏朗斋（1892—1960），男，字雁明，是一名教育家、林业科学工作者，更是一位爱国民主人士。他出生于遂平县索店吏部张村一个富裕家庭，自幼在外地上学，从小立志为振兴中华而奋斗，1923年毕业于北京农业大学。魏朗斋奉行教育救国理念，最早创办了遂平一中、瀍阳女子学校、嵖岈山职业学校等，并对师生进行抗日救国宣传教育活动。

嵖岈山是魏朗斋先生当年创业奋斗的热土。1932—1949年魏先生创办嵖岈山职业学校期间，为遂平培养出一大批乡土人才和革命干部，仅在此就发展共产党员100多人，为确山竹沟抗日革命根据地输送40多名八路军干部，其中，周子郁、柴成文等一批人才成为我军的高级将领。1939年秋中共中原局遭遇竹沟惨案后，魏朗斋受中共遂平县委之托，通过友人贡任材介绍遂平中共负责人时志仁、吴雨、赵秉一等加入国民党第二集团军，隐蔽身份做地下工作。

1944年12月22日，盘踞在泌阳县沙河店和遂平县张台的日伪军3000多人，从黄土岭背后向嵖岈山扫荡，嵖岈山乡长王光斗不战而逃。共产党领导的嵖岈山职业学校四中队在时志仁、周子郁、魏太初的率领下奋起抵抗，他们坚守黄土岭，居高临下痛击日伪军，击毙100余人，日伪军恼羞成怒，架起大炮猛轰，但最后四中队仍安全转移。战后魏朗斋集合全校师生追悼烈士并亲自为抗日英雄立碑留念。

在抗日战争、解放战争期间，魏朗斋还创办了"春织学院"（现河南农业大学）、山东农村改革研究院、南阳职业学校等10多所学校。魏朗斋用毕生精力从事教育救国事业，为抗日战争、解放事业做出了突出贡献。

魏朗斋纪念园竣工后，于当年清明节举行了魏朗斋先生塑像暨纪念碑揭幕仪式，市县党政机关和社会各界人士及魏朗斋先生的子女共 400 余人出席仪式，共同缅怀这位爱国先贤。纪念园落成后，每年都有大量游客前来瞻仰纪念，爱国主义教育作用发挥得有声有色。昭示后人，铭记历史，缅怀先烈，珍爱和平，开创未来。

矗立在遂平西部的嵖岈山与狮子山、象山、尖山、平磨垛、红石崖山山相望，峰峰交错，洞洞互连，山陡谷深，林密草茂，地势险要，一直是兵来将挡的天然屏障，藏龙卧虎的人间宝地；嵖岈山区又是北接华北、西北，南连华中、西南的中原门户、交通咽喉，自古是兵家必争之地。

因此，嵖岈山区还是遂平革命的摇篮，不仅有魏朗斋在这里创办嵖岈山职业学校，为党和部队培养了大批人才；还有李先念、黄霖在这里创建豫中抗日根据地，点燃了抗日烽火；李先念、王树声、王定烈三军会师土山街，缟毂中原定乾坤。这片红色土地上也涌现出无数位投身革命、历经血雨腥风而矢志不渝、面临个人生死而初心不改的英雄志士，李寿卿烈士就是其中一位，他是宋富锦的老乡！

李寿卿，字孤松，1914 年出生于遂平县嵖岈山乡土山村。1929 年与表弟杜松山一起参加遂平一小读书社，开始接触马列主义革命思想。1930 年，16 岁的他经表弟、时任中共遂平县委委员的杜松山介绍，光荣加入中国共产党，是遂平最早加入党组织的革命者之一。他在家乡土山学校担任校长兼教师，传授文化的同时，向学生宣传革命思想。

1934年，中共地下土山党小组成立，李寿卿担任土山党小组组长。1936年，李寿卿任国民党土山村联保主任，以此身份作掩护，为我党做了很多地下工作。1937年，中共遂平县委在土山成立了遂平西部山区第一个区委会，杜松山兼任区委书记，李寿卿任组织委员，杨俊亭任宣传委员。此时抗战全面爆发，土山区委在西部山区建立了鲍庄、杨店、槐树三个党支部，当地共产党人把一腔热血投入抗战。

1938年，李寿卿、杜松山、杨俊亭等人在土山村李家祠堂创办了抗日青年救亡训练班，全面宣传抗日救亡思想，当时学员达80多人，其中有30人后来被送往竹沟加入新四军队伍。办班期间，在嵖岈山职业学校任教的地下党教员纷纷来到李家祠堂讲课，其中有范文澜（历史学家）、马致远、刘子厚（后任河北省委书记）、杨毅（后任济南市委书记）等，主要讲授学习毛泽东的《论持久战》及军事知识，还组织"光明话剧团"到土山慰问演出。训练班结束后，李寿卿又在李家祠堂开办了农民夜校，传播革命真理，点燃抗日烽火。

1938年秋天，上级党组织指派李寿卿到竹沟新四军培训班参加培训，三个月后回到家乡土山开展地下工作，担任土山区委书记。1944年，新四军五师豫南游击兵团来到嵖岈山区，李寿卿又积极协助创建豫中抗日根据地，负责遂平西部山区工作，他还兼任金嵖乡乡长、嵖岈山区区长。

1945年10月，李寿卿利用曾经担任联保主任身份，召集保长、甲长及地方知名人士打扫李家祠堂及街西头寺庙，热烈欢迎王树声率领的豫西抗日根据地部队和王定烈率领的八路军冀鲁豫军区水东八团，新四军五师师长李先念从李兴楼专程来到土山召开欢迎大会。这就是我军历史上的"三路大军会师土山街"。

抗战胜利后，新四军五师南下转移，李寿卿随豫中兵团近千名新四军南下湖北宜化、桐柏一带，并任中原军区干部队队长。

1946年秋天，李寿卿又受党组织派遣，带领10多名同志到豫东西华县开辟革命根据地，先是任西华县委委员兼陶城区区委书记，后任西华县委书记，组建革命武装，巩固壮大根据地。1948年6月，李寿卿在西华县一个寺庙内召开会议时，不慎走漏风声，被敌人团团包围，敌人高喊着李寿卿的名字，劝其投降。面对敌人的威逼利诱，他沉着镇定，指挥战斗，手握双枪掩护参加会议的同志突围，而后在翻墙突围时，他被敌人的子弹打中，壮烈牺牲，时年34岁。1951年，李寿卿烈士的遗骨被其家人从西华县运回，安葬在土山村东北。安葬当天，数千群众和西华、遂平两县的领导参加了葬礼，并鸣枪致敬。

出师未捷身先死，长使英雄泪满襟。宋富锦本想就李寿卿烈士的事迹在嵖岈山旅游景区内修建碑亭予以大力宣传，教育和激励革命后代继承先烈的遗志。可是，有个别村民不屑一顾地说："李寿卿烈士的故乡——嵖岈山镇土山村离景区八百丈远，30多里地开车都要半个多小时，根本挨不上边……宋老大（宋富锦在家排行老大）就是要用红色旅游景点捞取功名。"

俗话说：天下不如意事常八九，可与人言无二三。宋富锦为魏朗斋先生修建纪念园也遭到当地个别人的非议。在采访的时候，宋富锦向笔者诉苦："老战友啊！做成每一件事都是不容易的。人多嘴杂，人言可畏……更有甚者，嵖岈山的个别村民到处散布：宋老大为什么要修魏朗斋纪念园，因为嵖岈山镇投资的资金，是人家魏朗斋后人捐赠的，他不修建纪念园，人家后人不答应……"对于这些流言蜚语，宋富锦只能摇摇头一笑了之。正如2012年4月12日魏朗斋纪念塑像揭幕式上他所讲的："在纪念碑的正前方有两棵树，一棵椿树，一棵楸树，寄予看春秋、写春秋之意，是非自有公论，好在历史是人民写的。我犹我行我素，是非任凭人说。我要把军人的精神永远铭记心底，以不忘初心、牢记使命为宗旨，勇于担当责任，永远举起魏朗斋校长等革命先烈、英雄前辈用鲜血染红的旗帜，筑起充满甘露、阳光和力量的精神丰碑，引领嵖岈山人记住乡愁，在文化建设和生态环境保护与美化上一步一个阶梯向上攀登。"

增强嵖岈山旅游景区员工的政治担当、历史担当、责任担当，必须有勇于自我革命的精神，坚决摒弃一切明哲保身、得过且过、敷衍塞责、懒政怠政等消极行为。曾几何时，嵖岈山旅游景区有的员工存在干事创业精气神不够、患得患失、不担当不作为的问题。此外，还存在由于思想淬炼、政治历练、实践锻炼不足，缺乏能干事的工作能力而"不能为"的情况；由于理想信念弱化、内在驱动力不足，丧失"想干事"的主观意愿而"不想为"的情况；由于以个人进退得失为尺度，缺失了"干成事"的勇毅果敢而"不敢为"的情况。宋富锦强调应以刀刃向内的自我革命精神，不断深化员工的自我革命意识，深查细纠这些精神不振、不担当、不作为的问题，一项一项进行整治，推动员工干事创业敢担当的积极作为，树新风、担责任、讲奉献。

考验嵖岈山风景区的管理人员是否合格，不是在考场看分数，也不是在会场上看话术，更不是看在旅游风景区行走的步数，而是看他们对嵖岈山旅游事业的责任担当度。管理人员不仅要"围观一日，要行一日好事"，也就是说，不仅要做一名好的管理人员，更要做到把员工和游客的安危冷暖、一举一动，融入自己的牵挂。不管在什么岗位，对自己各方面要求都要非常严格，做人做事都要做到最好。宋富锦一直坚信：一个人必须严格要求自己，才能成为最优秀的自己。在成长的道路中，他感悟到一个人的责任和担当的重要性。责任，是人一生下来，就必须担负的包袱，与生俱来的；担当，是一种态度，也是一种行动。每个人在人生的每一个阶段都肩负着相应的责任和义务。

想成为一个有用的人，就必须有敢于担当的态度和认真对待每一件事情的精神。细心决定成败，一个人处理一件事的态度，会直接影响这件事情的结果。如果一个家庭的孩子都将妈妈的话记在心里，努力去做一个最优秀的自己，每天努力一点，每天进步一点，就能创造一个意想不到的奇迹。宋富锦语重心长地对员工们说："在平凡的工作岗位上，我们要听党的话，做一个有用的人，有担当意识的人，做任何事情都要一丝不苟，兢兢业业。不要抱怨这儿、抱怨那儿，是金子总会发光的。"

宋富锦在嵣岈山旅游景区做工作，依然和在部队一样，善于复盘反思，总结比武工作，反思问题不足，立起训练导向，激发练兵动力。要淡看成绩，深看问题。他在部队任团参谋长时，喜欢与人下围棋，复盘原本是围棋中常用的术语。现在人们经常用在工作和生活中，对自己做过的事进行反思总结，留精华，去糟粕。

子曰：温故而知新，可以为师矣。复盘的过程，是从得失中分析原因、自查不足、及时修正的过程。俗话说：吃一堑长一智。经历之所以宝贵，是因为我们可以通过复盘反思，将曾经走过的弯路、踩过的坑转变成难得的经验。宋富锦做完一项工作以后，经常问自己；哪些地方做得不好？哪些地方可以改进得更好一些？记住失败的教训，积累成功的方法，坚持一段时间，他发现经过复盘反思，错误越来越少，事情越做越好。

德国著名抒情诗人和散文家海涅说过：反省是一面镜子，它能将我们的错误清清楚楚地照出来，使我们有改正的机会。

在采访的时候，宋富锦向笔者讲述这样一个道理：没有记录就没有发生，没有反思就没有进步。复盘反思的真正作用在于内驱，不复盘，再努力都是低水平勤奋；注重总结，才能实现自我升级。

怎样才能让自己更出色，让自己强大起来呢？在多年的部队工作实践中，宋富锦认为，要学习，要思考，要奋斗，要担当。一个人要不断地学习，要持之以恒不断地给自己充电。还要勤思考，学有所悟，将理论和实际结合才会学有所成。只有常思考，常总结，才会有收获，才会有进步。还要勤奋斗，知识改变命运，勤奋创造奇迹，只有通过学习奋斗，不断提高自己的能力，才能在各种角色中负起责任。

责任在肩，实干担当。多年来，宋富锦坚持这样的原则：关键时刻，稳定民心，提振信心，凝聚人心。对于嵖岈山旅游景区来说，游客就是上帝。游客的事无小事，解决游客最关心最急切的问题，就要做到主动扛起责任的大旗，服务游客，保护游客，关心游客，时刻把游客的安危冷暖放在心上，把发现的问题解决好落实好。唯有如此，才能赢得游客心，才能树立嵖岈山旅游景区的威信，教育嵖岈山旅游景区的广大党员，让责任担当成为一种自觉，让责任担当成为一种光荣。

第七章

激情燃烧的团队精神

第七章 激情燃烧的团队精神

曾经担任多年团参谋长的宋富锦，在部队常常用这样的话教育年轻的战士："所谓年轻，不仅是指年龄，更是指一种状态。对事物充满好奇，对人生满怀期待，知道路途艰辛却依旧一往无前，这就是年轻的生命状态。愿你始终有对生活的激情和对未来的希望，永远有一颗年轻的心。大事难事，看担当；逆境顺境，看襟度；临喜临怒，看涵养；群舍群得，看智慧；做大做小，看格局；可快可慢，看悟性；是成是败，看坚持！每个人的一天都是 24 小时，时间不会偏袒任何人。你把时间花在哪里，你的成长就在哪里。世界上没有白费的努力，出众的背后也没有捷径。一个人如果不把自己的青春与梦想和激情联系起来，如果不把自己的梦想与团队的激情联系起来，那么他的梦想就只能是梦想，就像是挂在天边的彩虹，可望而不可即……"来到嵯岈山旅游景区以后，他同样用这样的话激励景区的青年员工。

宋富锦说："漫漫人生路，许多事情是自己难以预料的，每个人都不是先知，不是神仙。我们无法控制机遇，但是可以掌握自己；我们左右不了变幻无常的天气，但可以调节自己的心情；我们不知道生命的长度，但是可以拓展生命的宽度；我们无法预知未来，但可以把握现在。总而言之，人活着就要有激情，只有在人生舞台上点燃激情的火焰，我们的人生才不会失色。"宋富锦就是一个激情燃烧年代的"大写的人"，听他说话，看他走路，跟他爬山，员工们都认为他是《激情燃烧的岁月》里活脱脱的石光荣。

在宋富锦的眼里，激情，是嵖岈山一道潜在的风景线，不要隐于青林翠竹之中，不必藏于云海峰峦之巅。激情，是嵖岈山屹立于巍峨山峦的坚石，是苍苍林莽中的古树。因此你没有必要敬畏名山大川，没必要为大漠孤烟而赞叹。世上所有景致得到诠释只因有激情的存在，诠释时代的风情只因有激情的存在。不必汲汲营营，就站在属于自己的位置；不必拘束，让激情在内心不断燃烧。给黑暗世界以光明，给苍白的四周以绚丽，给沉闷的日子以诗意，给慵懒的天空以活力。用激情的琴弦奏出属于自己的乐章，用激情的舞姿跳出心中的热情，用激情的画笔绘出明天的蓝图。置身嵖岈山旅游景区，杨柳之潇洒，兰草之柔美，青松之挺立，翠竹之秀丽，自然的各色风情，那是心中激情的映照。

在宋富锦的心目中，激情，是生命之花，是成长的催化剂，是引爆潜能的导火索，让内心的激情充分燃烧。每点燃一次激情，就给自己拟定一个目标，生命将不再碌碌无为，而是生机勃勃且激昂澎湃。生命是有限的，激情是无限的，有一种追求叫作永不服输，有一种贡献叫作卓尔不凡，有一种团队叫作无往不胜，有一种成功叫作实至名归。20年来，嵖岈山旅游景区的每一次高光时刻，都有一支充满激情的团队，在宋富锦的指挥下燃烧出一片通红的生命之火！

在采访的时候，宋富锦说："一人为单，二人为双，三人为众。三人以上就算一个'团队'了。团队还不能是'乌合之众'，团队贵在有'激情'，既然要求'团队'对工作有'激情'，就要涉及这个'团队'的每一个个体。如果每一个独立个体的精神面貌颓废、萎靡，那么这个团队的精神面貌就难以振作，遑论'激情'，更看不到'燃烧'。所以，如何让团队中的每一个人'燃烧激情'，改变精神面貌，就成了打造激情团队的一个至关重要的问题。"

系统地回顾了自己这么多年的工作心得之后，宋富锦话锋一转，讲出了一段"新概念"，他说："一个篱笆三个桩，一个好汉三个帮。如果说，我在工作上取得了成绩，所负责的事业创造出业绩，这并不只属于我个人，我宋富锦纵然浑身是铁，也拈不出几个钉。这些年一路走来，成绩也好，业绩也罢，都凝聚着团队干事创业的胆识和气魄，凝聚着嵖岈山旅游景区同志们的智慧和汗水。"他顺口归纳出了"四种精神"，即解放思想、与时俱进的时代精神，主动作为、开拓进取的创新精神，心系大局、团结互助的协作精神，真抓实干、无私奉献的就业精神。而这四种精神归结起来就是"激情燃烧的团队"之精神。

随后，宋富锦就如何弘扬"激情燃烧的团队"精神提出了具体要求：要与时俱进，永不自满，切实以思想的大解放引导事业的大发展；要抓住机遇，奋力拼搏，扎实推动各项工作，迈出更大的发展步伐；要增进团结，形成合力，努力营造同心同德干事业的浓厚氛围；要坚持正确导向，注重实绩，充分调动全员干事创业的积极性；要改进作风，强化责任，坚持把各项工作做精、做细、做实。

宋富锦进一步诠释了发扬"激情燃烧的团队"精神。打造"激情燃烧的团队"的意义，又与用心做事的理念紧密地结合起来。他说："用心做事的人肯定是激情洋溢的人，他既能点燃自己，又能照亮别人。这样的人，走到哪里，哪里就会有新气象；这样的人，在哪个岗位上，哪个岗位工作就能有起色；这样的人，接触到谁，谁就会被激起干事创业的强烈欲望。因此，我们讲用心做事，也是发扬'激情燃烧的团队'精神的题中应有之义。说穿了，也就是一个团队的每一个人，具备什么样的职业素养和工作作风问题。"

优良的作风是一种重要的政治资源，蕴含着巨大的感召力，宋富锦对员工最起码的要求就是靠谱。靠谱，是一个人最基本的素养。做人，可以不优秀、不成功，但不能不靠谱。一个人靠不靠谱，从来都不是嘴巴说了算，而是行动见真章。很多时候，我们判断一个人值不值得共事和信任，最基本的是看他靠不靠谱。学历高不高、能力强不强、聪明不聪明是其次，但说话算数，做事有数，人品靠得住，这几点很重要。人要活得问心无愧，过得心安理得，必须成为一个"靠谱"的人！时间会告诉你我谁是身边最"靠谱"的人……宋富锦坚定地表示，在实际工作中，他着力整治以下几个问题。

着力治"浮"。"浮"就是心浮气躁，工作中沉不下来，眼高手低，见异思迁，患得患失，小事不想做，大事做不来。因此，要坚决克服心浮气躁的问题，做到思想艰苦、学习艰苦、工作艰苦、勤于动脑、善于思考、勇于实践，踏踏实实做好本职工作。

着力治"拖"。"拖"就是拖拖拉拉，不负责任、不讲效率、不计成本。个别人抓工作不在状态，不是雷厉风行，而是老牛拉破车，慢慢腾腾，能拖就拖。因此，要强化时间就是效率的意识，大力提倡"今日事必须今日毕""事无巨细、事必躬亲、事不过夜"的工作理念，要干着今天的活儿，想着明天的事儿，以时不我待、只争朝夕的超常作风，保证各项工作的顺利开展。

着力治"懒"。"懒"就是没有把心思用在工作上，慢作为，不作为。有的人积极进取的意识不强，对工作研究不具体，对问题思考不深入，工作得过且过，承担的任务迟迟得不到落实。这种懒惰的思想和行为，制约了事业的发展，造成了不好的影响。因此，要弘扬"用心做事"的风尚，叫响"把心放在工作上，把工作放在心上"的口号，发扬勤勉敬业的精神，勤奋工作，远离懒惰，不断完善思路，强化措施，确保各项工作上水平、高质量。

着力治"庸"。"庸"就是不求有功，但求无过，碌碌无为，工作慢半拍，甚至在其位不谋其政，在其岗不尽其责。

因此，宋富锦反复强调："一个人的一生可以是平凡的，但是绝不能平庸。"他提出，不管在哪个领导岗位上任职，都不养懒人、闲人和庸人。

毛泽东有一句名言："领导者的责任，归结起来，主要是出主意、用干部两件事。"宋富锦从部队退休到企业的每一次任职都是"一把手"，自然要面临"出主意""用干部"的问题。就"用干部"而言，宋富锦的"不养懒人、闲人和庸人"一说，只不过是一个通俗、简略且高度概括的用人标准。

"用干部"，实际上就是一个"识人之道"的问题。因为人是决定一切事情成败得失的最关键因素，所以，我们常说，千难万难，最难的事，在于识人、用人、管人。纵观历史上的重大阴谋，都是从不识人开始的；社会中的最大悲剧，都是从用错人开端的，其真可谓"成事在识人，败事也在识人""成事在用人，败事也在用人"。世人皆知的"诸葛亮挥泪斩马谡"的故事中，孔明先生其实就难辞识人、用人之咎。而类似这样的教训，在我们的历史上举不胜举。

既然这些理念都是一个团队"燃烧激情"所必需的灵魂支柱，这个团队的成员对于这个团队精神是如何认识又如何落实到自己的本职工作中的呢？宋富锦认为，"激情燃烧的团队"精神，首先必须有激情，也就是在工作中要不怕吃苦，不怕受累，有一股完不成任务、干不好工作就吃不好、睡不着的劲儿。其次，要燃烧自己，奉献社会。点燃自己的激情，让激情充分燃烧起来，才能发出光、放出热，才能点燃自己，照亮他人。因此,发扬"激情燃烧的团队"精神,就应该发挥好两个作用:一是发挥好"助燃剂"的作用,就是要把自己融入嵖岈山旅游景区这个大团队,把自己的工作热情激发出来,发挥出去;二是发挥"引燃剂"的作用,就是要燃烧自己,率先垂范,起到表率作用。

"激情燃烧的团队"的激情来自对生活的真挚热爱,对事业的执着追求,对工作的高度责任感。而热爱生活是迸发激情的基石。热爱生活是一种信念、一种态度,是支撑团队不懦弱、不倒下的一种精神。只有热爱生活才会充满激情,对工作才能迸发出火一样的热情。充满激情的生活能使生命力长盛不衰,事业一帆风顺。对事业的执着追求是团队精神的灵魂。一个人有了追求,才能点燃奋进之火,才能保持生机勃发、昂扬锐气的精神状态,才能得到人民群众的赞誉及社会的认可。"激情燃烧的团队"成员应该具备高度的事业心和责任感,把工作成绩和团队业绩作为一种荣誉和骄傲。每个人都乐于承担任务并高度负责,时刻保持最佳状态。那么,团队精神的力量就是无穷的。大到国家和民族的强盛,小到单位和部门的发展都需要有一种团队精神作为支撑。

打造"激情燃烧的团队",领导必须先点燃自己,做群众的表率。宋富锦坚信:"狗"一样的领导,永远带不出"狼"一样的团队。话虽糙,理不糙!"一把手"要主动、认真、拼力地去干工作,把单位的事当成自己的事情去干。只有把自己的实际行动当成火种,才能点燃团队的激情,才能使整个团队心往一处想，劲往一处使。燃烧不仅要有温度，更要有质量。基层单位贯彻落实集团精神，不能单停留在口号和文字上，一定要付诸行动，保证燃烧的质量。激情燃烧的核心是对工作极端负责任的态度。在工作中，每一个细节都要体现这种激情和态度。打造"激情燃烧的团队"，光靠燃烧自己是不够的，还要善于发现可燃之人。用少听汇报、多看行动的方法识别可燃之人和有能量之人。发现可燃之人的标准是：看谁做到了"把心放在工作上，把工作放在心上"。打造"激情燃烧的团队"，必须有全员的参与。要进行全员爱岗敬业的思想教育，把思想教育和专业知识培训相结合，进行广泛深入的宣传，激发全员的工作热情。要强化竞争优势和危机意识，没有生存的危机感，就不可能有为生存、为发展而工作的热情，还要建立一套奖惩机制，保证燃烧的可持续性。

完善激励机制。是否具有健全的、符合团队发展实际的激励机制，关系到团队自身能动性的发挥。只有激励到位，才能激发团队成员做工作、干事业的积极性和主动性，才能使团队成员将等待工作的态度转化为主动工作的热情，才能把工作做得更好。同时，公平合理的制度是一个团队发展前进的必要条件。制度公平能够产生做工作、干事业的激情；制度不公平就达不到"激情燃烧"的效果，也营造不了良好的文化氛围。谚语说得好："一个人能走多远，取决于他与谁同行。"打造良好的团队，应该是维持"激情燃烧"的载体。"众人拾柴火焰高"，有了这个载体，这个团队才能够保持

"激情燃烧"长久不衰。

"作为一个团队如何才能够保持'激情燃烧'长久不衰呢？"在采访的时候，笔者向老战友宋富锦提出了这样的问题。他回答道："这个问题还应该回到'用心工作'上来。"通过这些天的采访，针对宋富锦倡导的"用心工作"，笔者似乎感悟到更细、更深的内涵："用心"是一种态度，工作态度决定着工作效果；"用心"是一种激情，只有对工作有热情，才能在做事时燃烧激情，工作才能高效；"用心"是一种境界，是否用心，不仅能看出一个人的工作态度、是否具有责任心，还可以折射出这个人的人生观、价值观。把自我价值的实现融入用心工作，工作就会变得更有乐趣、更有意义。

"您的理解完全正确，'用心工作'是打造'激情燃烧团队'的火种。"宋富锦附和着笔者说道。然后，他又作了进一步的补充："激情燃烧是心灵深处的那团火，是做好工作的原动力。这种火种能够薪火相传，一代又一代地燃烧下去，需要有三种精神：一是专注工作的精神，只有干什么吆喝什么，才能在平凡的岗位上做出不平凡的贡献；二是重提'螺丝钉'精神，只有珍惜自己的岗位，爱岗敬业，通过自己的努力，才能为这个团队提供'激情燃烧'的不竭能源；三是创新精神，在每个岗位，只有根据自身的情况，独立思考，独立探索，创造性地工作，承认差异，尊重不同见解，才能协调好创新与合作的关系。"

宋富锦对于"用心工作""激情燃烧"强调做到四个"必

须"。想事谋事，必须做到"静心"。坚持树立正确的世界观、人生观、价值观，牢记全心全意为游客服务的宗旨，不断解放思想，掌握正确的思想方法，注重"实效"。在实际工作中，要克服"凭经验抓工作""凭教条抓工作""凭好恶抓工作""形式主义"的倾向，必须持之以恒苦练"内功"。基本途径不外乎两条：一是学习，二是实践。只有注重学习、坚持学习、持之以恒，才能全面提高自身的综合素质，才能与时俱进，跟上时代的步伐。此外，还必须理论联系实际，学以致用，在干中学、在学中干，边干边学，边学边总结；必须精益求精，打造"精品"。要实现这一目标，首先站位要高。干任何工作，做任何事情，自始至终坚持高标准、严要求。其次是作风要硬。发扬严、细、慎、实的工作作风，态度上严肃认真，程序上严格规范，过程中严格把关，纪律上从严要求，最后措施到位。每一项工作从目标设置到推进措施制定，从思路谋划到具体付诸实施，拿出自己的最高水平，"咬定"目标，苦干实干，带着这样一种激情做好每一件事情，做实每一步的工作，才能在工作中得到提高，在辛苦中享受乐趣。

对于打造"激情燃烧的团队"的理解，宋富锦情不自禁地谈论了激情、团队、创新的三者关系。他认为，所谓激情，是指一种以极高的热情、全身心地投入一项工作或一项事业，追求更高目标的精神状态。所谓团队，是指一群为了共同目标而互助互利、团结一致、奋斗到底的人。所谓创新，是指继承基础上的发展，是思想认识的精华，是创造性的实践。而一个充满激情的人，总是精力充沛，思维敏捷；一个充满激情的团队，总是具有持续的创新力，像一台不知疲倦的机器，高速运转而效率依然。有了激情，团队才有持续的创新力，具备了创新力，团队才能够持续发展。

在离嵖岈山旅游景区不远处的宋富锦家里，我们一起高高兴兴地吃晚饭，津津有味地吃着自己家园子里种的玉米和各种蔬菜，酣畅地谈天说地，话题也由分散而越来越聚焦，由调侃变得越来越认真。酒足饭饱之后，借助微醺的酒劲儿宋富锦归纳了"激情燃烧的团队"精神的内涵。他说："我曾经在部队五次调动工作，退休以后仍然怀念我率领过的一个个团队，也一直思考着这一问题。我认为，'激情燃烧的团队'精神的内涵主要体现在五个方面。"

它是一种思想境界。境界反映的是一个人在精神方面的高度，反映着一个人生命的价值与质量。境界又是一面镜子，它能折射出一个人灵魂深处的状况，反映出千姿百态的人生价值取向。冯友兰先生在他的《新原人》一书中将人生境界分为自然、功利、道德、天地四种境界。"激情燃烧的团队"应当超越自然境界，摒弃功利境界，追求道德境界和天地高境界。高境界是一种志存高远、光明磊落的情怀，是一种淡泊名利、公正无私的品格，是一种脚踏实地、默默奉献的态度。境界决定着人的观念和行为。"激情燃烧的团队"要在政治上追求忠诚至上，思想上追求奉献至上，道德上追求正义至上，工作上追求事业至上，为人上追求诚信至上。有意义的人生就是追求崇高境界的人生。崇高的思想境界就是打造"激情燃烧的团队"的根本。

它是一种精神状态。精神是人的灵魂，是立身之本，人因物质而富足，人因精神而高贵。精神的贫乏比物质的贫乏更可怕，精神的富有比物质的富有更充实。伟大的事业需要伟大的精神，比如革命战争年代需要前赴后继、无往不胜的大无畏精神，建设时期需要艰苦奋斗、大公无私的精神，进入新时代仍然需要有激情，需要有精神。

它是一种责任追求。责任无处不在，无论你从事什么岗位，从事什么工作，或多或少都肩负着一定的责任。谁想成就一番事业，都必须强化责任意识，树立正确追求，要有很强的事业心和责任感。事业心是责任感的基础，责任感是事业心的体现，两者互为因果，交相辉映，是衡量一个人为党的事业奋斗的思想基础和政治素质高低的试金石。

它是一种工作作风。激情燃烧、团结协作是一种过硬的工作作风，是团队战胜一个又一个困难、取得一项又一项成绩的重要保证。团队面对许多大事、急事，大家伙能够围绕大局、协同作战，连续加班加点，主动放弃休息，体现出一种顾大局、讲团结、快节奏、高效率的工作作风。正是这种忘我的工作热情和严谨的工作作风，确保了各项任务的圆满完成。

它是一种综合素质。素质是做人的基础，而综合素质包含的面比较广，既有思想素质、专业素质，也有道德素质、心理素质，这是打造"激情燃烧的团队"的重要支撑。实事求是地讲，素质低的人时刻处于高危状态。譬如，有的人素质差，爱占小便宜，没准儿哪天就犯事；有的人纪律观念淡薄，没准儿哪天就倒霉。常听有人背后议论，谁谁没素质，那是最让人不放心的评价。

宋富锦是一个说话办事都非常严谨认真的人，对采访内容，他也绝不放过每一句话，甚至每一个字。他说："我刚才讲的五个方面，既是'激情燃烧的团队'精神的内涵，也是这么多年来我工作的体会。"他对于"激情燃烧的团队"精神仍然恋恋不舍，好像有许多说不完的想法、讲不完的话。他认为，面对嵖岈山旅游景区的新形势、新任务、新要求，如何进一步打造"激情燃烧的团队"是一个全新的课题，值得深刻理解和准确把握。如何大力弘扬"激情燃烧的团队"精神，并将其运用到嵖岈山旅游景区的实践中，体现在景区的具体工作上，仍然需要下大力气进一步研究和探索。

夜已深，皎洁的月光投进窗棂。最后，宋富锦言简意赅地谈了他的四点感想。首先，信念是激情之源，点燃激情必须用信念筑牢根基。激情来自无私奉献的思想境界，来自为人民服务的崇高追求，来自本职岗位的社会责任意识。点燃激情，首先要强化人生精神支柱。其次，标准决定水准，标准催人奋进。追求卓越，杜绝平庸，体现的更是一种激情。干工作就要有一股精神、一股劲头、一腔永不满足的斗志，干就干到最好，争就争第一。展现激情，用高标准追求卓越。再次，保持激情需要机制来增强动力。能否保持激情，关键取决于调动主观能动性的长效机制。用人导向正确，政策措施对路了，就会确保激情持续燃烧，而且越烧越旺。最后，梦想无论怎样模糊，总潜伏在我们心底，激情促使我们的追求永不停歇，直到梦想成为事实；像种子埋在地下一样，一定要萌芽滋长，伸出地面来寻找阳光。

宋富锦深有感触地说："我正在品味着：奋斗过，也空虚过；得到过，也失去过；岁月滤去了热情的浮躁，增添了理性的沉着；弄懂了过去不懂的世界，而最重要的是弄懂了自己。生活，就是鞭子，不奔跑就得挨打，不努力就得受罚；社会，就是赛跑，不争取就得落后，不拼搏就得倒退。没人在乎你是否满身伤痕，没人心疼你是否筋疲力尽，所以，在鞭子没落下的那一刻，你必须往前冲，哪怕是爬，也要拼命地前行。我们的确是赶上了好时代，有党的好政策保驾护航，才有了我宋富锦的今天。不然，我有什么资格和能力享受这一切。因此，成绩应该属于党，属于政府，属于人民，同时也属于与我一起奋力拼搏的嵖岈山旅游景区这支'激情燃烧的团队'。"

第八章

强将手下无弱兵

第八章　强将手下无弱兵

当过兵的人都知道，兵熊熊一个，将熊熊一窝，强将手下无弱兵。在宋富锦这支"激情燃烧的团队"里，个个都是精兵强将。他们在宋富锦的率领下，在历史前进的逻辑中前进，在时代发展的潮流中发展。目标越坚定，心态越笃实。跳出思维窠臼，警惕"空间迷向"。把好用人导向"方向盘"，用好评价标准"指挥棒"。在思想上形成"一盘棋"，在行动上拧成"一股绳"。务必让事情件件有部署，件件有落实，件件有成效。真抓才能攻坚克难，实干才能梦想成真。

俗话说：三百六十行，行行出状元。每一个岗位都是自己成长的平台，无论是导游、检票员，还是环卫工、保安，能够成为景区的佼佼者，首先是他人品好！德才兼备，务实重行，贡献卓著，是景区中最杰出的代表，是员工学习的楷模……宋富锦夸奖他们说："工程部的人是嵖岈山的大功臣，办公室人员是平凡岗位的精兵，导游是嵖岈山流动的风景，检票员展现了嵖岈山的服务水平，环卫工是嵖岈山的美容师，保安是嵖岈山的守护神。"

"工程部的人是嵖岈山大功匠"

宋富锦是个爱工程、懂工程、干工程的人，他俨如大工长，把嵖岈山旅游景区工程部的人，拨拉得像算盘珠噼里啪啦！景区工程部的人和他亲，他也忘不了这些人。在采访的时候，他说："工程部的人是嵖岈山大功匠。"2004年，公司受让嵖岈山景区后，景区的基础设施十分落后，只有狭小的东山门和一条南山游览线路，游客服务设施和休闲场所非常少，无法满足游客的需求。由于游客量的增加和旅游品位的不断提升，景区基础设施陈旧落后和游览空间狭窄拥堵的问题十分突出，如何高水平打造一个基础服务设施完善的标准化景区这一问题摆在宋富锦的面前。要想完成这个任务，公司必须建立一支优秀的建设团队。工程建设，对于宋富锦来说再熟悉不过，他所管理的天津海加利公司就是工程施工总承包一级企业。2004年底，在他的直接策划和组织带领下成立了以景区开发建设和维护保养为主要职能的工程部，从此嵖岈山开始了前所未有的工程建设。从占地66000平方米的新山门、集散广场和停车场建设，到山下4000多米的景观水系的开挖；从南山、北山奇石精华游线路的提升，到琵琶湖、天磨湖峡谷休闲游线路的开辟；从鹰愁涧、碧波潭等大小水库的兴建，到8公里旅游内环线的建设；从山下商业风情街、酒店和巨型水车群，到山上滑道、水漂、魔毯的建设；从厕所革命，到景区创建AAAAA级景区；从浪漫诱人的马鞭草花园，到四季花开不断的林海：嵯岈山的工程人在宋富锦的带领下，取得了骄人的成绩，为打造优质景区提供了基础保障。

在采访的时候，武新强介绍："工作时老董事长总是能够亲临一线，和我们一起放线，一起干活儿，他常常叮嘱我们：喊破嗓子，不如作出样子，其身正，不令则行，其身不正，虽令不从。他是这样说的，也是这样做的。在他的带领下，我们总是对工作充满着激情，干劲十足。在他的感召下，我们都养成了艰苦拼搏、不畏困难的工作作风，不论是眼前的工作还是未来的人生都因此受益匪浅。他常给我们讲大雁南飞的故事、火车司机和扳道工的故事、国王与十个儿子的故事，让我们知道'1+1大于2'的团队合作力量。他常说'我是一个非常细致的人，细的时候比头发丝还细；我又是一个十分粗的人，粗的时候比老家的麦秸垛还粗'，以此提示我们做事要细致认真，做人要宽厚包容。熟悉工程的人都知道，搞工程的人有两个基本特点：一是能吃苦，二是肯干活儿。这支团队中有很多人在天津时就跟着宋富锦干，他们中有挖掘机手、卡车司机、焊工、木工、园林工等。很多人在景区工作近二十年，已经把景区当成了家。"

木工师傅赵志，今年50多岁，黝黑的脸庞总是带着笑容，他为人和气，在工程部他算得上是老大哥了。他在木板上写写画画中就能完成构图设计，在他的手里，一块块木头很快就奇迹般地变成了漂亮的门窗、桌椅、木廊、花架、游船、码头、木平台，这一件件"艺术品"让人叹为观止。"老牛亦解韶光贵，不待扬鞭自奋蹄"，赵志是"急性子"的人，起早贪黑，事情没有干完，他总会带着大家加班加点，别人三天完成的活儿，他只要两天就能干完。你要是让他歇一会儿再干，他总会对你说："不累，干完再歇。"公司在创建AAAAA级景区时，购置了100多个木质的休息座椅，用了几年后大多数都坏了，公司出台了重新购置的计划，需要花不少钱。他知道后一个人跑到景区大山里，找到被风吹倒的树木，将树干锯成段，背下山、加工成板，抛光刷漆后做出了休息座椅的台面，既满足了游客休息的需要，又为公司节约了资金。在公司建设400平方米"魔毯"木平台时，领导安排赵志带队，他发现施工场地很多地形与设计图不符，于是开动脑筋，因地制宜解决了很多施工难题，做出了漂亮且实用的平台。施工时正值冬季，他们吃住在山上，北风夹带着雪花冰凌捶打在人身上，十分艰苦，但为了赶工期，保证"魔毯"按时投入运营，他们没有停歇，完工时间最终比预计工期提前半个月。

  电焊工吴卫东，是从天津就一直跟着宋富锦工作的老同志。如果你在景区看到一个衣服上有大大小小"焊洞"的人，那一定就是他。他焊工手艺精湛，经他焊接的钢构件焊缝匀称美观，牢固结实，既没有气孔又没有夹渣。山上的瀑布和水滑道水泵供水工程管道焊接时，由于是水中施工，难度非常大，他硬是在冰凉的水里泡了5天完成了焊接任务，做到了一次性达标通水。

水电工赵武臣，一米八几的个儿，200多斤的大块头，他是公司最灵活的胖子，更是个多面手，不仅一身力气使不完，而且能掐会算。不论是水电还是空调，对他来说，都是小菜一碟。每逢节假日，公司布置活动会场，为了保证供水工地万无一失，他总是工作至深夜。景区内水电管网施工时，为了保证安全和美观，埋设的地方都是在远离游道的区域。为此，他翻山越涧，过荆棘、穿竹林，踏勘路线，挖沟埋管，不知磨坏了多少衣服和鞋。有一次，踏勘线路时，因为岩石有浮沙，两手又没抓牢，他直接从10米高的悬崖上掉下来，好在有惊无险，没有受伤。在山上工作，对他来说，这样的风险经常会有，他不但没有退却，而且干得越来越好。

园林工贺德伟，假如说宋富锦是嵖岈山绿化的设计师，那么贺德伟就是这个设计师的忠实执行者。"绿水青山就是金山银山"，宋富锦对景区的绿化、美化十分执着，甚至有点疯狂，多年来投入了大量人力、物力、财力进行绿化，景区内凡是可以种树的区域基本上已完成绿化。在他的指挥下，贺德伟在景区南山门、东山门、北山门、天磨湖、琵琶湖、秀蜜湖、马吴亮岗、黑龙潭、内环线、西山坡、粮所北等区域种植各种树木50多万棵，使嵖岈山由过去的光秃秃变身为现在的绿树成荫。种树是最苦最累最脏的活儿，贺德伟没有一句怨言，打造出嵖岈山最美的景。

挖掘机司机夏向闯，他十几岁就成了公司的挖掘机手，因为做事比较爱操心，大家都戏称他为"夏经理"。他悟性高、技术好，只要董事长一句简单的交代，他就能按照要求将地块整理成想象中的样子，又快又好。清晨，他总是第一个到达工地，对挖掘机进行必要的检查和保养，为接下来一天的挖掘工作做好准备。在这里给大家讲个笑话，那是在景区修建外环线防火道时，为了突击工程任务，他住在无水无电无信号的深山里，一住就是一个多月，家里有事，他的爱人怎么也联系不上他，气得差点没和他离婚。

这几位只是嵖岈山旅游景区工程部的代表。他们是宋富锦亲自带出来的"兵"，看起来个个都很平凡，但他们就如辛勤的蜜蜂一样，虽然很平凡，但也很伟大。不论是寒冬腊月风冷如刀，还是盛夏酷暑骄阳似火，你总会看见工程人的身影忙碌在景区的角角落落，默默耕耘和付出，用他们的双手和汗水筑成美丽的嵖岈山。

"办公室人员是平凡岗位的精兵"

嵖岈山旅游景区是一片神奇而壮丽的土地，拥有浓厚的西游文化底蕴。在这片令人陶醉的风景中，有一群默默无闻但举足轻重的人，他们就是嵖岈山旅游景区办公室的行政专员、人事专员、采购员、司机……他们如同一颗颗不起眼的螺丝钉，扮演着多重角色，宋富锦夸他们是景区运营中不可或缺的多面手。

宋富锦认为，办公室工作在公司整体经营管理过程中担负着中枢职能。办公室行使着行政办公的秩序和指挥监督、管理的权利，执行着各项规程、工作指令的义务，承担参谋的职责、管理的职责、综合协调的职责、领导指挥的职责。有效发挥办公室作用，对提高企业各方面工作效率能起到积极作用。办公室工作千头万绪，被动性、事务性、应急性、突发性工作较多，综合性强，事务繁杂，文字工作量大，有时需要加班加点，这就对办公室人员办文、办事的能力和综合素质提出了特殊要求。宋富锦桩桩件件都看在眼里，记在心头，抓住机会就表扬他们。

办公室就有一个这样的行政专员叫昝亚琴，她已经在嵖岈山旅游景区工作20多年了，之前在嵖岈山景区管委会工作。她从环卫工、观光车司机、售票员做起，到督察室领班、环卫主管、行政专员。细数她走过的这一路，宋富锦评价她20年如一日，是踏实能干、兢兢业业的典型，连续多年被集团评选为"优秀员工"。2017年2月，被驻马店市旅游局评为2016年度全市旅游工作先进个人。

自2010年6月嵖岈山旅游景区被选定为全国首批旅游标准化试点单位以来，昝亚琴在兼顾自己本职工作的同时，积极投身于品牌创建工作。她先后参与全国首批旅游标准化试点单位、国家AAAAA级旅游景区、国家生态旅游示范区、全国文明单位、国家级文明旅游示范单位、平安景区等多个品牌创建工作。由于品牌创建是一个新的课题，标准高、要求严，集团的很多资料还只是雏形阶段，所以资料整理起来比较困难。但是她面对挑战，迎难而上，一鼓作气按照打分列表逐条分解并进一步细化，一点一滴地积累资料和归档存放，常常牺牲自己的休息时间加班加点，全身心投入工作。在景区创建首批全国旅游标准化试点单位期间，她参与编写完善了大量规范系统的旅游标准化材料，文字达3000多万字，形成了包含景区基础管理、建设管理、运营管理、营销管理、保障管理、辅助管理六大部分，共计28个子体系、374项标准的《嵖岈山旅游景区标准化管理体系》，涵盖嵖岈山旅游集团公司所有部室和各个岗位，满足了集团全面推进旅游标准化工作的需要。然而有了文字材料，还需要丰富的图片资料。为此，昝亚琴在周末时常把年幼的儿子独自一人放在家里，自告奋勇地背着相机、带着干粮上山取景拍照，中午连热乎饭菜都吃不上。她在工作中身体力行、任劳任怨，始终以饱满的热情开展工作，默默无闻地奉献在自己的工作岗位上。

办公室的工作繁杂琐碎，除了日常工作，昝亚琴还负责会议通知及记录、证照管理、印章管理、档案管理和公司固定资产管理工作。在普通人的眼里，办公室的工作是非常轻松的，每天准时上班，按点下班就可以了，但在她身上，可以说是完全不同的。就拿文案处理来说，只要细节上稍有差池，结果可能就会谬之千里。所以，行政专员工作更要心细如发、举一反三、有条不紊。她边工作、边学习、边总结、边提升，有时白天忙于临时性工作，晚上就把资料带回家，常常加班到深夜。对此她毫无怨言，勇敢地面对每一项工作中的压力和挑战，全力以赴把工作做到尽善尽美。由于昝亚琴和爱人都在景区工作，都是嵖岈山培养出来的优秀人才，宋富锦经常开玩笑说："你们可是嵖岈山的模范夫妻啊！"

在采访的时候，宋富锦还提到了采购员李冬明、司机班陈辉、人事专员陈欢欢三位同志，特意称赞了他们。

宋富锦说，很多人并不了解办公室的工作内容，其实办公室工作可不是想象中那么轻松，而是相当烦琐，事无巨细，却至关重要，可以说是景区的中心枢纽，担负着上情下达、下情上报、对外交流和后勤服务等繁重工作。采购员李冬明来景区也16个年头了，大家平时都亲切地称她冬明姐。她主要负责景区日常采购和后勤管理，她始终坚持充分调研，货比三家，事先收集大量的市场信息，调查市场行情，在网上查询价格并收集有关供应商的资料等，在分析、权衡、综合评价质量、价格、交货时间、售后服务等因素的基础上，与供应商议定最终的价格，达到为集团节能降耗、节约成本的目的。在采购过程中，她经常为了砍价和供应商老板争得面红耳赤。外出采购日，为了节省时间，一大早去市场联系商家选购商品，这样就可以在中午之前赶回景区，减少在外面吃一顿工作餐的费用，在点滴工作中，真正做到以景区为家，为家着想，扎扎实实地做好后勤保障工作。

司机班的陈辉来景区已经7个年头了，在日常管理中，他始终坚持"居安思危、警钟长鸣"的方针，对司机进行交通法律法规的培训，在出车制度上，要求做到不私自出车，不开"病车"上路。陈辉带领司机班已经安全行车70万公里，无投诉、无事故，相当于绕地球17.5圈。陈辉经常跟着宋富锦早出晚归去工地，无论寒霜酷暑，加班也是家常便饭，但他毫无怨言、任劳任怨，宋富锦经常夸他是嵖岈山的好司机！

人事专员陈欢欢，主要负责员工招聘、培训、绩效与员工活动。2021年3月起，进行了省内院校的走访洽谈工作，与黄淮学院、郑州旅游职业学院、信阳农林学院、驻马店幼儿师范高等专科学校、驻马店财经学校、驻马店技师学院等院校建立实习就业一体的用人关系。在节假日及周末的游客接待高峰期，她与黄淮学院联系，解决了景区各部门的临时用人需求。另外，通过网络招聘渠道、招聘广告、社会关系加大公司宣传力度，不断为公司输入管理人才。为了提升员工对公司的归属感和认同度，丰富员工业余生活，营造企业文化氛围，自2021年起已连续三年组织员工生日会，使员工充分发挥主人翁奉献精神并激发主动创造热情，使员工真正地融入公司大家庭，降低员工流失率并促进团队和谐发展。陈欢欢很有亲和力，宋富锦夸她是嵖岈山的形象大使，为公司招揽了大批优秀的人才，注入了新鲜血液！

"导游是嵖岈山流动的风景"

说起导游，大家都不陌生。为什么说导游是嵖岈山流动的风景呢？因为导游的讲解是让游客认识嵖岈山、了解嵖岈山的一个重要手段。一位好的导游，一段精彩的讲解词，留给游客的是对整个景区良好的印象。因此，他们时刻铭记着嵖岈山风景区的服务口号：用心导游、用情服务。把客人当家人来看待，用心用情，对客人一点一滴的好，客人会看在眼里，记在心里。

用旅游业里的行话说：景区美不美，全靠导游一张嘴。导游是一个旅游团队的组织者和指挥者，是旅游行业的形象大使，是景区的流动风景线。旅游界常说：没有导游的旅游，是没有灵魂的旅游。其实当一名出色的导游，并不像人们想象的那么简单。有人给导游下过这样一个形象的定义："铜头，铁腿，蛤蟆肚，婆婆嘴。"从外事角度看，导游是"民间大使"；从服务角度说，导游是"特殊的保姆"；从宣传角度讲，导游又是"政策宣传员"；从知识角度衡量，导游应该是一名"杂家"。

他们每次带游客上山，从旅游线路到提醒游客注意事项，再到处理各种问题，每一个细节都要考虑到，真是酸甜苦辣各种滋味都有。在嵖岈山旅游景区导游队伍中，有许多可爱的人，还有很多可歌可泣的事例。有这样一名导游员，她整天默默无闻地工作着，为嵖岈山旅游景区旅游业的发展奉献着自己的血和汗。但是，她从不讲代价，在为游客服务过程中总是尽职尽责，游程结束后游客们都会发自肺腑地说声感谢！有一次，游客刚坐上滑道，忽然下起了大雨，她就坐在滑道最前面用力挡住后面的大人和小孩。被雨淋后的滑道特别滑，她用手紧紧抓住滑道两边的石板，最后终于到了平缓的地方，着地后她一个个帮大人翻出滑道外面，然后又把孩子抱出滑道，减少了一场事故的发生。游客们脱险了。可她的胳膊血痕斑斑，膝盖外侧也磨掉一层皮，血顺着腿往下流。游客们深深地为她的责任心感动，纷纷向她表示感谢。

"尊敬的游客朋友，大家好！"导游每天都在重复着同样的话，一遍又一遍，也许有人会问，你不感觉厌烦吗？我可以肯定地告诉你，服务光临嵖岈山的每一位游客是我们永恒的追求。有位导游在景区已经工作10多年了，十年如一日，任劳任怨，忘我工作。她们没有翅膀，却是天使；她们外表朴实，却闪耀着金子般的光芒！

导游是一本百科全书，天文、地理、文学、历史要样样精通。嵖岈山旅游景区的导游平时就注意知识的积累，博览群书，力求博闻强识。为了拉近和游客的心理距离，他们接到游客后，都会认真地研究客人的客源地、年龄层次和职业特点，努力去做个性化服务，针对性地讲解。

冬天冒着严寒，夏天顶着酷暑，饮食没有规律，中午很少按时吃饭。尽管如此，导游们依旧无怨无悔地为游客提供优质的服务。他们起早贪黑，千遍万遍地讲解大同小异的导游词，有时还要忍着委屈，笑脸面对无理挑剔的客人，只能在心中默默流泪。导游所奉献的，不仅仅是自己的知识和热情，还有自己的健康和青春。

然而，现在有些人把导游看作一种短期的兼职工作，认为导游只是适合年轻人的职业，是吃青春饭的，没有什么发展空间。事实上，只要你热爱这个行业，就有自己发挥能力的空间和发展的机会。由于个体的不同，导游会利用自己的特长展示自我：有的人年轻漂亮，可以把这种青春的活力传达给游客；有的人知识渊博，可以让游客在一个接一个的历史故事中回味无穷。当然光有年轻漂亮是不够的，导游面对的是形形色色的客人，总统、市长、工人、农民、军人、知识分子，这就增加了导游的难度，要求每位导游必须有渊博的知识才能胜任。随着经济社会的迅猛发展，旅游业显示出勃勃生机。所以，紧缺的不是导游，而是好的导游、优秀的导游。要成为一名优秀导游，不是"几年之功"可以达到的，如果你热爱旅游行业，做导游也是向成为一名优秀旅游行业管理人员过渡的重要阶段。这种从底层做起并掌握业务各环节规程的经历，会成为导游将来从事管理工作的宝贵基础。因此可以说，导游的发展空间很大，嵖岈山景区的导游都在你追我赶。

导游虽然辛苦劳累，却也是一个很容易感受到幸福的职业。这种幸福不在于你在众人面前有多么风光，而在于只要你付出一分努力，就能得到游客的一分认可。

当前，游客对一名导游的语言水平、知识水平、服务技能的要求都在不断提高，因此每个从业人员需要有超越别人、超越自我的意识，要不断创新，以满腔的热情、充满青春的活力对待自己的工作，展示个人亮丽的风采。作为公司的一员，导游要以公司为家，树立主人翁责任感，时刻从公司大局出发，为公司谋利。这就要求导游不断在进步中求创新，在创新中求发展，在发展中求生存。他们知道自己的责任是把嵖岈山的美，传递到世界每一个角落，让更多的人慕名而来。为了可爱的家乡更好、更快地发展起来，为了嵖岈山旅游景区的明天更加辉煌，导游已经成为景区高质量发展的重要推手。

"检票员展现嵖岈山的服务水平"

检票员是嵖岈山旅游景区的一个重要岗位，是游客入园游览参观所接受的第一项服务，直接关系着嵖岈山旅游集团公司的经营效益和收入目标能否真正实现，也体现着嵖岈山风景区的服务水平和形象。有这样一个团体，他们任劳任怨、不怕苦、不怕累，心中时刻牢记着自己的工作职责，牢记着"游客就是上帝"的服务理念。在这个团队中，每一个检票员都能够坚持以公司为家的信念，和企业荣辱与共，关心企业的经营和效益，时刻牢记着"团队""竞创""责任""敬业""奉献"的企业精神，努力提高自身的工作能力。

就服务意识而言，检票员们始终把游客放在第一位，做游客的贴心人，决不让游客因服务不周在嵖岈山风景区受委屈。但是，他们面对的是四面八方的游客，是形形色色的人，特别是遇到游客出示不合格门票或者想无票入园时，遭到无理谩骂甚至撕扯殴打的事也偶有发生。

在嵖岈山景区的检票过程中曾发生过这样的事情：检票员赵静因工作认真负责，不怕得罪人，在天磨湖值班时拦截附近店房的一村民带人无票入园，当场遭到这个村民的侮辱和威胁；检票员王欢、秦敬娥因在东山门拦截附近村民无票带人闯入山门，当场遭到辱骂，还遭受村民殴打；检票员张宇在南山门检票时，遇到一名游客没能持半价票所需证件又不听解释，不仅硬闯山门，还追打检票人员。面对此类事情，检票员总是为了公司利益骂不还口、打不还手，在思想上承受种种压力，还始终坚持公司的服务宗旨和信念。她们唯有悄悄擦去眼泪，仍然面带微笑，照样坚守在自己的岗位上。

检票员始终坚持游客至上的理念，对游客所想、所急、所盼、所愿的问题，都能做到服务热情、细致周到、及时处理，充分体现了思想上尊重游客、感情上贴近游客的服务意识。检票员在工作中大力推广优质服务，不断追求星级服务标准，坚持文明服务、特色服务、高效服务、廉洁服务、务实服务，努力提高工作效率，以实际行动密切与游客的关系，全方位提升风景区的美誉度。

宋富锦在大会小会上，多次强调检票员的工作要尽职尽责。一方面坚决反对"门难进、脸难看、话难听、事难办"的衙门作风；另一方面坚决杜绝人情票。对于在景区门口倒卖单子、私自组团等损害公司利益的人，坚决禁止其进入景区。检票员们不负董事长的嘱托，对待本职工作保持正直、诚实的品格和极强的责任心，做到人随岗走、岗随职走、职随责走、责随心走，以高度的事业心和责任感，兢兢业业地值守好每一班岗，全心全意地把护好嵖岈山风景区的大门。

检票员的工作机械、枯燥，无论是严寒、酷暑，还是刮风、下雨，他们都在这个最平凡的岗位上坚持着。夏天毒辣辣的阳光直射在身上，喉咙里似乎有一团火；冬天寒冷的北风像刀子，无情刮在脸上。但是，嵖岈山旅游景区的检票员却像用特殊材料制成的人，一直在岗位上坚持着。宋富锦经常给员工讲这样的道理：一支出色的乐队需要全体成员齐心协力、相互配合，否则难以奏出余音绕梁的乐章；一座桥梁需要桥墩的坚实支撑，否则难以确保行人车辆的安全通行；而一个企业的蓬勃发展，同样需要每位员工的脚踏实地、真抓实干，更需要每位员工的爱岗敬业、无私奉献。

检票员们对宋富锦董事长的话心领神会，他们还结合公司开展的纪律作风集中教育活动，积极组织大家学习和讨论，认真查找工作中存在的差距和不足，接受公司领导和同事们的监督与指正，以此为契机提高了自身素质和服务水平，进而提升嵖岈山旅游集团公司的整体形象。在新冠疫情刚刚暴发的2020年的上半年，嵖岈山旅游景区获得了新的成绩，成功接待游客124469人，比2019年同期增加13196人。而且检票人员团结一致，提高了整体形象，确保了无重大游客投诉及安全事件的发生。

在这个团队中，协同工作让检票员们不仅增进了相互了解、沟通了感情、建立了友谊，还让大家认清自己肩负的担子，热爱本职工作，在工作中少一些计较、多一些奉献，少一些抱怨、多一些责任，少一些懒惰、多一些勤奋。只要大家共同努力，树立以公司为家的信念，为嵖岈山旅游景区的事业尽可能多献一分光和热，勤奋务实、脚踏实地，一步一个脚印地稳步前进，只要抱着知足、感恩、努力的工作态度，就能够把工作做得尽善尽美。

"环卫工是嵖岈山的美容师"

是谁让嵖岈山风景区披上美丽洁净的盛装？您可知道创造嵖岈山风景区美好环境的环卫工人，付出了何等的心血与代价？宋富锦说："嵖岈山景区的环卫工人集苦、脏、累、险于一身，是他（她）们用艰苦的劳动换来了嵖岈山风景区的山清水秀。"

嵖岈山"五山四湖"的道路四通八达，而山上的环卫工人很有限，每人都要分管很长的一段山路。每天山上的游客络绎不绝，难免有一些素质差的，明明垃圾箱就在身旁却无视它的存在，把垃圾随手丢在路上，而嵖岈山风景区的环卫工人却毫无怨言地把垃圾收拾干净。由于山上条件有限，只能修建简易公厕，而排泄物每天都需要清理，山上的环卫工人除了要收拾道路上的垃圾，还要把公厕里的粪便用双手端走处理，很多人碰上都会捂着鼻子躲开，但嵖岈山的环卫工人却不怕脏、不怕累，为的就是给大家创造一个干净美丽的环境。默默无闻、尽职尽责的环卫工人，给嵖岈山风景区的员工们树立了吃苦耐劳的榜样。

在嵖岈山旅游景区的环卫工人中，赵金成就是其中最普通的一位。他年近六旬，大家都习惯称他老赵，他所分管的道路是从天磨湖大坝至北山天王顶、从第四观景台到鬼门关以及从艰险的天磨峰至刘扁大堂这三条道路，在那崎岖不平的山路上，不知洒下了他多少辛勤的汗水。清垃圾、割野草，几十里的山路一天要走好几个来回。这工作是整个景区最枯燥的，这岗位也是最平凡的，但在这崎岖的山路上，淳朴的环卫工人老赵默默无闻、尽职尽责、无私奉献，诠释着他对嵖岈山旅游景区的忠诚！如果你在老赵面前谈起他的工作，他总是一笑了之。还有王青云，总是早出晚归，向人们无言地传递着他那淳朴无华、乐于奉献的幸福。还有宗国强，干起工作总是不讲分内分外，是那样的认真、尽责和执着。像这样的同志，在嵖岈山旅游景区的环卫工人队伍中很多。虽然他们干着太阳底下最脏最累的工作，但他们无私的身影折射出了嵖岈山旅游景区辉煌灿烂的明天。他们是最可爱的绿色使者、最可敬的环卫工人。

夏天，山上野草丛生，由于阴凉潮湿，所以会有很多虫蛇出没。为了游人的安全，环卫工人在把自己分管的路段收拾干净后也会把道路两旁丛生的野草割掉，让虫蛇远离游人，为游客除去后顾之忧。

冬天，当整个嵖岈山披上了一层厚厚的银装，景区封山之时，其他员工都可以在家休息，环卫工人却要冒着寒风，在山上清理积雪。即便在严寒的冬日，繁重的劳动也会使衣服被汗水浸湿，他们却毫无怨言。当在山上听到游人说嵖岈山环境就是好、真干净的赞美时，他们笑了，布满皱纹的脸，笑得很憨厚、很淳朴。他们那么不辞辛苦的付出，为的就是这句好！

是的，嵖岈山旅游景区的环卫工人是平凡的，平凡得不为人知晓，不被人关注。然而，正是这些平凡的环卫工人，日复一日、年复一年地辛勤劳作，用自己的一身脏换来了嵖岈山旅游景区的美好形象。是他们甘愿吃苦、忘我劳动为嵖岈山旅游景区除垢布新，才有这清新优美的环境；是他们乐于助人、甘于奉献，净化了嵖岈山风景区的空气。可敬的环卫工人啊，他们无愧于嵖岈山旅游景区美容师的光荣称号！

如果说嵖岈山旅游景区像一首宏伟的交响曲，那么环卫工人则像乐谱上的音符。尽管音符是那么微小，那么普通，可他们却在自己特定的位置上，发出悦耳的音响。正是一个个小小的音符，才组合成嵖岈山旅游景区优美环境的和谐主旋律；正是一个个普通的音符，才写出了高亢激越的时代强音。

如果说嵖岈山旅游景区像一个群星璀璨的苍穹，那么环卫工人则像闪烁的星星。尽管大家不知道他们的名字，可是他们却在自己工作的轨道上发出光和热，无私地照耀别人。正是有了无数颗不知名的星星，才组成那壮丽的银河；正是有了无数颗不知名的星星，才汇集成那样璀璨的夜空。赞美那普普通通的音符，也赞美那不知名的星星，更由衷地赞美你啊！嵖岈山旅游景区的环卫工。

"保安是嵖岈山的守护神"

嵖岈山旅游景区安全保卫部的保安人员是景区的守护神。他们不仅可以随时制止突发事件，而且可以时刻保卫游客人身安全。

保安岗位管理制度规定，嵖岈山旅游景区安全保卫部的保安人员，必须熟悉景区治安岗位职责、任务、工作要求，掌握风景区内的保安工作规律及特点，加强重点岗位（如财务、文物安全、护林防火等）的安全防范。服从领导，听从指挥，做到令行禁止、遇事汇报。遵守国家的法令、法规，做到依法办事。熟悉本岗位的职责和工作程序，圆满完成工作任务。坚守岗位，保持高度警惕，注意发现可疑的人、事、物，预防治安案件的发生。积极配合卫生、绿化、维修等其他服务，制止违章行为，防止破坏。遇到不能及时制止和难以解决的问题要向主管领导报告。廉洁奉公，坚守原则，是非分明，敢于同违法犯罪行为做斗争。不得在景区内从事或介绍他人从事任何商业活动，不得接受游客的赠予。注意观察来往景区人员的情况及其携带的物品，发现可疑人员要选择适当的位置加以监视并及时报告。驱赶景区范围内践踏草地、乱散发广告、捡垃圾等违章人员。要按点、按时、按线路认真仔细地巡逻，加强治安管理工作，做好来访记录。景区内实行24小时警戒，要着装整齐统一，举止大方，文明礼貌，并严格执行交接班制度。

每年的3、4月份，特别是在农历三月初三至三月十五之间，是香客最多的时候。为了躲避检票，他们大多数都是夜晚来到景区。景区保安在值夜班时，不知堵回多少无票香客和游客，给景区挽回不少经济损失。早上四五点钟，当人们还正在熟睡的时候，也许他们正在堵截逃票的香客或游客。有时遇到逃票人员较多，一人无法全面堵截的情况，在早上交接班时，夜班保安立即将情况详细地反馈给白天值班人员，好让白班人员做到心中有数，在山上验票不出麻烦。有的游客为了少花钱进园，私下给他们塞钱，请他们行个方便，都会被他们严词拒绝，因为他们不是那种为了小利而放弃原则的人！有人问他说："你为什么这样傻，别人塞钱给你，你不要？"保安人员会坦然地回答："公司安排我在这里值班，是对我的信任，我不能做对不起公司的事。"他们就是这样始终把公司的利益放在第一位。

有一天10点20分，保安部接到经营部打来的救援电话，说有一名游客在三道门摔伤。保安部领导立即安排人员带上担架和急救箱，以最快的速度赶往事发地点，10点36分到达事发地点后才知道，摔伤的游客已被抬到"高老庄"，趴在休息凳上。经了解，游客是因为在三道门出口处踩上风化石滑倒受的伤，伤处在腰部，已经出现红肿。因为担心出现其他情况，耽误救治，保安部的同志说："用担架抬不出去，只有先把伤员背到五龙宫处，再放到担架上。"当时为了背伤员，保安部的几位同志相互抢着背，最后肖宏伟说："我的体力比你们好，还是我背，你们几位在旁边扶着，在三道门口接应。"几位同志说不过肖宏伟，只好由肖宏伟背着伤员通过三道门。

走过三道门的人都知道，一个人空手过三道门都要把腰弯得很低才能通过，何况还背着一名伤员。加之还有没脚脖儿深的积水，可想有多么困难，但是肖宏伟克服了这些困难。为了减小游客的痛苦，他把腰弯得很低很低，几乎双膝跪在水里，再一点又一点地往三道门口挪，每挪一步他都问伤员是否被石壁碰着。当他把伤员背到三道门口时，另几位同志早已赶到准备接应。而肖宏伟已满身大汗，脚部和腿部被石子碰得红一块紫一块的，同志们劝他休息一下，他说："快把伤员送下山要紧，不要管我，我没事。"他一直把游客的安全、公司的信誉放在第一位，为抢救伤员赢得了宝贵时间。类似这样的事例在嵖岈山旅游景区安全保卫部还有很多。

"五一"节过后，天气炎热，嵖岈山旅游景区有时气温高达35℃以上，坐在屋里吹着电扇都感觉热，可就是在这样炎热的天气里，保安部停车场的工作人员却要战高温、斗酷暑，一丝不苟地工作。有时在收停车费时遇到难缠的游客，不知费多少口舌，才能说服游客交费。在工作中他们不知受过多少委屈，吃过多少苦，流过多少泪，可是他们从没有抱怨过，始终把公司利益放在第一位，坚守在自己的工作岗位。就是这样一件件平凡而感人的事迹，谱写着嵖岈山旅游景区坚持以人为本、游客至上的动人乐章！

"强将"宋富锦的总结，简单得似乎像"唠家常"："其实每个人都是平凡的，每个人都有自己不平凡的那一面，每个人在他生命中总会经历平凡的时候，也有不平凡的时候。其实我们嵖岈山旅游集团公司追求的不是一个人的成功，我们追求的是一个团队的成功。我们就是这样，把一群能工巧匠、办公室人员、导游、检票员、环卫工、保安等看似很平凡的人组合在了一起，去做一项不平凡的事业。"

第九章

九头牛也拉不回的定力

第九章 九头牛也拉不回的定力

在宋富锦接手崣岈山旅游景区不久的2006年春节，央视科教频道播出"百家讲坛"系列节目之一《易中天品三国》。易中天还原真实的曹操，替周瑜辩诬，正说诸葛亮，重评司马懿。他以故事说人物，以人物说历史，以历史说文化，以文化说人性，纵论三国天下大事，细品英雄成败得失。易中天教授从平民角度为大家解读三国历史，宋富锦对这档每周一期的节目非常感兴趣，每期必看。2006年"十一"黄金假日，央视"百家讲坛"连续七天播出专题讲座《于丹〈论语〉心得》，后来又有《于丹论〈庄子〉心得》，均受到观众的热烈欢迎，宋富锦更是陶醉于其中。

两位教授的讲座，使宋富锦的心灵受到极大的震撼。他一直在思考一个问题，《易中天品三国》《于丹〈论语〉心得》和《于丹论〈庄子〉心得》，都使我们重新拾起冷落已久的璀璨历史和文化瑰宝，他们为什么会让中国传统历史文化在今天这个处处充满浮躁与市侩之气的社会中"热"起来？是因为在这纷繁复杂的现实社会中，无论男女老少都需要回过头去看看祖先们走过的路，以史为鉴，走好自己脚下的路，都需要一位孔子、一位庄子的相伴，来缓解社会带来的压力。

如果说易中天、于丹带给人们的是精神上、心灵上的"保健按摩",可以愉悦身心,那么,宋富锦在谋划的事情,正是让旅游起到易中天、于丹讲座同样的抚慰人们心灵的作用。博览群书的宋富锦在阅读中了解到美国斯坦福大学商学院研究生院原院长和名誉院长、诺贝尔经济学奖获得者迈克尔·斯宾塞,他从20世纪70年代开始致力于"不对称信息市场"理论的研究,即分析不同数量的信息传播代理是怎样对各种不同类型的市场产生影响的。瑞典皇家科学院认为,他的贡献就在于揭示了当代信息经济的核心。

宋富锦是在网上偶然获知"不对称信息市场"理论的。迈克尔·斯宾塞的研究显示了信息在当代经济社会的绝对重要性,即在一定情况下,消息灵通的商人比那些缺乏业内信息的人能取得更多的市场收益。宋富锦是一个面对新的知识习惯深思的人。从迈克尔·斯宾塞的研究中,他感悟到,从"不对称信息市场"原理来看,旅游行政部门掌握着大量旅游信息资源,而生活日益富裕的广大人民群众需要这样的旅游资讯去选择旅游地点。这就构成了"不对称信息市场"这对矛盾。那么,如何将这些信息更广泛、更快捷、更实用地传递给社会公众,既是现代旅游行政部门必须研究和探讨的事,也是企业家需要做好的重要工作之一。因此,宋富锦认为,在今天这个信息爆炸的时代,无论是出于什么动机和目的的信息宣传推广活动,均离不开信息渠道多元化、广覆盖的传播铁律,对社会公众的旅游宣传也是如此。

宋富锦从"不对称信息市场"原理中看出了门道。文化旅游项目的打造，首先要解决规划布局问题，布局要重视长期效益，做到整体规划、滚动开发、梯次建设；其次，要尊重当地的生态环境、文化生态、生活方式，做到融入、融合、彼此适应。

在宏大的时代背景下，文化旅游已经成了国家支持发展的重点产业。国家对乡村振兴、田园综合体、文化旅游项目提供政策优惠，使从地方政府到社会上数以亿计的资金流入文化旅游市场，让文化旅游项目成为投资热土。做一个成功的文化旅游项目，要拥有哪些要素呢？

文化为魂的文化旅游项目与普通的旅游商业项目的根本差异就在"文化"二字上。一般来说，文化旅游项目可分为两种：一种为先天的历史人文旅游景区，另一种则是新开发的文化旅游风景区。前者拥有更明确的历史背景和先天积聚的文化资源；后者则需要依托项目所在地的历史，深入挖掘它的文化内涵，不能空谈文化。无论哪一种形式，"文"与"旅"都要紧密相连，没有牵动人心的文化内涵支撑的文化旅游是空洞虚妄的，终究会失去魅力和黏性。

品牌为基的文化旅游项目，需要有一个好的品牌形象，需要在全国有一个响亮的品牌名称。文化旅游项目的品牌建设，从某种意义上讲就是为文化旅游项目编故事、讲故事、传故事，通过故事将文化旅游项目的品牌传播出去，让其成为众人关注和讨论的对象。

产业为链的文化旅游产业链，从最初单一的文化产品到最后成为内容丰富的文化旅游产业，要经过一系列引导、加工、宣传、集聚的演变过程。文化旅游项目的建设必须寻求和注入支撑性产业，通过支撑性产业的产业效应，带动相关产业的发展。文化旅游产业可纵向或横向延伸，纵向延伸主要针对上游产业的深度开发，横向延伸重点则在新媒介的宣传渠道方面。文化旅游产业链构建意义重大，是促进产业链内部各项产业的协同发展、实现区域旅游经济和谐发展的关键所在。发展文化旅游项目，要重视向产业链上下游延伸，并向高端领域衍生发展，形成自身的产业链闭环。

整合为网的文化旅游产业网，是一个跨界与整合的平台，只要与文化旅游地产生态圈相关联的，都可以大力整合，通过整合不断了解其实质，并最终选择价值取向高的部分自己来做，从而积淀自己的品牌。在未来，拼的不仅仅是智力、实力，还有整合力。

商业为源的"无商业不文旅"之源，最后回到商业的主题上，一个成功的文化旅游项目，势必要将客流资源转变为强大的消费资源。文化旅游和商业是相互依托的关系。将商业自然过渡到旅游中，根据项目的文化特色引进新颖的业态和品牌，实现品牌创新，将产品融入旅游，也可将购物与体验IP相结合，注重顾客的参与感，让顾客在欢乐轻松中产生消费，才是更高层次的文化旅游商业形态。文化旅游项目商业的培育，应从满足居民及游客多元休闲消费需求出发，通过食住行游购娱等产业相关要素"业态化"的创新组合，创造多元化的消费场景并打造一站式的服务结构，升级文化旅游项目体验质量，并通过文化旅游产业带来的人气聚集与创意聚集，带动商业企业的入驻及规模化的经济发展，形成文、旅、商一体化的综合发展结构。

宋富锦常讲：要想干成一番事业就应该把自己看得淡一些，把事业看得重一些，千方百计谋发展，聚精会神干事业，把问题变课题，把想法变办法，把成果变成效。比认识更重要的是决心，比方法更关键的是担当。如果有认识没决心、有态度无行动、有能耐不担当，再好的蓝图只能是一纸空文，再近的目标只能是镜花水月。标注出思想的"坐标系"，构筑起价值的"主心骨"。思想要更解放，认识要更到位，举措要更务实。没有思想上的破冰，难言行动上的突围。看准一步就向前迈出一步，落实一件就争取成功一件。该全力发起总攻，就一定要发起总攻，奋力夺取全胜。坚持实干、实干、再实干，坚持落实、落实、再落实。夯实"稳"的底盘，积蓄"进"的后劲。

努力担当加快发展的重任。如何加快发展？宋富锦说："关键是能不能抓住机遇。只有敢抓机遇，善抓机遇，才能把握工作的主动权。机遇不是等来的，而是争来的。要有敏锐的头脑，善于判断、捕捉有利于自身发展的重大机遇。"讲到这里，他举了个例子，这就像电影《南征北战》，抢先五分钟攻上摩天岭，就取得了战役的主动权。对方要想攻上来，就要付出十倍百倍的代价。因此，要善于利用机遇，解放思想，开拓创新，统筹谋划，科学决策，准确把握嵖岈山旅游景区的优势和发展机遇的对接点，理想激情不可或缺，干劲闯劲必不可少，最大限度地在利用机遇中实现发展。

善于驾驭全局是企业家的看家本领。随着国际国内形势的发展，尤其是近年来受全球性新冠疫情的影响，企业面临的环境越来越复杂，来自各方面的挑战和考验接连不断。这就要求决策者必须提高驾驭全局的能力，增强忧患意识，居安思危，防患于未然。在采访的时候，宋富锦讲到了成语未雨绸缪，说的是在天没有下雨的时候，要提前翻透土地，修补门窗。意思是讲，事情虽然尚未发生，但是要做好准备。这就告诉我们，对那些担心发生的事情，要预防为主，工作在前。古人云："凡事预则立，不预则废。"要做到这一点，就必须时刻关注形势变化，及时把握动态，积极排除化解矛盾，把不良苗头解决在萌芽状态。干成事和摆平事，可以说是企业家不可或缺的基本功。宋富锦说，只能干成事，不能摆平事，起码算本事不全。而且在一定意义上讲，摆平事，处理好各类突发事件，更能体现企业家驾驭全局、处理复杂问题的能力。

在采访的时候，谈到用人之道，宋富锦"忽"地从座位上站起来，以近乎朗诵的口吻一字一句地读了汉高祖刘邦讲过的一段话："运筹帷幄之中，决胜千里之外，吾不如子房；镇国家，抚百姓，给馈饷，不绝粮道，吾不如萧何；连百万之众，战必胜，攻必取，吾不如韩信。三者皆人杰，吾能用之，此吾所以取天下也！"他朗诵这段话的目的是说明企业家成事的关键在于用人。选什么样的人，用什么样的人，关系到事业的成败。

宋富锦认为，素质的高低直接影响到事业的兴衰。提高自身素质靠什么？没有别的办法，就是靠学习。当今社会已经进入知识经济时代，只有不断地学习，努力站在时代的前列，才能肩负起历史的重任。只有勤奋学习，才能培养浩然正气，使自己在纷繁复杂的局势面前保持清醒的头脑，明辨是非，坚定理想信念，筑牢道德防线。只有勤奋学习，才能增长智慧才干，使自己具备较为完善的知识结构。中国有一句古语叫作"学然后知不足"。这句话包含着学与知的辩证法，知识越多也就意味着未知的东西越多，越知道自己无知；知道自己无知，便会激起更加强烈的学习欲望。领导者只有不间断地持续学习，掌握更多的知识和技能，才能使自己的眼界更加开阔，精神更加充实，本领更加强大。

在嵖岈山旅游景区，管理者就是责任。职务越高，权力越大，责任也就越大。因此，要强化责任尽职守。在采访的时候，宋富锦说："既然把你放到这个岗位，就是要你负这个责任，我最看不起在其位不谋其政的人。"他加重语气说："嵖岈山旅游景区的管理者当然要谦虚，但是不要客气，要勇于负这个责任。"他还列举了有的管理者不负责任的现象。他分析，在嵖岈山旅游景区现实生活中，管理者不负责任的情况多种多样，有的躲躲闪闪，见硬往回走，见难绕着走；有的树叶掉下来，都怕砸中脑袋，把岗位看得太重，把责任看得太轻。在实际工作中，每个管理者都承担着一份责任，扮演着一个角色，岗位不同，职责不同。因此，应该守土有责、守土负责、守土担责、守土尽责。如果每个管理者都增强事业心和责任感，就能够履行好自己的责任，做到在其位、谋其政、尽其责，就能够带着感情、责任、追求做好各项工作。

在现实生活中，判断每一位管理者的能力和水平，很重要的一条就是看他能不能团结同事。团结不起来，就无从干事，也干不好事。因此，宋富锦认为，嵖岈山旅游景区的管理者要想能干事、干成事、干好事，就必须搞好团结求和谐。在采访的时候，宋富锦把搞好团结求和谐分成四个层次。首先，要有一个共同的目标。使大家在这个共同的目标下，共同谋事，共同干事。其次，要学会站位。每个管理者都要找准自己的位置，演好自己的角色。再次，要珍惜大家在一起共事的缘分。人生本是一台戏，有缘大家才相聚。相聚本身就是缘分，只有珍惜这个缘分，才不会争你大我小、你高我低、你前我后。最后，要有宽广的胸襟。管理者要有容人之量，而且要能够容人、容言、容过，大家要相互理解，相互包容，相互支持。要正确看待自己，正确看待同志，善于取人之长，补己之短。只有这样，才能搞好团结，共起事来才能愉快，才能给自己的人生留下一段美好的回忆。

抓落实是管理者所必备的一项基本功。如果不抓落实，再好的思路，再好的决策，到头来也只能是一纸空文。因此，在采访的时候，宋富锦在抓落实上，特意用了一个成语，叫作心无旁骛。也就是说，各级管理者必须真抓实干，做到肯干事、会干事、干成事。宋富锦解析道：肯干事，就是要有强烈的事业心和责任感，扑下身子，埋头苦干，一心一意抓发展，多动脑筋，多想办法，多出思路。会干事，就是要不断地提高办事能力，不断地创新工作方法，不断地创新发展理念和手段，做到主观和客观结合、理论和实践结合、上级精神和嵖岈山旅游景区的实际结合、上级意图和群众意愿结合，在结合点上找出路、定措施。干成事，就是要认真抓好各项工作的落实，特别是要有敢抓落实的气魄，敢抓敢管，敢于碰硬，最终落实到工作成效上来。

管理者廉洁自律非常重要，如果稍有不慎，最终可能会全盘皆输，鸡飞蛋打，一切归零。在采访的时候，宋富锦经常苦口婆心地叮嘱景区的年轻管理者要增强自重、自省、自警、自励的持久性，努力做到慎始而敬终，尤其要做到慎权。宋富锦毫不隐讳地谈了自己的看法。他说："权力是把'双刃剑'，它既能成为为群众谋利益的工具，也可以成为损害社会利益、毁掉自己的祸端。有的人可以把权力酿成美酒，有的人可以把权力制成毒药。"说着，他有些激动，语言也变得犀利。他继续说："正如培根的一句话，权力是一种祸害。当你手头有了权力的时候，关键看你怎么使用权力，以权谋私，滥用职权，无疑会成为祸害……"因此，这位老共产党员、老退役军人谆谆叮嘱，嵖岈山旅游景区的管理者一定要正确使用权力，要耐得住寂寞，受得住清贫，经得住诱惑，自觉竖起"高压线"，坚持永不"闯红灯"。只有在实际工作中不断加强自身修养，做到政治上更成熟、工作方法更多、管理艺术更高，才能不辱使命、不负众望，才能肩负起光荣而神圣的职责，以优异的成绩接受党和群众的检验，让自己的岗位在党和群众的监督下熠熠生辉。

2023年1月，中国网的记录中国特别节目《奋进新征程 建功新时代 乡村振兴先锋颂》系列报道组走进嵖岈山，在"乡村振兴先锋颂③"中报道了《宋富锦：发展旅游产业 助力乡村振兴》的事迹。笔者全文摘录如下：

宋富锦出生于河南省遂平县嵖岈山风景区，是从嵖岈山脚下走出来的企业家，30年的军旅生涯和长期的创业经历塑造了他一心为民的信念和乐善好施的品行。宋富锦作为嵖岈山旅游集团公司的创始人，报效家乡父老，助力乡村振兴，尽快实现家乡农业更强、农村更美、农民更富的目标，是他投笔从戎时就立下的誓言，也是他梦寐以求的夙愿。

乡村振兴，产业兴旺是关键。几年来，宋富锦不畏艰难，抢抓机遇，不断加大投入力度，加快开发步伐。在持续提升观光旅游、文化旅游、体育旅游、研学旅游和度假旅游产品质量的基础上，又在景区内新建了树顶攀越、天空漂流、崖壁滑道、嵖岈山攀岩、南北山观光吊桥和观光魔毯等一批参与性、体验性、娱乐性强的新项目、新产品，有效地增强了旅游市场的辐射力和吸引力，使景区的游客入园人次和旅游经营收入成倍增长，景区所辖乡村的农民人均年纯收入也由过去的1000多元增加到1.83万元，呈现出良好的发展态势。

为了实现嵖岈山风景区的天更蓝、水更清、山更绿、环境更美的生态宜居建设目标，宋富锦在认真制订实施生态保护规划、开展生态保护宣传、完善生态保护设施的同时，按照"一街一景、一路一貌、沿街造景、依景配绿"的要求，积极参与乡村绿化工程、亮化工程、美化工程和净化工程，形成了带成景、树成荫、竹成林、花成海的生态园林景观。同时，主动协助景区管委会强力推进生态宜居的区容村貌建设，使景区街道和乡村的路、电、水、通信等配套功能不断完善，档次和品位明显提高，村镇建设风貌和整体形象快速提升，使嵖岈山旅游景区先后被评为国家水土保持科技示范园、全国水土保持教育社会实践基地和国家生态旅游示范区。

近年来，宋富锦始终把文明旅游工作作为搞好景区文明开发、文明管理、文明服务、文明乡风的重要载体和抓手，积极带领嵖岈山旅游集团公司员工通过不断完善文明旅游制度建设、优化文明旅游环境卫生、提高文明旅游服务质量和搞好文明旅游实践活动等各项工作的开展，使嵖岈山风景区的乡规民约进一步完善，旅游服务水平进一步提高，旅游从业者和村民的文明意识进一步增强。2020年以来，他经营的嵖岈山旅游集团公司也先后获得了"全国文明单位"全国第一批"国家级文明旅游示范单位""全省诚信文明示范单位"等十多个国家和省市文明旅游品牌。

在实施农村人居环境整治提升五年计划和深化"三清、三拆、三提升"行动中，宋富锦带领自己的团队，围绕"四美"乡村建设，强力推进厕所革命，完善了环卫设施、增加了环卫人员，做到了全天候保洁；新建了景区内A级旅游厕所和乡村水冲式厕所，满足了游客和村民的如厕需求；规范了经营场所和经营人员的管理，进一步巩固了乡村治理效果，优化了景区旅游和人居环境。

在助力乡村振兴工作中，宋富锦始终把着力点放在乡村生活富裕上，因地制宜，因村施策，多形式、多渠道地助力乡村振兴。在助力乡村完善基础设施方面，宋富锦先后投资1600多万元为景区所属乡村修建小学校一所，修建区村公路30多公里，新建整修水库及溢洪坝15座，新修水系3000多米，扩改建自来水厂一座，并配套完善了自来水供水管网和配套设施，使景区各单位和全体村民用上了自来水。在助力乡村大众创业方面，他千方百计拓宽就业渠道，提供就业机会，引导村民围绕旅游上项目、搞经营，使乡村居民年户均增加收入5万多元，不少家庭年户均收入达到几十万元。在助力乡村转移劳动力就业方面，宋富锦通过各种途径为景区村民上岗就业创造机会。先后在周边乡村招聘导游员、讲解员、保洁员、检票员、保安和观光车司机等固定员工300多人，并通过景区工程施工、酒店服务和林业花卉管理，安排当地村民灵活就业，使景区周边乡村的旅游就业人员达到1200多人，进一步加快了景区周边的乡村振兴步伐。

近年来，宋富锦始终把搞好嵖岈山旅游景区旅游产业开发经营作为助力乡村振兴的重要抓手，紧紧围绕"产业兴旺、生态宜居、乡风文明、治理有效、生活富裕"的乡村振兴总要求，做了大量卓有成效的工作，受到当地政府和村民的称赞。他先后获得河南省旅游界十大风云人物、全国支持少年儿童爱心企业家、中原十大活力企业家、感动中原十大年度人物等多种荣誉和奖励，并担任河南省第十届政协特邀委员、中国旅游景区协会理事、河南省豫商联合会常务理事、天津市河南商会会长、河南省企事业法人维权协会第三届理事会副会长、河南省驻马店市旅游协会名誉会长等职务。

辉煌时刻谁都有，不要此刻当永久。在本次采访的最后，宋富锦用一首"打油诗"结尾：

大事难事看担当，
逆境顺境看方向。
有得有失看智慧，
或喜或怒看涵养。

嵖岈锦

是成是败看坚强，
是进是退看理想。

读完了这首诗之后，他莞尔一笑，很不好意思地说："不好意思，这是我从网上看到后背下来的，不是我的原创！"然后，他像个孩子似的"咯儿、咯儿、咯儿"笑起来。

第十章

立志誓把嵖岈变金山

在采访的时候，宋富锦感慨万端地说："母亲有一次对我说，当初真不想让你去当兵，因为你是长子，我们想留下老大在身边照顾这个家……父母养儿防老的心情我也非常理解。但那时我觉得家乡太小，自己心比天高，我的理想就是出去走走看世界……现在出走了大半生，也算走了大半个世界，才知道自己不过是一只风筝。家乡是风筝线的那一端，牵着线的就是父母那盼望的目光。"

人生苦短，时空永恒；智者所能有限，钝者所悟无极。百川归海，都是由动到静；万物齐一，皆有怀旧之情。路，有人同行才精彩；人，相互牵挂才温暖；情，彼此真诚才长久；友，问候不断才更亲。宋富锦考虑再三，他感到只有回报家乡，才能几者兼备。

宋富锦立志誓把家乡的嵖岈山变金山，展示的是一种大格局，体现了他非凡的人格与气度。格局是什么？有人说，是一个人对事物的认知范围。格，指人格构成，包含胸怀、道德、责任、意志、品位、价值观等；局，是局限或布局，就是一个人思想的深度、认知的高度、视野的广度。也可以说，格局就是一个人的人格与气度。

宋富锦回报家乡的善举是发自内心的，做出的贡献更是实实在在的，创造的价值也是真金白银的，使之发生的变化是有目共睹的。自从2004年9月宋富锦注资8000万元在河南省工商局注册成立河南嵖岈山旅游集团公司并作为受让方经营嵖岈山旅游景区后，他带领公司全体员工按照"科学定位抓规划、打造精品抓建设、拓展市场抓营销、规范运作抓管理"的工作思路，重金聘请综合开发研究院（中国·深圳）、北京旅游建筑建工设计院、天津滨海旅游规划建筑设计公司、伟信（天津）工程咨询有限公司和河南省国土资源科学研究院等设计机构的资深专家编制了《嵖岈山风景名胜区总体规划》和《嵖岈山旅游区控制性详细规划及重点区域修建性规划》，确立了"中华盆景，嵖岈奇山"的主题形象定位和发展目标。

此后，宋富锦先后投资10多亿元打造精品工程，新建了景观式生态山门、大型生态广场、生态停车场、生态步行道、游客服务中心、花岗岩地质博物馆、观光水车群、观光公路、观光吊桥、观光水系、观景平台等旅游设施，以及度假、安全、环卫、购物、休息等公共服务设施，使景区硬件设施得到进一步完善。在开发建设中，宋富锦注意推进自然山水与景区文化融合，新建了《西游记》大型砖雕艺术馆、"西游文化"雕塑园和唐僧师徒四人大型组雕，新包装了黑风洞、女儿国、高老庄、美猴王诞生处等西游文化景观，成立了嵖岈山艺术团，推出了唐僧师徒四人迎宾仪式、撞天婚、天竺少女歌舞等表演剧目以及"放歌嵖岈"系列节目，使景区文化与山水相互映衬，全面提升了嵖岈山的整体品位，给嵖岈山旅游景区增加了新的亮点。

只要身在嵖岈山旅游景区，宋富锦就坚持早上5点起床，奔波到晚上11点才休息。虽然他家就在回景区的必经之路上，但每次从外地回到日思夜想的嵖岈山，不论早晚，也无论多累，他总是"过家门而不入"，直接到达景区山门口、办公室、工地上，和员工打着招呼，开着玩笑，聊聊近况。深夜，常常能够看见他一手拄着木棒，一手拿着手电筒，时缓时急、或走或停地穿梭在景区的山径上、溪水旁、广场边，满怀深情地巡视着这座令他梦牵魂绕、铭心刻骨的嵖岈山，他是多么深爱这片滋养他的土地……

宋富锦接手经营嵖岈山旅游景区20年来，为了加快嵖岈山旅游景区开发建设步伐，回报父老乡亲的殷切期盼，为了把"大手笔规划、高标准建设、强力度营销、规范化管理、低碳化运营"的理念落到实处，把嵖岈山旅游做大做强，他付出了常人不能体会的身心劳作。据统计，仅嵖岈山自种树木一项就多达784644棵，真正让嵖岈山披上了绿装，把绿水青山变成金山银山。

嵖岈山树木种植统计

序号	种植地点	棵数	比例（%）	种类	总棵数	备注
1	南山门	11822	100	自种	11822	

续表

序号	种植地点	棵数	比例（%）	种类	总棵数	备注
2	东山门	80326	80	自种	64260	
3	天磨湖	666663	30	自种	199998	
4	琵琶湖	266666	30	自种	79999	
5	南北山大树	664667		自种		养护
5	果树	26587	60	自种	15952	
5	常绿	9970	40	自种	3988	
5	落叶乔木	628110	10	自种	62811	
6	塔橛林场	416016	60	自种	249609	
7	银洞尖	78125	40	自种	31250	
8	马吴亮岗	41666	60	自种	24999	
9	内环路	18896	90	自种	17006	
10	麦垛石	32786	70	自种	22950	
合计					784644	

不论在天津，还是在外地出差，因谋划或牵挂嵖岈山旅游景区的开发，宋富锦常常夜不能寐。为了在景区开发建设中保护好生态资源，从项目的设计、选址、用材、建筑风格到各个施工环节，他总是对相关工作人员细致要求，反复交代。特别是在山上游览步道和内环线公路的修建中，为了追求景观视野最好、动石动土最少、视觉范围最大、衔接布局合理、游客进出方便的效果，宋富锦带领有关方面负责人翻山越岭，上山选线、指导、检查，对每一段游道、每一处古

迹的资源保护都提出了具体要求和措施，走出了一条"在保护中开发，在开发中保护"的绿色和谐开发建设经营之路。当时，有一位采访宋富锦的新闻媒体记者问他："你已是60多岁的人了，还这样辛勤操劳，身体吃得消吗？"他深情地回答："不是我不感到累，而是我怕对不起家乡人民！"

宋富锦把每一次失败都归结为一次尝试，不去自卑；把每一次成功都想象成一种幸运，不去自傲。就这样，微笑着，弹奏从容的弦乐，去面对挫折，去接受幸福，去品味孤独，去沐浴忧伤。一个真正强大的人，不会把太多心思花在取悦和亲附别人上面。所谓的圈子、资源，都只是实力的衍生品。

在宋富锦的带领下，嵖岈山旅游景区的建设、营销、管理和团队建设等各项工作都取得了新的成绩，经济效益、社会效益明显增长。嵖岈山旅游集团公司现已发展成为全省服务业领军企业、全市旅游业龙头企业；嵖岈山旅游景区已成为河南省重点风景区和伏牛山生态风景区中的精品景区。嵖岈山旅游集团公司的发展有力促进了当地文化旅游服务业的全面发展，嵖岈山旅游景区周边先后发展各类宾馆旅店120多家，超市、门店和饮食服务摊点300多家，旅游服务车辆80多部，旅游直接从业人员4300多人，农民人均年纯收入由过去的不足1000元增加到18000多元，不少农户年均收入数万元，有的达到几十万元。宋富锦在带领父老乡亲致富创业的同时，坚持支持公益事业，投资20多万元为家乡兴建了希望小学，杨成武将军亲笔题名"富锦希望学校"；投资

400多万元为家乡6个自然村修路；投资1000多万元为家乡修建了6座小型水库及水系配套工程，同时还经常投资捐物资助灾区、家乡的敬老院及困难学生。

既然没有未卜先知的能力，那就做好万无一失的准备。人的情绪一旦找到了出口，就像火车驶出了隧道，温暖和阳光一下子扑面而来。戎装虽卸，军魂犹在，岁月流逝，本色不变。父老乡亲们敲锣打鼓、举旗欢呼、鸣炮"挂红"，用最原始、最传统的方式给予宋富锦最高的礼遇。当他握住乡亲们一双双握过锄头的粗手时，当挂着拐杖的老大爷抽动着嘴角拍着他的肩膀时，当满脸皱纹的老大娘拽住他的衣襟流着热泪时，他无以言表，唯有抹着眼泪向他们鞠躬道谢："谢谢乡亲们！水通了，路平了，其实是时代变了，你们不要感谢我，要感恩这个伟大的时代，感谢党的好政策。"

在宋富锦和他的工作团队的努力下，嵖岈山旅游景区的社会知名度和美誉度得到全面提升，先后荣获全国文明单位、全国青年文明号、首批全国旅游标准化示范单位、全国群众体育先进单位、河南省文明单位、全省文化产业发展先进企业、全省服务业领军企业、全省诚信文明示范单位、河南省旅游系统先进集体、河南省林业产业化重点龙头企业等称号。

特别是近些年来，嵖岈山旅游景区屡屡捧回让人艳羡的业内奖项：2015年获旅游突出贡献奖、全省厕所革命人文关怀类先进单位；2017年获评旅游工作成绩突出单位；2020年获得河南省文化和旅游厅智慧景区建设先进单位（五钻级）、河南省林业产业化重点龙头企业等 40 多项国家和省级荣誉及奖励，12 月被全国旅游标准化技术委员会授予"国家级文明旅游示范单位"；2021 年 4 月 5 日再次被河南省文化和旅游厅评为"河南省智慧景区建设先进单位（五钻级）"，6 月被中共河南省委非公有制经济组织和社会组织工作委员会授予"河南省非公有制经济组织和社会组织先进基层党组织"，9 月被国家体育总局授予"2017—2020 年度全国群众体育先进单位"，12 月被中共河南省委非公有制经济组织和社会组织工作委员会授予"河南省非公有制经济和社会组织党建示范点"；同年被河南省旅游文化研究会、河南省旅游业商会、中原名片、腾讯河南、中华网河南频道联合授予"2021 中原文旅最具有影响力景区"，被河南省豫商联合会评为全国河南商会系统先进党组织；2021、2022 年度被全国工商联评定为"四好商会"；2023 年 3 月"中国诗歌春晚组委会"授予"嵖岈山采风培训基地"，4 月入选河南省旅游骨干职业教育集团理事单位。

嵖岈山旅游景区文明旅游示范单位创建工作带来了经济效益和社会效益的双丰收，使嵖岈山旅游集团公司实现了游客接待人次、旅游经营收入、上缴税费和利润总额的同步增长。

2016 年 4 月 5 日中央电视台《新闻联播》对嵖岈山旅游景区进行了报道，5 月 30 日"驻马店嵖岈山号"高铁品牌列车首发仪式在北京隆重举行，9月13日《嵖岈幻境》上中下三集在中央电视台科教频道播出，10月9日嵖岈山旅游景区又荣登国家旅游局红榜。由国家体育总局登山运动管理中心和中国登山协会主办的中国山地马拉松系列赛自2016年创办以来，河南驻马店嵖岈山首站开跑比赛已连续成功举办两年，2017中国山地马拉松系列赛（驻马店嵖岈山站）被中国登山协会授予"西游山马"称号。2018年成功举办了由中国登山协会、河南省体育局、驻马店市人民政府主办的2018中国攀岩自然岩壁系列赛（驻马店嵖岈山站），来自国内外的百余名高水平攀岩运动员齐聚遂平县嵖岈山旅游景区，参与这一体育盛会。

嵖岈山旅游景区还是河南省婚纱摄影基地，在景区内的天磨湖畔设有嵖岈山影视梦想城·婚纱摄影基地。天磨峰面积500多平方米，海拔366米，是国际和国内独特的花岗岩地质地貌景观，是景区内九大奇观之一。因天磨峰而得名的天磨湖，库容大约102万立方米，平均水深7~8米，最深处有20米。

这里还有一个故事，据传那个磨盘形状的大石头就是为王母娘娘磨面用的天磨。传说王母娘娘吃厌了天庭的美味佳肴想换换口味，于是就惩罚一只妖怪为其磨面。细心的朋友也许发现了，站在这个位置可以看到一头老牛，它不是一般的牛，而是在《西游记》中被孙悟空打掉了一只角的青牛怪。王母娘娘为了惩罚青牛怪，就让它做苦力每天拉车磨面，然后把磨出来的面送到天庭去。石磨的下边还有两个乌龟形状的石头，据说这两只乌龟因偷吃面粉，被王母娘娘定在那里。实际上这是花岗岩经过漫长球状风化形成的独特奇石景观。

2004年4月17日，新华社原社长穆青到此游览。因是上午9点多钟，正好对面林立的山峰倒映水中，非常美丽，穆青连声赞叹，说堪比漓江山水。穆青游遍名山大川，能有此感叹，可见天磨湖魅力十足，他便挥笔题写了"内藏十万甲兵"赞誉嵖岈山。

天磨湖位于嵖岈山北门附近，靠近嵖岈山温泉小镇，是一处原生态的山水景观。每年有数不清的情侣慕名前往，让嵖岈山优美的风光作为见证，在湖光山色中许下海誓山盟；即将迈入婚姻殿堂的新人们，也选择在花海之中留下美好瞬间，在天磨峰下，在湖水之滨，拍下他们最美的婚纱照，许下天长地久、海枯石烂的誓言。古香古色的天磨湖游船，也成了越来越多游客的选择，乘一叶扁舟，游荡在碧绿的湖面上，偶遇几只野鸭，抬头看，风吹即动的"风动石"，双手划过清凉的湖水，船在湖间行，人在画中游。此情此景，让年轻的情侣分不清自己是在三峡，在阳朔，还是在杭州西湖。还有清凉的"雾森仙境"，沿着九曲桥前行，那飘飘欲仙、朦朦胧胧、如梦如幻的景致，让你有一种"梦入江南烟水路"的错觉……胆子稍稍大一点的游客，还可以攀缘在嵖岈山腰搔首弄姿。经常来嵖岈山旅游景区观光的游客，一定会看到在嵖岈山的百米绝壁之上一对对穿着礼服和婚纱的夫妇，基于对对方的爱与信任，把生命交付到对方手中，兴致勃勃地拍摄着别具一格的壮美婚纱照。

每当春天来临，嵖岈山下千亩郁金香次第绽放、娇艳欲滴，引无数游客慕名而来、流连忘返。这时节，在产业扶贫基地务工的贫困群众又忙碌了起来，他们负责千亩郁金香花田翻耕、幼苗移栽、杂草清除、农药喷洒、浇水施肥、卫生保洁等各项工作，在他们的辛勤耕耘和精心呵护下，扶贫之花迎春怒放。近年来，为带领贫困群众脱贫致富，嵖岈山旅游景区在遂平县委、县政府的正确领导下，立足实际，以旅游业发展为"主引擎"，深挖"企业＋旅游＋农户"产业发展模式的潜力，大力发展生态观光农业，全力打造旅游产业扶贫的新高地，探索出了一条发展旅游产业助力脱贫攻坚的新路子。嵖岈山旅游景区旅游扶贫产业基地已为当地群众提供了2000多个稳定岗位。嵖岈山旅游景区产业旺了，常年就业的岗位稳了，老百姓的钱包鼓了，人民群众的生活富了。如今，嵖岈山旅游景区曾经的贫困户在党和政府的关怀、引领下，通过自身的努力和奋斗都过上了幸福的小康生活。

随着嵖岈山旅游景区旅游产业规模的扩大，游客量的快速增加，"吃住行游购娱"等相关旅游市场需求呈现"井喷式"增长，增加售票员、导游员、保洁员、服务员、种植员、保安员和管理人员等就业岗位。随着脱贫攻坚工作的不断深入，宋富锦带领景区探索出"企业＋旅游＋农户"旅游产业扶贫模式，吸纳贫困户5户8人到旅游企业就业务工，务工月收入均在 1800 元以上。同时，随着各项管理的规范成熟，旅游产品的日渐丰富，旅游市场的不断扩大，嵖岈山旅游景区围绕环卫保洁、护林防火、公路养护、水体治理等方面积极开辟务工就业渠道，增设卫生保洁员岗位 53 个，护林、巡河员岗位 10 个，公路养护员岗位 6 个，共计 69 个公益性就业岗位，吸纳建档立卡贫困户 61 人实现稳定就业。

嵖岈山旅游景区的发展，带动了一方经济的腾飞。嵖岈山镇党委、政府抢抓机遇，因势利导，积极培训群众把土鸡蛋、小杂粮、芝麻叶、山野菜、红薯粉条、小磨香油、有机花生等农产品包装为特色旅游商品，从事旅游经营活动，开发建设美食商业街和购物场所 50 多处，鼓励群众创办农家宾馆和旅游超市等 130 多家，辐射带动周边 8000 多名群众增收致富，每户每年都能实现 5 万元以上稳定增收，促使当地贫困发生率大幅下降。在嵖岈山旅游景区旅游产业的带动下，当地整体经济实力和群众收入水平连年得到实质性提升，为有效帮助 115 户建档立卡贫困户搭上旅游产业发展的"快车"，共享旅游红利，实现高质量如期脱贫，因户施策、精准发力、智志双扶，鼓励扶持 6 户贫困户自主创业经营旅游商品或农家宾馆，鼓励扶持 12 户贫困户自主创业特色种植或养殖，鼓励扶持 42 户贫困户自主创业发展订单农业，成功帮扶 60 户贫困户实现常年稳定增收。

"愿尽绵薄报父老，誓把嵖岈变金山"，这是宋富锦在《故乡恋·嵖岈情》中的真情告白，更是他为振兴家乡旅游事业矢志不渝的真实写照。根据嵖岈山旅游景区的整体规划设计，宋富锦决定再投资6亿元展开第二轮景区建设。按照"一核心、三组团、十三个功能区、九条主线"的空间布局，他计划用3—5年时间完成黑龙潭大坝、北山朝圣之旅文化展示区、天磨湖入口服务区、六峰山自助探险区、西游文化之旅主题体验区、南山石林之旅观光区、琵琶湖生态休闲区、商务会所、商业美食风情街、民间文化艺术展示区、瞰湖山居区、山野露营区、千亩葡萄庄园、体育运动休闲区、水源涵养保护与生态协调区的建设。嵖岈山旅游景区以一流的景点景观、一流的服务设施、一流的景区管理、一流的品牌形象，走出河南，饮誉全国，迈向世界。

2021年10月25日，由天津市河南商会、驻马店市人民政府主办，天津市驻马店商会、驻马店市工业和信息局承办的"数智时代，共赢发展"产业合作恳谈会在天津远洋宾馆成功举办。宋富锦会长在大会上作了《加强产业合作，实现互利共赢，携手发展》主题演讲。他说，驻马店是华夏文明的发祥地之一，孕育了嫘祖文化、天中文化、梁祝文化、驿站文化；中国优秀旅游城市、全国文明城市、国家森林城市、国家园林城市、全国双拥模范城市等都已深深打上了驻马店的地标，成了驻马店的亮丽名片。近年来，驻马店招商引资、招财引智上围绕审批最快、流程最短、体制最顺、机制最活、效率最高、服务最好，打造"亲"而有力、"清"而有为的营商环境，其营商环境目前已经站在了河南第一梯队的前列。我们有理由相信驻马店市委市政府在以尊商、爱商、亲商、富商、安商、护商为宗旨的营商环境基础上，一定会继续放大招，一个亲和的、理解民企的、接地气的、稳定的、透明的、相互促进的、相互依附的、相互服务的亲清政商关系会让回报家乡的游子更加暖心、放心。宋富锦表示，天津市河南商会将继续做好桥梁纽带作用，充分发挥人脉资源优势，进一步宣传家乡、推介家乡，让更多的企业家了解家乡、投资家乡、建设家乡，积极为家乡的社会经济腾飞贡献力量。

只有了解农村，懂得农民，才能治理好乡村。解决农村问题，全面振兴乡村，不能过于理想化。自以为是的理想化，并不能解决任何问题。需要在传统与现实、法律与道德、物质与精神之间找到平衡点，否则就可能是纸上谈兵，事与愿违。脚踏实地，尊重常识，尊重现实，因地制宜，循序渐进，乡村才能重新燃起希望的烟火，农民才能找到真正的幸福感。传统崩塌、道德缺位、法治失灵，一些地方的农村正遭遇不可逆转的精神空心化。农村现实问题，有的靠约定俗成的自然法解决，存在的就是必然的，按照土规矩来办总比没规矩要强。宋富锦说："古人曰：'所营谓之事，事成谓之业。'干事是前提和过程，干成事是目的和结果，只有干成事才能建立事业。"他为回报家乡确确实实干成了一番大事业。

如今，宋富锦的家乡嵖岈山小康梦圆、山乡巨变、乡村振兴，人们的生活水平得到全方位改善；碧水蜿蜒、绿带交织、山峻林郁，人与自然和谐共生的壮美画卷在嵖岈山下徐徐展开。伴着嵯岈山旅游景区越来越红火，对于当地的影响越来越大，从村影响到镇，从镇影响到县。村民们说："要想富，跟上嵯岈山旅游景区的脚步。"随着改善农村人居环境工作的不断深入，农村环境越来越美，嵯岈山农民的日子越来越富，改善农村人居环境工作为保障贫困群众高质量脱贫、全面实现乡村振兴注入了强大驱动力。宋富锦说："人生的每一次付出，就像在山谷当中呐喊，没有必要期望谁听到，那延绵悠远的回音，就是最好的回报！"

第十一章

旅游标准扎根嵖岈山

第十一章 旅游标准扎根嵖岈山

旅游景区规划设计是创建全国旅游标准化示范单位的具体要求和必备条件，是景区旅游开发建设的法律依据。要想成功创建全国旅游标准化示范单位，就必须尽快打造出适应市场需求的旅游精品。首先是要编制一部高质量的风景区规划方案。用宋富锦的话说，就是要融"大气（超前性）、土气（适用性）、洋气（创新性）、文气（文化性）、绿气（生态性）"于一体。为了编制好嵖岈山旅游景区规划方案，宋富锦曾多次带着团队高层跑省进京，到当时的国家旅游局和省旅游局咨询请教，请他们推荐景区规划编制单位。

2004年12月，嵖岈山旅游风景区委托北京建筑建工设计院金水木景观设计有限公司，利用一年的时间，编制了《嵖岈山旅游景区控制性详细规划及重点区域修建性规划》。规划确立了经过5~10年的开发建设，将嵖岈山旅游风景区建设成为"以中原石林为资源特色，兼有西游文化内涵，融自然生态观光、现代休闲度假为一体的复合型旅游景区"的发展目标；确立了"中原石林，西游之源"的主题形象定位；设计了石林观光游、"西游文化"游、宗教朝圣游、自助探险游、休闲度假游、梦幻夜游等旅游产品；按照"三山四湖五条旅游线"的空间布局，划分了近期开发的景区主山门入口服务区、度假区、西游文化之旅主题体验区、六峰山自助探险区、南山石林之旅观光区、北山宗教朝圣之旅文化展示区，琵琶湖至天磨湖夜游区、露营区、天磨湖入口服务区等九大功能区和远期开发的五大功能区，并融入了西游文化和历史文化符号，丰富了嵖岈山旅游景区的文化内涵。

为了保证规划质量，在景区规划编制过程中，宋富锦曾先后多次陪同专家进行景区实地考察，介绍嵖岈山的旅游资源和名胜古迹，并安排尚丰民副总经理为规划编制专家提供了100多份景区基础资料。同时在规划编制前，邀请省、市旅游局主管领导和县旅游领导小组成员，同规划编制专家一起研讨，为景区规划编制出主意，理思路，提要求；在规划编制中，邀请县旅游领导小组组织召开嵖岈山旅游景区规划汇报会和座谈会，广泛听取各方面的意见和建议。

2005年11月26日，在遂平县政府组织的嵖岈山旅游景区规划评审会上，由国家旅游局规划发展与财务司调研员汪黎明，中国国际文化艺术中心艺术总监、北京大学教授乔然，中国城市规划设计院旅游规划中心主任、博士周建明，开封市政协副主席、河南大学教授、博导梁留科，河南省发改委财政处处长、博士赵书茂，河南大学环境规划学院院长、博士秦耀辰，河南省旅游局规划处副处长郭继山，遂平县政府县长赵文峰等九位评审专家组成的《嵖岈山旅游景区控制性详细规划及重点区域修建性规划》评审委员会，正式通过了对上述规划的评审。2006年6月，该规划通过了遂平县人民政府的审批，为嵖岈山旅游景区的合理开发和科学发展描绘了蓝图，奠定了基础。

为了不断适应景区开发建设的需要，宋富锦带领河南嵖岈山旅游集团公司一班人又与相关业务部门合作，先后于2007年委托郑州市政工程勘测设计研究院编制了《河南嵖岈山国家森林公园总体规划》，于2010年委托英国伟信集团天津工程咨询有限公司编制了《嵖岈山旅游景区控制性详细规划及重点地块控制性详细规划》。

为了全面提升嵖岈山旅游景区旅游标准化示范单位的硬件建设和生态旅游配套设施，在河南省、驻马店市旅游和环保部门的精心指导及大力支持下，嵖岈山旅游景区于2011年启动了嵖岈山旅游景区创建国家生态旅游示范区的工作。宋富锦的体会是：刚开始做一件事时，很像在雾中行走，远远望去只是迷蒙一片；可当你鼓起勇气放下忧惧，一步一步向前时就会发现，每走一步，你都能把前路看得更清楚一些，别站在远处观望，踏踏实实地往前走，你就可以找到自己的方向。在宋富锦的主持下，他们按照国家生态旅游示范区质量等级标准要求，大手笔地编制嵖岈山旅游景区生态旅游规划，大力度搞好环境资源保护，高标准完善旅游配套设施，高质量搞好嵖岈山旅游景区管理服务，高水平打造生态旅游品牌，开展了卓有成效的工作。

宋富锦是个最讲实事求是的人。在采访的时候，他爽朗地说:"这件事情当地党委政府都非常给力!不然,我们还会在云里雾里跋涉。"嵖岈山旅游景区创建国家生态旅游示范区的工作得到了各级党委政府的大力支持。驻马店市第三次党代会明确提出要以嵖岈山旅游景区为主体建设全市生态旅游休闲基地,遂平县委、县政府将创建国家生态旅游示范区的工作纳入了全县经济社会发展的重点,摆上重要议事日程。自创建工作全面展开以来,省市两级旅游和环保部门领导先后多次到景区现场指导,了解创建情况,帮助解决具体问题。嵖岈山旅游集团公司成立了由董事长宋富锦为指挥长、集团其他副总经理为副指挥长的创建工作指挥部,下设创建办公室和10个专业小组,负责日常工作推进,并出台了创建工作实施方案,把创建工作任务层层细化分解落实到人,实行严格的目标责任管理。嵖岈山旅游集团公司创建指挥部定期召开会议通报工作推进情况,研究解决具体问题,坚持对各环节、各岗位的工作情况进行明察暗访,跟踪问效,及时发现典型,总结推广经验,形成了全力以赴搞整改,凝心聚力抓创建的巨大合力。

旅游标准化是个系统工程,不是一朝一夕能够做到的。宋富锦经常对员工们讲:"工作生活中遇到麻烦,要努力解决。成长路上的迷茫和孤寂,你必须独自经历。人生没有容易二字,最怕你在挫折面前只是顾影自怜。既然没有未卜先知的能力,那就做好万无一失的准备。"嵖岈山旅游集团公司自2004年6月正式受让嵖岈山旅游景区经营权以来,在认真总结嵖岈山旅游景区管理工作的基础上，高薪聘请了一批旅游管理专业人才，按现代企业制度的要求构建了公司管理构架，先后建立健全了一系列管理制度。2006年初，又聘请北京兴国环球认证有限公司对嵖岈山旅游集团公司进行了ISO 9001质量管理体系、ISO 14001环境管理体系、GB/T 28001职业健康安全管理体系认证，提出了以标准促管理，实施嵖岈山旅游景区品牌化发展战略。《全国旅游标准化发展规划（2009—2015）》下发以后，尤其是2010年6月，嵖岈山旅游集团公司被国家旅游局选定为全国旅游标准化试点单位以来，他们敏锐顺应旅游产业转型升级的客观要求，认真落实国家旅游局《关于全面推进旅游标准化试点工作的通知》和《全面推进旅游标准化试点工作实施细则》，抓住旅游标准化试点工作机遇，编写完善了大量规范、系统的旅游标准化材料，达3000多万字，形成了包含景区基础管理、建设管理、运营管理、营销管理、保障管理、辅助管理六大部分，28个子体系，374项标准的《嵖岈山旅游景区标准化管理体系》，涵盖嵖岈山旅游集团公司所有部室和各个岗位，保证了集团全面推进旅游标准化工作的需要。随着各项标准的贯彻实施以及景区管理水平和服务质量的提升，嵖岈山旅游景区旅游标准化建设扎实推进，并取得了明显成效。

2011年以来，为了更好地配合旅游标准化景区的创建工作，切实搞好生态旅游示范区建设，嵖岈山旅游景区各单位先后多次召开有全体员工参加的创建工作动员会议，传达上级关于建设生态旅游示范区、推进科学发展的工作部署和嵖岈山旅游景区的创建方案，并结合工作推进讲评，持续不断地进行宣传教育，全面提高了全体员工参与创建工作的积极性。景区统一编发了《创建国家生态旅游示范区相关法律法规及标准读本》《创建国家生态旅游示范区基本知识手册》、ISO 9001 质量管理体系、ISO 14001 环境管理体系和 GB/T 28001 职业健康安全管理体系知识读本、旅游标准化管理制度汇编和《员工手册》等各种学习资料，为各单位日常学习提供了方便。通过举办"关爱生命、珍惜地球"为主题的世界地球日和世界环境日主题宣传活动、野生动物保护宣传月活动、"回归自然、关爱地球"为主题的世界旅游小姐巡游嵖岈山活动、"文明低碳旅游五十条倡议"活动、"夏令营"生态科普活动、保护环境志愿者服务活动和"热爱嵖岈、体验生态"登山比赛等活动，嵖岈山旅游景区把生态保护知识和法规普及每一位员工、每一个游客和社区每一个家庭，为创建工作营造了浓厚的社会舆论氛围。

  为了高标准、高品位地搞好嵖岈山国家生态旅游示范区的规划建设，遂平县人民政府出台了《关于加强旅游景区资源保护和规划建设工作的通知》，编制了《遂平县生态示范区建设规划》。嵖岈山旅游景区在对《嵖岈山风景名胜区总体规划》进行修编完善的基础上，编制了《嵖岈山旅游景区旅游资源保护规划》，按照整体优化、生态优先的原则进行了景区基础设施和服务设施建设。新修建了12公里的旅游步道、10

公里的内环观光车公路、28公里的外环观光公路，开通了市县至景区的旅游公交和景区内50辆旅游观光车，确保了景区旅游交通的方便快捷。新建和提升改造了4个总面积达4.6万平方米的生态停车场，新建了景区生态山门和多功能生态广场，在核心景区新建了观光吊桥、索道、花岗岩滑道和10个观景平台。新建了建筑面积达8000平方米的美食商业街和10多处购物场所，新建了建筑面积800平方米的游客中心、使用面积1200平方米的地质博物馆、《西游记》大型砖雕艺术馆和使用面积300平方米的水土保持科普馆。完成了集电子门禁、安全广播、自媒体视频监控、SOS紧急救助、无线网络覆盖、网络购票、车辆自动统计、电子商务、语音导游于一体的智慧景区建设。

对于配套设施，他们绝不含糊，新建了6座一类厕所，改造了10座二类厕所，购置更换了560多个体现文化特色的仿生态分类垃圾箱，购置了两辆垃圾清运车，新建了垃圾集中点和垃圾中转站，完善了排污管网建设。完成了景区强弱电地埋工程，增设了4个移动基站、2个电信基站和11个移动直放点，完善了明信片、纪念戳、纪念邮票等邮政纪念服务功能，实现了Wi-Fi信号全覆盖。完成了百花湖、天磨湖、琵琶湖等10个景观堤坝建设和2000多米景观水系工程，先后增加水域面积1600多亩。完成了18万平方米的环境整治美化，拆除了有碍景观的违规建筑，新培育开发集郁金香、薰衣草、玫瑰、牡丹、樱花等名贵花草于一体的四季花卉观光园 3000 多亩。

宋富锦坚持做到刀刃向内，只为成功想办法，不为失误找理由。他们着力规范嵖岈山旅游景区管理，竭力提升服务水平。他强调以国家旅游标准化为标准，全面推行标准化管理。2012 年 2 月，嵖岈山旅游景区就被国家旅游局评为首批"全国旅游标准化示范单位"。宋富锦认为，工作都是由人来完成的，因此抓好员工培训教育是重要一环。嵖岈山旅游景区各经营单位制订了系统的培训计划，坚持采取设置生态环境保护宣传标牌与编制生态保护导游词相结合的方式，对游客进行生态环境保护的宣传；请专家讲课与本公司业务能手讲课相结合的方法，开展对全体员工的培训教育，进一步强化了游客和员工的生态环保意识。通过全面实施旅游标准化管理，提高了全体人员的综合素质，连续六年保持了无旅游行政主管部门认定的有责投诉记录。

在宋富锦的头脑里，保护环境资源体系这根弦儿一刻也没有松过。嵖岈山旅游景区成立了环境与资源保护工作领导小组，与遂平县环保局签订了嵖岈山风景区环境保护目标责任书，与个体经营户签订了资源环境保护和安全消防责任书，分解了保护任务，明确了各方职责，形成了一级抓一级，层层抓落实的工作机制。通过规划编制，确定了嵖岈山旅游景区一级景观资源核心保护区、二级景观环境严格保护区、三级环境保护区、四级扩大生态保护区。对地质遗迹、古树名木、文物、古建筑、野生动物等生态旅游资源进行了全面的普查，制定了完善的保护制度，建立了系统的保护档案，为嵖岈山旅游景区长期的生态环境保护工作提供了依据和技术支撑。在园区项目建设上，坚持进行环境影响评价，严格实行建设总量控制，始终坚持"三同时"制度，做到规划审批一支笔，开发一盘棋，上下一道令，严格按规划操作，保持了园区环境质量和景观的生态完整性。嵖岈山旅游集团公司先后投入900多万元用于地质遗迹景观、文物、古树名木保护和古建筑修缮，投入6000多万元用于景区生态隔离带、环境整治、绿化和花卉培育、森林防火等环保项目建设。通过一系列保护措施的实施，核心景区内除少量的生态旅游厕所和购物点外，没有一户民宅，没有一处建筑物，游览区内的所有电缆、光缆全部地埋，从景区山门到山上的步游道、观景台、购物点、旅游厕所、垃圾箱、休息设施、安全护栏、标识标牌全部使用生态和仿生态材料，实现了建筑物和周边环境与景观的整体协调。

在旅游标准化试点工作推进过程中，他们先后参与和组织开展了青年文明号创建活动、百日优质服务竞赛活动、全省十佳优美地质景观评选活动、文化产业示范基地评选活动、国土资源科普基地评选活动、诚信文明示范单位评选活动、"我眼中的河南"首届全国摄影大赛启动仪式和第二、三届西游文化节等20多项"节事"、赛事和争先创优活动，并专题组织了"我为标准化试点工作做贡献"大讨论活动、"爱岗敬业·增辉嵖岈"演讲比赛和创建旅游标准化示范单位有奖征文活动。通过系列活动的开展，深入进行思想发动，引导员工结合自身业务为创建工作建言献策、出智出力，把推进试点工作、提升标准化服务水平的要求，通过大讨论、征文比赛和爱岗敬业主题演讲，生动具体地表达展现出来，深化了思想动员效果。通过这些生动多样的教育形式，不仅有效地统一了员工的思想认识，进一步激发了员工的主人翁责任感和创优争先的积极性，也为公司营造了推进旅游标准化试点工作开展的浓厚氛围。

　　为了进一步提高嵖岈山旅游景区的文化品位，嵖岈山旅游集团公司先后建成了《西游记》大型砖雕艺术馆、"西游文化"雕塑园、唐僧师徒四人大型组雕和吴公亭、黑风洞、美猴王诞生处等一批文化项目，并在此基础上连续三年成功举办了西游文化节，"嵖岈山西游文化节"已成为河南省知名的文化旅游品牌。景区成立了嵖岈山艺术团，编排了深受游客欢迎的以"西游文化"为核心的节目，自2009年以来，已累计演出1200多场次，很好地烘托了嵖岈山旅游风景区"西游文化"氛围。此外，嵖岈山旅游集团公司还通过精品化的"西游文化"景观建设、景观化的《西游记》电视剧拍摄场景恢复、精品化的《西游记》实景演出、剧情化的文化游线组合、系列化"西游文化"和旅游纪念品开发，实现了《西游记》传奇文化的活态化呈现、形象化展示和沉浸式体验，把嵖岈山旅游景区打造成省内外知名的"西游文化"产业园。2014年12月，嵖岈山旅游景区被省委宣传部、河南省文化厅、河南省文学艺术界联合会评为"河南特色文化基地"。

旅游标准化试点工作的开展,使嵖岈山旅游景区的整体形象快速提升,知名度和美誉度明显提高,同时也促进了经济效益和社会效益的大幅度提升。通过推进标准化试点工作,公司全体员工的标准化意识和敬业意识进一步增强,工作标准和服务质量进一步提高,使以人为本,精细化、规范化服务的理念深入人心,坚持按标准服务、按制度办事、按流程操作的风气蔚然形成,为嵖岈山旅游景区的科学发展奠定了坚实基础。随着旅游标准化试点工作的开展,嵖岈山旅游景区和嵖岈山旅游集团公司在巩固原有荣誉的基础上,又先后获得了中国旅游景区协会理事单位、全国青年文明号、国家国土资源科普基地、全省旅游产业集聚区、全省文化产业发展先进企业、全省服务业领军企业、全省服务业重点企业统计监测先进单位、河南省"十大优美地质景观"、全省优秀风景名胜区、河南省十大新锐旅游景区、中原旅游十年最具潜力品牌、河南省诚信文明示范景区、创建中国优秀旅游城市先进单位、全市景区建设先进单位、全市景区管理先进单位、驻马店市文明服务窗口、市A级纳税人、市文化产业示范基地等多项殊荣。他们创建标准化示范单位、发展低碳景区的做法也先后被《中国旅游景区》杂志、《河南日报》、《大河报》、《长江日报》、腾讯网等媒体转载介绍。

宋富锦说:"旅游标准化建设是一个与时俱进、不断探索创新的动态过程。有时候,我们会给自己设置很多想要超越的对手，殊不知，最强的对手可能正是自己。努力赶超他人的时候，也要时常反躬自省，只有不断克服自身的弱点和缺陷，我们才会变得越来越优秀。在近两年来的试点工作中，虽然我们在旅游标准化建设上做了一定的工作，但是，与上级旅游主管部门的要求比，与九寨沟和云台山等业内先进景区比，还存在一定的差距。"他接着说："不必去模仿别人，也不要去随波逐流，要相信，我们嵖岈山旅游景区自己就是一道美丽的风景线！别人再好始终是别人的，自己再不堪也是世上唯一的，是自己的。既然有幸存在于这个世界，就应该让自己活得更精彩。"譬如，标准化覆盖的广度和推进深度仍有差距，在嵖岈山旅游集团公司标准体系中，有些标准的表述还不够精确，仍需要在实践中进一步完善充实；标准运行评估工作还不够细致，有些部门对标准运行记录做得不够全面，一些基础材料整理不够规范；有个别员工的标准化意识还不够强，日常服务行为仍有不够规范的现象等，需要嵖岈山旅游集团公司进一步努力改进。推行标准化管理是打造优质旅游景区品牌，实现嵖岈山旅游景区科学发展的长远之策。

他们先后于2013年委托中国社会科学院、北京兴博旅游规划设计院，编制了《嵖岈山创建国家5A级旅游景区综合提升规划方案》；于2015年委托北京东方华脉工程设计有限公司，编制了《嵖岈山生态旅游度假区规划设计》；于2016年委托河南省国土资源科学研究院，编制了《河南嵖岈山国家地质公园规划》。实现嵖岈山旅游景区规划的总体定位与省市旅游规划、市县土地和环保相关规划相衔接的目的。做到了统筹兼顾，多规合一。同时也标志着河南嵖岈山旅游集团公司在景区开发运营中，形成了思路出规划、规划出项目、项目出资金、资金出建设、建设出效益、效益出发展、发展出思路的良性循环发展格局。

随着创建国家生态旅游示范区活动的开展，嵖岈山旅游景区资源和环境保护取得了新突破，推进了当地封山育林、退耕还林、植树造林、"三荒"治理等难点工作的开展，制止了在景区挖石、取土、滥伐树木、非法狩猎等违法现象。嵖岈山旅游景区每年拿出门票收入的10%用于生态系统、自然景观、文物古建的有效保护和环保宣传，使景区的环保设施进一步完善，环保效果明显提高，经环保部门多年连续监督检测，嵖岈山旅游景区空气质量一直保持在国标一级标准，噪声指标达到国标一类标准、地表水质量达到国标二级标准。

生态科普教育功能得到新完善。宋富锦善于开"诸葛亮会"，热衷于头脑风暴，让智慧者更智慧。通过完善地质博物馆、水土保持科普馆、各类生态保护标牌和生态科普旅游路线，景区的生态科普教育功能得到配套完善，嵖岈山旅游风景区先后被命名为国家国土资源科普基地、全国水土保持科技示范园和全国水土保持教育社会实践基地。

旅游标准化和国家生态旅游示范区创建活动的开展，营造了共建共享生态文明的良好氛围，使"绿水青山就是金山银山、生态优势就是最大优势"的理念成为社区单位和社区公众的共识，为嵖岈山旅游景区的可持续发展奠定了坚实的基础。

生态文明建设是一项惠及子孙的德政工程、民生工程和形象工程。宋富锦带领嵖岈山旅游景区全体员工仅仅用了三年时间，圆满地完成了创建旅游标准化和国家生态旅游示范区的各项任务，为建设"美丽中国"做出新的更大贡献。但是，宋富锦仍然不满足现状，他说："旅游标准化要与时俱进，没有最好，只有更好！"嵖岈山旅游景区仍需对照创建标准要求继续查漏补缺，不断地完善提升景区旅游标准化水平。

宋富锦非常重视对景区生态的保护。接管以前，虽然《嵖岈山风景区规划》中明确核心景区外围设有生态缓冲区，但是由于当时人们对景区的生态保护意识不强，当地百姓在景区内取石、采沙、挖药、砍柴等破坏生态的现象十分普遍。特别是每到冬季，老百姓放牧烧山，山火不断，辛辛苦苦种的小树苗还没有来得及享受阳光雨露的滋润，就被无情的山火烧成了灰烬。山上的植被更是作为百姓家里烧火做饭的燃料被砍伐殆尽，嵖岈山成了真正的"石头山"。公司接管景区后，一是联合嵖岈山管委会及遂平县林业部门加强对生态保护的宣传，让群众知道生态保护的重要性；二是组建了50多人的消防队伍；三是建设了微型消防站，储备了消防物资。每到防火季节，公司安排摩托车全天候巡逻，有力保护了景区的森林资源和生态环境。宋富锦接管景区以来，公司经营范围内的旅游区域从未发生过火情，景区从过去光秃秃的"石头山"变成了现在绿油油的"大森林"。

嵖岈山旅游景区南侧和西侧的马吴亮岗及黑龙潭一线是景区外围的生态缓冲恢复区。由于该区域四周平缓，车辆极易进入，加上区域内地势高低起伏，随着进入该区域越野车的增多，一传十，十传百，很快这片区域成了部分生态保护意识淡薄的越野爱好者的乐园。由于该区域土地贫瘠，生态自我修复能力差，越野爱好者对生态保护标识牌视而不见，不断组织车队进入保护区域，把整个保护区域的草地树木碾压得面目全非、沟壑纵横，水土流失严重，生态植被受到很大的破坏。越野车来去迅速，车辆过后漫天的灰尘使周边的百姓苦不堪言。宋富锦知道后经常带着景区的工作人员对进入的越野车辆进行劝阻，但是收效甚微。为了保护该区域的生态，他亲自踏勘、亲自带队、亲自指挥，沿着生态保护的边界东侧和南侧修建了一道长10公里，高2米的砌石围墙和安全护栏；在保护区的西侧和北侧修建了20多公里的生态保护防火隔离带，这才从根本上解决了越野车横行对景区生态的破坏。

嵖岈山旅游景区的动植物资源十分丰富，宋富锦安排制定了严格的保护制度，对山上的古树名木，登记挂牌保护，山上随处可见挂着牌子显示身份的"千孔柏""野榔榆""大橡树""皂角树""红柳树"等各类树木，直观地向游客宣传了保护生态知识，提升游客的保护意识。北山有一株小橡树倔强地生长在游道边的石头上，为了保护这株小树，宋富锦安排工程部在它的四周修建了安全护栏，并且挂上一块写着"我今年已经十岁了，但是我还想再活五百岁"的温馨提示牌。也许正是这个牌子的作用，这棵小小的橡树，虽然紧挨着游道，却从未被游客破坏过，一直茁壮地生长着。为了保护景区的鸟类，宋富锦要求景区严禁售卖弹弓一类的旅游纪念品，有效防止游客对鸟类的伤害。在景区接管前，为了增加收益，天磨湖、琵琶湖、月牙湖、秀蜜湖等湖泊都被外包养鱼。嵖岈山旅游集团公司接管后收回了水面的使用权，湖中各种鱼鳖虾蟹不再受到人类的骚扰，水面也成了鸳鸯、野鸭等水鸟的栖息地。水下畅游的锦鲤和水上低飞的野鸭不再惧怕游客，不断接受游客的喂食。夕阳西下，微风徐来，波光粼粼，湖面上鱼跃鸟翔，形成了一副"落霞与孤鹜齐飞，秋水共长天一色"的人与自然和谐相处的画面。

第十二章

友善传递依家的温暖

但凡成功之事，哪一件来得容易？哪一件不凝聚着奋斗者的心血？哪一件不浸透着奋斗者的汗水？每一个成功的人或事背后都有一段感人的故事，嵖岈山旅游景区的故事充满了友善和温暖。

嵖岈山是石猴仙山，是古典小说《西游记》的发源地。西游文化，是嵖岈山风景区主打的文化牌。在景区南门的后广场上矗立着唐僧师徒四人的大型雕塑，象征着嵖岈山旅游集团公司目标既定、勇往直前、拼搏进取的企业文化。

宋富锦说过："一个理想的团队就应该有这四种人——德者、能者、智者、劳者。就像《西游记》里师徒四人一样。德者领导团队，能者攻克难关，智者出谋划策，劳者执行有力。唐僧师徒四人就是这样的一支团队。"这师徒四人，性格、能力迥异，优势互补，正好代表职场上最常见的四种人。在嵖岈山旅游景区，这样的德者、能者、智者、劳者大有人在。那么，就让我们一起来看看他们各自的成功之道。

宋富锦认为，唐僧是团队中的德者。德者，是指具有高尚品德和坚定目标的人，他是整个团队的领导者和掌舵人。从唐僧的身上我们可以看出作为一个领导应当具备的素质。

他要有明确的目标。唐僧受唐王李世民之命,去西天拜佛求取真经,十几年如一日,历经了"九九八十一难"却从不动摇,此般恒心不是一般人能做到的。正是因为有了一心向佛、普度众生的志向和行动,唐僧才散发出让人敬佩的人格魅力。取经一路,困难重重,但他从不为困难所动,他很清楚,经历一个困难就是更进一步接近了成功。公司管理团队的领导者是企业文化的传承者和传播者,只有他自己坚定不移地信奉公司的文化,以身作则,才能更好地带领团队实现目标。领导首先要树立自己的权威,大家都知道唐僧的权威就是"紧箍咒",他了解并善于运用每个徒弟的优缺点,去督促和制约他们。宋富锦说:"在企业中,制度就是权威,制度的执行一定要严格,不管刚开始推行的时候有多少阻力,但只要坚决执行下去,逐渐就会形成一种氛围与文化,大家会自觉地去遵守。"当然,"紧箍咒"也不能念起来没完,唐僧从来不滥用自己的权力,只有在大是大非的时候才动用手中的惩罚权,他很明白奖励胜于惩罚的道理。有管理制度更要有感情投资。唐僧很会感情投资,悟空打死老虎,他便连夜挑灯用虎皮为悟空做了个皮裙,悟空怎么会不感动?在采访的时候,宋富锦微笑着说:"领导一定要学会进行情感投资,要多与下属交流、沟通,关心团队成员的衣食住行,营造一种家庭的氛围,给员工以家的温暖。"

宋富锦坦率地讲:

小时候看《西游记》，我最不喜欢的就是唐僧，要战斗力没有，还总是人妖不分，自己往陷阱里跳，等着徒弟们去救。

但长大后再看唐僧，倒是有另一番体会。

取经路上的唐僧是血肉之躯，凡夫俗子，与几个徒弟比起来，可以说是挺无能的。

在职场上，这样的领导和老板也特别多。有些人靠着家里的关系，混上了领导；有些人手里有点钱，便自己创业开公司……

不管是什么样的原因，我要说的就一点：并不是所有的老板和领导都是能力强大的，其实有的人比较无能。

那么，无能的领导如何获得成功呢？

我们来看看唐僧是怎么做的。唐僧带着团队走向成功，主要有两个秘诀。

一是我虽无能，但能驭人。

唐僧手无缚鸡之力，在遇到问题的时候，全都指望手下的徒弟们，虽然无能，但他有一点做得很好：能驾驭手下人。

不管是能力超群的孙悟空，还是好吃懒做的猪八戒，再或者是老实巴交的沙和尚，唐僧都能游刃有余地驾驭和管理他们。

孙悟空是个刺儿头，时不时地闹情绪，但唐僧有治他的撒手锏：念紧箍咒。

有人觉得这不光彩，但其实这很正常，不是所有的员工都心甘情愿地服从领导，但只要你能有手段"治"他、管理好他就可以了。

真正优秀的领导，往往不是劳模，而是会管理和会用人。

虽然唐僧能力很差，但他是这个团队里最适合当管理者的人，因为他身上有一个优秀领导者最重要的品质，也是他能带领三个徒弟取经成功的第二个秘诀：有信念，有原则，不放弃。

在取经的路上，孙悟空受了委屈，一气之下走了。猪八戒时不时地吵着要散伙，要回高老庄和媳妇生孩子。但唐僧不管遇到多难的事，遇到多大的外部诱惑，始终坚定不移地向着目标前行。这就是他能成功的一大原因。

一个成功的管理者，往往就赢在他能坚持，不放弃，即使哪天手下的人都走了，他还会招募新的人员加入，所谓铁打的营盘，流水的兵，营盘在，就有赢的希望。

很多时候，一个领导者的气质也决定着整个团队的气质，他的不放弃，会感染手下人，大家也会跟着咬牙坚持。

作为管理者，业务上的无能并不是致命的，只要能驾驭手下的能人，懂得管理，有坚定不移的信念，就能获得成功。

孙悟空是这个团队中的能者。他这样的员工在公司里应该是老板最喜欢的职业经理人。老板最喜欢他，因为他有能力，还因为他有缺点。假设一个人能力强，人缘好，理想又很远大，他必不甘人下，很容易另起炉灶。悟空有个性、有想法，执行力很强。他敬业、重感情，懂得知恩图报。要留住这样的员工，提升他的忠诚度：第一，要能管得了他；第二，要给他切实可行的远大目标来实现他的抱负和人生价值。没有修成正果的目标和愿景，孙悟空也许中途就回去了；没有师徒的情分，估计孙悟空也不会这么卖命；当然，如果没有偶尔的"紧箍咒"，也许悟空早酿成大错了。另外要说的是，孙悟空不可能成为一个卓越的领导。首先，他虽不近女色、不恋钱财、不惧劳苦，在降妖伏魔中，找到了无限的乐趣，但他搞个人英雄主义；其次，他天性顽皮、直言不讳，把玉皇大帝和各大神仙都不放到眼里。另外一点，孙悟空的性格不太好，属于暴脾气，一言不合就要你吃他一棒，要给你点颜色看看。

现实生活中，这样的人也是比较多的，也就是我们通常所说的情绪容易失控的人。那么这类型的人如何才能成功呢？

法宝就一个：能力拔尖。

情商和能力，哪一样更重要？

讨论这个话题，其实没有太大的意义，两样都有自然是最好的，但如果非要做出一个选择，我的答案是：能力。

衡量一个员工是否优秀，往往会以解决问题的能力为标准。如果你的能力真的很强，即使有点脾气，老板通常也会忍着，谁让你能帮他解决问题呢！

最要命的就是，能力一般，脾气还很大，如果是这样的话，那就基本没什么出路了。

提到孙悟空的成功哲学，除了能力之外，就不得不提到另一个话题：人脉。

别看孙悟空的脾气古怪，但他的人脉是很强大的，海陆空、仙界、佛界，乃至妖界，都有他的朋友。

在遇到问题的时候，孙悟空自己搞不定了，他就会找朋友帮忙，借助别人的力量解决问题。

这一点是很聪明的，也是很重要的。

一个人如果能力很强，人脉很广，性格上即使有点缺陷，往往仍是有很大发展空间的。

猪八戒虽然缺点不少，但他是团队中的智者。何以见得？猪八戒虽然总是开小差，吃得多、做得少，时时不忘香食美女，但在大是大非上，立场还是比较坚定的，生活上能够随遇而安，工资待遇要求少，管饱就行，很容易满足，最后被佛祖封了个净坛使者。猪哥儿非常高兴地说："还是佛祖向着我。"他是西天取经枯燥旅途中的开心果和唐僧团队的润滑剂。孙悟空不开心了，就拿他开涮，耍弄、逗闷子是常有的事儿。有些脏、累、差的活儿，都交给他，他虽有怨言，但也能完成。他对唐僧非常尊敬，孙悟空有不对的地方，他都直言不讳，从某种程度上也增强了唐僧作为领导者的权威和协调管理作用。

猪八戒当然也少不了缺点，经常搬弄是非，背后打小报告。他忠诚度不高，动不动就要散伙走人，回高老庄娶媳妇，缺少一些佛心，在一定程度上影响了团队的和睦。当今社会，人们（尤其年轻人）的压力都很大，如何做一个快乐的人，实际上，猪八戒的行为哲学有一定的启迪意义。首先是万事不要过于强求，猪八戒由于好色，由"仙"贬妖，而且成了猪妖，可谓斯文扫地，但他大肚能容，过得照样快乐。职位高低、薪酬多寡，根本不用去在意，要学会解脱，毕竟快乐才是最重要的。其次是要学会自己找乐，懂得生活。看人家猪八戒，见人参果就吃，见妖怪就打，有地方就睡，那真叫一个洒脱。

在唐僧师徒这个团队里，猪八戒的存在有很大的争议，因为他并不是一个真正意义上的好员工。

论能力，他是有的，毕竟曾经也是天蓬元帅，执掌一方，但他好吃懒做，出工不出力。

论人品，他是比较差的，工作懈怠不说，还暗藏私房钱（公款）。不仅如此，猪八戒还喜欢打小报告，在师父面前说孙悟空的坏话，又经常欺负沙和尚。

这样的人，在职场上太多了。

按理说，这样的人就应该被清理出去，但为什么猪八戒一直没有被踢出团队，反而最后也能修成正果呢？

客观地讲，这世界并不是非黑即白，有些人和事的存在，是无力去改变的，而且存在往往也是有道理的。

猪八戒这样的人能成功，主要有两点。

一是跟对了团队，找到了一棵大树。俗话说，大树底下好乘凉，猪八戒最终能顺利登顶，很大程度上是因为团队整体比较出色，带着他一起向前走。

二是会来事，团队的润滑剂和调和油。我刚才说，存在即意味着合理，一个团队里往往还是要有猪八戒这样的人存在的。

猪八戒的优点是脸皮厚，有眼力见儿，不仅懂得溜须拍马，讨领导欢心，有时候领导需要唱一下白脸，给团队提提醒的时候，也能用上他。

因为领导知道，说猪八戒几句没事，但如果拿孙悟空这样的人说事，结果往往会下不了台，他能跟你当众杠上。

还有一点，虽说猪八戒比较令人讨厌，但因为他的性格，一天到晚插科打诨、油腔滑调的，容易和大家打成一片。

你看孙悟空就是经常和八戒打闹，很少会和沙和尚有什么互动。

一件事情，往往需要从多个角度来看，猪八戒这样的人，可以说成也性格，败也性格。

沙僧是团队中的劳者，功不可没。如果取经团队只有唐僧、悟空和八戒三个人，唐僧只知发号施令，不管执行，悟空只知降妖伏魔，不做小事，猪八戒只知大打出手，粗心大意，那担子谁挑、马由谁喂、后勤谁管？沙僧就必不可少了。可见一个团队，是各种人才都要有的。作为管家，沙和尚任劳任怨，心细如发。他经常站在悟空的一面说服唐僧，但当孙悟空有了不敬的言语，他又马上跳出来斥责悟空，护卫师父，可谓忠心耿耿！对于八戒，他也能够求同存异，听得猪八戒有什么好主意，他会多加赞许："二师兄说得对啊！"这样的人，企业一定要给予恰当的位置。

在取经的路上，沙和尚一直都是那个干着脏活儿累活儿的人，挑行李，照顾师父，任劳任怨。

沙和尚的性格是木讷、老实、听话，虽然个人能力一般，脑子也不是太灵光，但做起事来比较踏实靠谱，让人放心。

这样的人，在职场上非常多，职位不高，能力一般，干着比较基层的工作内容……

那么，他的成功之道在哪里呢？

四个字：踏实做事。

你只管老老实实做人、踏踏实实做事，剩下的就交给时间吧！

这句话听着有些鸡汤，其实才是真正朴实的价值观，尽管不知从什么时候起，"老实"已经与这个世界格格不入了。

当谈论起一个人，说他老实的时候，往往就会认为这个人没出息，其实在职场上，老实人是很受欢迎的，因为总有一些基础和琐碎的工作需要人踏踏实实地去做。

这个世界，最终不会亏待老老实实做事的人。

话又说回来了，你既不能像唐僧一样成为领导者，又不能拥有像孙悟空一样拔尖的业务能力，也学不会像猪八戒一样溜须拍马、左右逢源，那么你除了踏踏实实做事，还有其他出路吗？

唐僧师徒这四人，分别对应职场上四种截然不同的人，每个人的性格不同、能力不同、层次不同，走的路也就会截然不同。

要么改变，要么适应，就看你如何选择了。

这就是取经的团队组合。一个好团队，成员的选择非常重要，要做到优势互补、能力互补、个性互补。在嵖岈山旅游景区，德者、能者、智者、劳者不乏其人。而且他们这个团队比《西游记》里的人多，在实际工作生活中，却像一个友善的大家庭。在新老董事长的呵护下，新老员工温暖地抱成一团。

在采访的时候，嵖岈山旅游集团公司总经理助理王亚说："我们公司就是这样一个取经的团队。对我们自身而言，要了解自己，分析自己，认清自己，把握自己，实事求是，脚踏实地，千万不要总是梦想天边有一座奇妙的玫瑰园，而不去欣赏今天就开在我们窗口的玫瑰，最值得珍惜的是我们现在拥有的！就我们公司来说，我们的新老董事长高瞻远瞩，我们的员工各有所长，只要我们彼此目标一致，诚心相待，就能够战胜一个又一个困难，取得一个又一个胜利。"

在当代社会，人们习惯于把企业的领导叫老板，员工与老板是一对矛盾。有时候，这对矛盾还会闹得不可开交，不是我炒你，就是你炒我……然而，在嵖岈山旅游景区，老板与员工、员工与老板之间却充满了友善和温暖。有人说，宋富锦侠骨柔情。侠骨是底色，能以一个形象立得住；柔情是包容心、容纳力，决定他带领团队能够踔厉奋发，笃行致远。

何以至此？咱们一起读一读宋富锦的《鉴勉二题》，就能悟出其中"依家"的友善和温暖：

鉴勉二题
宋富锦

致老板

你选择了你的员工，

你的员工选择了你，

这是一种缘分。

你要把他们视为兄弟姐妹，

爱护他们，

尊重他们，

团结他们，

让他们感受到大家庭的温暖。

你要对他们严格要求，

你迁就他们、姑息他们、容忍他们、原谅他们，

其实都会害了他们。

嵯岈锦

你要给他们成长和锻炼的机会，

他们成长了，

你也是受益人，

不要害怕他们成为优秀的员工而离开你。

你要培养他们，

让他们学会独立工作。

你不能事事代劳，

不能让他们养成依赖的习惯。

你要教育他们，

该嘉奖时绝不吝啬，

该惩罚时绝不手软。

你更要从思想上引导他们，

不要让他们成为迷途的羔羊。

致员工

你的老板并没有聘用你，

也没有雇用你，

他只是给了你：

一个舞台，

一份工作，

一个生存的空间。

你是他自己事业的一部分，

你是他的事业伙伴,

是他的家庭成员,

而绝对不是他的打工仔。

尽善尽美地完成任务,

这是老板的需求,

是你所在的组织的需求,

也是你自己的需求,

因为你是在为你自己工作。

你应该郑重承诺:努力工作!

你应该以良心和人格去付诸行动。

你要善待你的老板,

理解他,

敬爱他,

支持他,

信任他,

和他站在同一立场,

和他保持同一方向,

像对待你的兄长那样。

你要自信,

你要勇敢面对自己的失误,

> 切勿为自己寻找借口和理由。
> 你要用最完美的业绩，
> 去让你的老板感到欣慰，
> 让你和你的老板共有的事业蒸蒸日上。

法国作家雨果说：善良的心就是太阳。嵖岈山旅游景区是一个有太阳的地方，伸出一双手，温暖一颗心，共享一片天。嵖岈山旅游景区的这种"侬家"友善和温暖，让王亚感触颇深。她是在这种氛围中从一名普通的大学毕业生一步一步地成长为公司总经理助理，被评为河南省旅游系统先进工作者、全国旅游系统劳动模范的。在采访的时候，她充满感恩之情地对笔者说："我们的老董事长宋富锦，不仅仅在工作上指导我，在做人、做事方面同样引领我。在我心中，他就像一座灯塔，在茫茫黑夜中给我以温暖的力量，指引我前行。"她还把她当年的演讲稿《让青春在嵖岈闪光》送到我的手上，其中对董事长宋富锦"侬家"管理理念深有体会，特摘录如下：

此时此刻，我站在这个演讲台上，心里很紧张，不是因为是否能讲得好，而是因为在座的各位都是我的领导、我的老师。

高山安可仰，徒此揖清芬。老董事长一再强调用"侬家"的理念管理公司，每当我想到老董事长的话，我就感慨万千，遐想无限。用"依家"的理念管理公司，就要培养良好的家庭美德。家庭美德是指人们在家庭生活中调整家庭成员之间关系及处理家庭问题时所遵循的高尚的道德规范。家庭美德的内容主要包括尊老爱幼、男女平等、夫妻和睦、勤俭持家、邻里团结等。家庭美德对于社会安定团结有着极其重要的作用，弘扬家庭美德是加强社会主义道德建设的需要，家庭美德是美满幸福生活的力量源泉。可见家庭美德对于家庭来说，意义重大。以公司为家，把家庭美德融入公司管理，我想这样的公司必将会持续长久发展下去。

我国自古以来就倡导老有所终、幼有所养，形成了尊老爱幼的良好家庭道德传统，谁不尊敬父母、不善待子女，谁就会遭世人唾骂。因此，尊老爱幼不仅是每个公民必须遵循的道德准则，也是每个公民应尽的社会责任。对于公司来说，尊重每一位员工，是管理者必须做到的，上级对下级尊重，同样下级对上级也尊重。公司是个大家庭，只有尊重他人，他人才会尊重你，那么，这个公司才算是一个完整的公司，才算是一个有发展的公司。如若公司没有家的理念，管理者摆官架子，看不起他的员工，那么，员工就不会尊重他，员工对他所指派的工作无信心、无责任心，这个公司就不算是一个完整的公司。只有彼此尊重与爱戴才能为公司营造一个良好的氛围，才能互利互助，才能为公司共谋发展。

男女平等，是指在家庭生活的各个方面，女子和男子人格独立，地位平等，享有同等的权利，负有同等的义务。男女平等对于家庭来说，要真正做到才能和谐共处。家庭如此，公司亦如此，公司是个大家庭，公司员工之间不分等级，不分性别，人人平等，才可以是一个完整的公司。无论干什么事情，公司只有用"平等"二字来衡量，一视同仁，那么，这个公司的员工才会齐心协力去工作，这个公司才会被别的公司看得起。

近年来，国家一再提倡社会和谐。作为一个家庭，夫妻和睦共处，这个家才算是一个幸福的家、完美的家。家和万事兴，和气生财，只有这样，这个家才会美满富裕。夫妻双方若是天天吵吵闹闹，这个家就不会美满幸福，还将会给社会造成危害。公司也是如此，如果公司员工不和睦共处，天天议论别人，人人无心去工作，这个公司将会被别的公司或社会各界看不起，被激烈的社会竞争所淘汰，发展缓慢，最终走向倒闭垮台。

勤俭持家，也是保持家庭幸福的一个关键因素。家庭要搞好，想致富，家庭每一位成员都要有勤俭节约的理念，不能铺张浪费。一个家庭只有拥有这样持家的人，才算一个幸福的家、富裕的家。公司亦是如此，公司员工都要有"依家"的理念，在工作中，坚持勤俭节约，公司才能富裕。公司富裕壮大起来了，"大河有水小河满"，员工工资也就相应提高了，生活有了保障，员工才会觉得有奔头，干起工作才会有劲头……

在采访的时候，王亚告诉笔者："我们公司是一个大家庭，公司就是我们的家，老董事长宋富锦就是我们的大家长。每一位员工都以'依家'的理念看待公司，处处为公司着想，像对待自己家一样献计出力，新老董事长决不亏待每一位员工。以我本人为例，其实无论老董事长宋富锦，还是新董事长宋艳丽，他们爷俩都有资格当全国旅游系统的劳动模范，可是他们却出让荣誉，礼贤下士，把这个沉甸甸的荣誉送给了我……这是何等高尚的人品，这是何等可贵的风格？因此，我始终怀着一颗感恩的心在工作、在学习。公司所有的员工都和我一样，在这个友善温暖的大家庭里茁壮成长。"

生命是一种回声，你把最好的给予别人，就会从别人那里获得最好的。当我们学会了欣赏和感恩，就拥有了幸福和快乐。养成感恩的习惯，一辈子受用不尽。面对新的一天，我们就要感恩生命中出现的每一个人。为人，无悔便是道，无怨便是德。境由心生，心生万物。我们不妨把生活看作一滴灵动的水。一切随势、顺缘，尽情欢畅奔流。愿我们始终有一颗初心，不惊不扰，经年回首来时的路，无憾无悔，不负时光不负自己。发现快乐，你的生活就多一些亮色；学会共赢，你的工作会少一些争执；懂得感恩，你的世界便多几分温柔。良好的思维习惯，会让你赢得更多的机会，遇见更好的自己。

随着宋富锦"依家"管理理念深入人心，员工们的积极性和创造性得到极大发挥，嵖岈山旅游景区的面貌日新月异，知名度和美誉度不断提高，经济效益和社会效益实现了同步增长。接待游客人数、经营收入、上缴税金和净利润连续多年呈两位数增长，并先后获数十项国家级和省级荣誉称号。

第十三章

AAAAA 景区是怎样创建的

由全国旅游标准化技术委员会评定的第一批国家级文明旅游示范单位名单于2021年11月17日公布，47家单位入选，河南嵖岈山旅游景区榜上有名（河南省仅两家）。开展国家级文明旅游示范单位评定工作，是文化和旅游部为贯彻落实习近平总书记重要指示精神、弘扬和践行社会主义核心价值观的重要举措。此次评定工作，既注重组织管理、资源保护、旅游环境等"面"的考核，更突出文明提示、文明引导、文明实践等"点"的落地，引导参评单位把工作做实做细，推动行业文明旅游工作整体提升，助力公民道德建设和社会文明程度进一步提升。

　　文化和旅游经营单位承担着文明宣传、文明引导的主体责任，是行业文明旅游工作的主战场、主阵地。第一批国家级文明旅游示范单位包括35家A级旅游景区、7家星级酒店、3家旅行社、1家工业示范园和1家文博场馆。在业态分布上，它们具有一定的代表性。据文化和旅游部市场管理司相关负责人介绍，首批国家级文明旅游示范单位将文明旅游工作与培育和践行社会主义核心价值观相结合、与企业标准化工作相结合、与文明单位等品牌创建相结合、与弘扬优秀文化倡导生态文明推动全域文明相结合、与志愿服务活动相结合，坚持抓疫情防控不放松，坚持抓文明旅游不松劲，不断提高从业人员文明素质、提升游客文明素养，树立了行业文明旅游工作的标杆。

嵖岈山旅游景区被评定为第一批国家级文明旅游示范单位以后，社会各界的朋友以各种形式表示祝贺。尤其是旅游界的同人纷纷向宋富锦"取经"。在采访的时候，笔者也向他询问了这方面的经验。宋富锦回顾嵖岈山旅游景区在他经手近20年的创业开发，多少风雨、多少困难、多少挫折、多少无奈，都不在话下。他用右手挠了挠花白的头发，只说出一句话："想，都是问题；做，才是答案。所谓经验都是打磨出来的。"

"嵖岈山旅游景区为什么能够评为第一批国家级文明旅游示范单位？创建国家AAAAA级旅游景区是关键一环。如果没有国家AAAAA级旅游景区的资质，我们就没有参评第一批国家级文明旅游示范单位的资格。"宋富锦侃侃而谈。为全面提升嵖岈山旅游景区的品牌形象和核心竞争力，实现景区经济效益、社会效益和生态效益的同步提升，河南嵖岈山旅游集团公司在省、市、县党委政府和上级旅游管理部门的精心指导及大力支持下，于2012年启动了嵖岈山创建国家AAAAA级旅游景区工作。按照国家AAAAA级旅游景区质量等级划分与评定和三个评定细则的标准要求，嵖岈山旅游景区重点围绕《服务质量与环境质量评定细则》中的旅游交通、游览、安全、卫生、购物、综合管理、资源和环境保护等方面，大手笔编制景区整改提升方案，高标准完善旅游配套设施，高起点规范旅游市场秩序，高质量搞好景区管理服务，高水平打造旅游景区品牌，开展了卓有成效的工作。

国家AAAAA级旅游景区创建工作是如何开展的呢？宋富锦的经验值得借鉴。

强化组织领导，凝聚国家AAAAA级旅游景区创建合力。董事长、总经理高度重视嵖岈山旅游景区创建国家AAAAA级旅游景区工作。他们在驻马店市、遂平县两级国家AAAAA级旅游景区创建工作领导小组的精心指导下，及时成立了由董事长任组长、总经理任第一副组长、公司高管和各部室负责人参加的创建工作指挥部，下设创建办公室和旅游交通、游览、旅游安全等9个专业小组，专门负责创建工作中的软硬件建设，为创建工作顺利开展提供了可靠的组织保证。

公司创建工作指挥部按照创建国家AAAAA级旅游景区工作方案和计划任务书要求，将国标细则8个方面的142项整改提升工作指标量化、细化，分解到组，具体到人，并与各成员单位签订了目标责任书，做到了层层有任务，人人有担子，个个有责任。他们制定了创建工作管理考核办法、日常督导检查办法、奖惩办法等相关文件下发到各个部门。公司创建指挥部及时召开整改评审会、定期汇报会、现场办公会，及时通报情况，研究解决存在问题。公司创建办和人事督察部根据实施方案要求定期进行督导检查，表彰先进，促进后进，加压驱动，并把创建工作绩效考核与年终奖惩挂钩，充分调动了公司上下对创建工作的积极性和创造性。

为了保障创建工作的各项需要，他们通过自筹资金和向银行贷款等途径，筹措资金用于创建工作。同时，抽调得力人员，增添设施、设备，改善办公条件，满足了创建工作的需求。由于领导重视，保障到位，公司创建办公室先后编写、整理创建文件、资料、声像等各类档案150多卷，在软件上为创建工作的顺利推进创造了条件。

在遂平县政府的主持下，他们先后编制了《嵖岈山国家地质公园总体规划》《嵖岈山创建国家AAAAA级旅游景区综合提升规划设计》《嵖岈山生态旅游度假区总体规划设计方案》，使嵖岈山旅游风景区的总体定位与省、市旅游规划和市县土地、环保等多项规划相衔接，做到了统筹兼顾，多规合一，并依照规划进行了景区旅游基础设施和公共服务设施建设。

他们善于内部挖潜，完成了人车分流的内环线公路拓展改造工程、月亮湾和琵琶湖环湖公路修建工程、碧波潭水上漂浮栈道、秀蜜湖观景台修建和部分步游道整改提升等旅游交通项目建设。大型水车群包装改造、景观廊亭建设、百丈崖瀑布修建和观光水系等景观工程进一步完善。增设了南山门、东山门、天磨湖、琵琶湖四个观光车候车亭和售票木屋，并购置运行了23辆观光车。整修改造了东山门、北山门广场和南山门生态停车场，新建了琵琶湖地质科普园、商业美食街、东山门、北山门、南山、天磨湖至琵琶湖25个旅游购物点，还有总面积800平方米的游客中心和国际旅游度假区一期工程。

他们突出重点改建了15座A级旅游厕所，其中6座达到了AAA级标准。购置了560多个体现文化特色的仿生态分类垃圾箱，购置了垃圾清运车，新建了垃圾中转站和排污管网。增设了造型美观、材质生态、体现景区文化特色的有中英日韩四种文字的导游全景图、导览图、景点指引牌、景物介绍牌、安全警示牌、管理说明牌、保护标志碑和景区标志碑等各类标识碑牌500多块。

综合调度系统管理上新台阶。对景区强弱电"地埋工程"和供水工程进行了改造，增设了邮政服务点、电话亭、移动基站、电信基站和移动直放点，实现了信号全覆盖；完善了明信片、纪念戳、纪念封、纪念邮票等邮政纪念服务。对天磨湖、琵琶湖等10个景观堤坝、2个景观瀑布和2000多米景观水系工程以及智慧景区建设都做到好上加好。

强化景区管理，提高旅游服务质量。景区在进一步完善、提升旅游基础设施和公共服务设施的同时，不断强化景区管理，提高服务质量，优化旅游软环境，积极开展员工培训。按照景区年度和阶段性培训计划，采取多种形式分期分批对景区从业人员进行综合素质培训和旅游质量、营销、安全、导游、卫生等分类专业知识的培训，并进行严格考核和测试。自2012年以来，景区先后举办各类培训班30多期，同时，按照AAAAA景区标准要求，组织员工开展了岗位练兵、服务技能比赛、服务标兵评比等活动，有效地提高了景区员工自身素质和业务技能。

另外，从停车、咨询、购票、导服、游览、购物、餐饮到临时休息等各个环节，景区对游客实行了个性化、特色化和精细化的服务，此举受到了游客的普遍好评。搞好治理整顿，规范个体经营秩序。对景区内乱搭乱建的各类建筑物全部拆除，对乱摆乱放的柜台、摊位进行规范，对"黑导""野导"和尾随游客兜售、无证经营、欺客宰客行为进行整治，规范了购物场所管理和商品经营从业人员的管理，为广大游客提供了良好的观光休闲环境。

强化安全，全面实施防范措施。健全了安全机构，充实了安保人员，购置了安全、消防设备和器材，设立了医务室，制订实施了安全工作预案、高峰期游客安全分流预案、突发性事件处理预案、游客急救预案和各项安全工作制度，增设完善了安全警示标志、安全监控、安全广播、紧急求助设备和安全防护栏等相关安全防护设施，使景区几年来没有发生过一起重特大旅游安全事故。

加大工作力度，搞好资源和环境保护。为实现嵖岈山旅游景区天更蓝、水更清、山更绿、环境更美的保护目标，他们采取强有力的措施，切实加大资源和环境保护力度。建立保护机构，明确保护责任。公司成立资源与环境保护领导机构，与环保部门签订了《驻马店市嵖岈山旅游区环境保护目标责任书》，分解保护任务，明确各方责任，促进了资源和环境保护工作的顺利开展。制订保护规划，健全保护制度。通过科学编制规划，确定了景区四个级别的资源和生态环境保护区，并制定完善了一系列保护制度和措施，使资源和环境保护工作有规可依，有章可循。

不断完善保护设施，提高保护效果。集团先后投入3000多万元，用于景区地质遗迹景观、生态、文物、古树名木保护和古建筑修缮、环境整治等环保项目建设。先后设置安装各类环保碑牌100多块，增加绿化面积2000多亩，增加水景面积500多亩，栽植生态隔离带5000多米。景区内的所有配套设施全部使用生态和仿生态材料，实现了建筑物和周边环境与景观的高度协调。经环保部门监测，空气质量达到国标一级标准，地表水质量达到国际二级标准，噪声指标达到国标一类标准。景区先后被评为全国生态旅游示范区、国家水土保持科技示范园和全国水土保持教育社会实践基地。

打造旅游品牌，提高景区知名度和美誉度。多年来，他们一直把旅游产品优化、旅游品牌打造和旅游市场营销作为提升景区核心竞争力和旅游综合效益的关键来抓。优化结构，加快旅游产品转型升级，使嵖岈山旅游景区的旅游产品由过去单一的观光游，发展成为集观光观赏、休闲度假、康体游乐、文化体验、科普科考、温泉养生和山水休闲于一体的复合型旅游产品，形成了游山、赏花、品文化，度假、休闲、泡温泉的最佳产品组合。在打造品牌，搞好景区创建工作中，他们坚持"逢先进必争，逢品牌必夺"的精神，通过卓有成效的创建工作，一路闯关夺牌，先后荣获了国家品牌荣誉和省市品牌荣誉30多个，为创建国家AAAAA级景区奠定了基础，创造了条件。

强力营销，进一步提高景区知名度。在《人民日报》《中国旅游报》《河南日报》等20多家省级以上报刊，中央电视台、河南电视台等省级以上电视台、电台，以及人民网、新华网、新浪网等80多家国内知名网站刊发文章、广告，播放《千奇百怪嵖岈山》《探秘嵖岈山》《嵖岈山幻境》等专题宣传片，有效提升了嵖岈山的知名度。同时，还通过在嵖岈山举办的九届西游文化节活动、山地运动文化节活动、世界旅游小姐巡游嵖岈山活动、"全国百城旅游宣传周"嵖岈山分会场开幕活动、中国当代诗人嵖岈山采风活动等规格高、规模大、震撼力强的节事活动，进一步提升了景区人气，增强了嵖岈山的品牌影响力和市场辐射力。景区的游客接待人数和旅游经营收入连续六年实现两位数增长。

"一分耕耘，一分收获。"宋富锦说，"几年来，通过创建国家AAAAA级旅游景区，嵖岈山旅游景区的品牌形象得到了根本提升，景区的旅游资源获得了最佳利用，旅游基础设施和公共服务设施得到了全面完善，游客在景区游览的过程中获得了精神满足，景区旅游的经济效益、社会效益和生态效益实现了同步提升。我们的耕耘没有白费力气，确确实实大有收获。"

完善了景区功能，规范了经营管理，提升了服务质量。通过国家ＡＡＡＡＡ级旅游景区的创建，景区规划建设更加科学和规范，旅游公共服务和基础设施更加完善，景区功能布局更为合理。各项规章制度进一步落实，服务设施技术含量不断提高。在国家ＡＡＡＡＡ级旅游景区标准的引导下，嵖岈山旅游景区标准化管理体系得到完善提升，景区管理标准、服务标准和工作标准得到全面实施，公司的管理体制更加健全，经营机制更加合理有效，各项管理措施更加具体规范，管理水平得到了明显的提高。

强化了资源保护，打造了旅游品牌，推进了科学发展，提高了综合效益。在标准的要求下，制定完善了严格的保护措施、巡查制度，完善了保护规划和保护设施，使景区的自然景观和文物古迹保护更加科学，空气质量、地面垃圾和污水排放等问题得到有效的监督和整改，真正实现了天更蓝、水更清、山更绿、环境更美的保护目标。在国家ＡＡＡＡＡ级旅游景区创建过程中，公司高度重视品牌的打造和品牌形象的提升，先后打造了30多个国家和省市品牌荣誉，并通过强力的宣传营销，进一步提高了景区的知名度、美誉度和核心竞争力。在国家ＡＡＡＡＡ级旅游景区创建达标的引导下，景区在开发、管理和经营过程中的理念得到更新，思路得到拓展。在规划建设上，更加注重文化内涵的挖掘展现和生态技术的使用，促进周边环境的协调和优化；在内部管理上，更加注重人力资源的开发，倡导服务个性化、细微化、特色化，通过改善服务创造价值；在市场营销和品牌打造上，通过各类媒体多途径、多形式、多元化的立体促销和以科技手段为主的智慧景区建设，增强了景区的宣传和服务功能，提高了景区的档次和品位。例如，2016年景区接待中外游客人数、经营收入、上缴税金分别较AAAAA创建前的2012年增长72.8%、85.6%和93.5%。同时，还带动了当地就业和社会经济发展，营造了生态系统完善、生物链完整的具有生物多样性的生态旅游景区。

宋富锦畅谈的国家AAAAA级旅游景区创建工作的经验是令人称道的，他对于这方面的体会也是非常深刻的。在采访的时候，他说："国家AAAAA级景区是旅游景区形象、质量、品牌和管理的最高标准，是走向全国、迈向世界的'绿卡'，也是扩大客源市场和提高市场竞争力的金字招牌，所以嵖岈山旅游景区成功创建国家AAAAA级旅游景区有许多方面的经验教训值得总结。回顾起来，我们体会比较深的有这么几点。"

领导重视是根本。在国家AAAAA级旅游景区创建工作的推进中，我亲自担任创建指挥部指挥长，既当指挥员，又当战斗员，加快了工作推进，各位副总经理分别担任综合协调等各专业组组长。大家都认真负责，一丝不苟，紧盯细查，狠抓落实，为创建工作顺利开展提供了有力的保证。

周密谋划是前提。"凡事预则立，不预则废。"全面细致的谋划是创建国家AAAAA景区成功的前提。在创建工作中，我们认真借鉴外地成功经验，结合景区实际情况，在认真把脉会诊、全面查漏补缺的基础上，针对国家AAAAA标准要求，先后制定了国家AAAAA旅游景区创建整改提升方案、创建工作方案、计划任务书、整改任务分解方案和工作推进流程表，并在创建工作推进中，有针对性地对工作方案和流程进行查漏补缺，完善提高，使其更具科学性、严密性、针对性和可操作性，确保了创建工作按预定目标有序推进。

全员参与是基础。公司员工是国家AAAAA旅游景区创建工作的主体和骨干力量。坚持把充分发挥员工的聪明才智和调动员工参与创建的积极性作为搞好国家AAAAA创建工作的一个至关重要的方面来抓。创建工作开展前，广泛宣传国家AAAAA景区创建的目的、意义、标准要求、目标任务和方法步骤；推进中，认真听取员工的意见、建议，使其主人翁意识和执行力得到强化，参与创建工作的积极性和主动性有效提高，形成了人人关注创建整改、投身创建提升、参与创建迎检的浓厚氛围。正是员工的踊跃参与，为创建工作的顺利开展奠定了坚实的基础。

狠抓落实是关键。我们始终注重在这方面狠下功夫，不停留在一般的布置和号召上，严格按《方案》操作，按要求办事，不图形式，不走过场，坚决纠正打折扣、落实不力的现象，狠抓了各项措施的落实，保证了创建工作既轰轰烈烈，又扎扎实实。

团结协作是保证。创建工作时间紧、任务重、标准高、要求严，同时，工作涉及面广，程序繁多，哪一个环节出现问题，都会影响工作大局，都可能使工作达不到预期目的。而我们有效地避免了这一点，上下级之间，各部室之间，每个同志之间都能搞好配合，攥紧合作拳头，心往一处想，劲往一处使，统一步调，统一行动，形成了工作合力，保证了创建工作的顺利推进。

宋富锦说："国家 AAAAA 旅游景区的成功创建是市县党委政府、省市旅游局高度重视、精心指导、强力支持的结果，是嵖岈山旅游集团公司各部室员工团结合作、加压奋进、忠诚担当、共同努力的结果。虽然我们已成功跨入国家 AAAAA 旅游景区行列，但与国家 AAAAA 景区的标准要求比，还存在一定的差距和薄弱环节。品牌创建工作只有起点，没有终点。在国家 AAAAA 旅游景区完善提升过程中，我们会以此为契机，进一步总结经验，查找不足，强化措施，提升水平，真正把嵖岈山旅游景区打造成具备世界资源吸引力和国际品牌影响力的精品景区，加快推进景区旅游的转型升级和提质增效，早日实现嵖岈山旅游景区的跨越式发展。"

在采访的时候，笔者问宋富锦："在创建国家 AAAAA 旅游景区的过程中，嵖岈山旅游景区的闪光点在哪里？"

宋富锦笑了笑回答："老战友，咱们在部队的时候，要管战士的吃喝拉撒睡。其实，管理景区和管理部队是一样的。

游客出门在外，当然必不可少的就是吃喝拉撒，我们把景区的厕所革命当作创建国家AAAAA旅游景区的重点。所谓物质文明看厨房，精神文明看茅房，可不要小瞧景区的厕所，这里面可有大文章。"

厕所是旅游景区文明的重要窗口，是旅游过程中必不可少的基本要素，是景区文明程度的主要体现。为了真正让广大游客在嵖岈山景区的旅游更温馨、更便利、更开心，在旅游过程中发现美、创造美、享受美、传播美，他们在国家AAAAA景区的创建工作中，首先将旅游厕所建设管理作为提升景区旅游服务质量的切入点和引爆点。按照《旅游厕所建设管理指南》要求，他们以人本理念为核心，生态理念为基础，文化理念为特色，创意理念为手段，科技理念为支撑，管理理念为保障，体验理念为方向，强力推进景区旅游厕所提档升级工作。截至2015年底，嵖岈山旅游景区共投资990多万元用于旅游厕所新建和改扩建工作，完成新建旅游厕所19座，改扩建旅游厕所6座，其中AAA级厕所10座，A级厕所15座，总建筑面积达2200平方米，现已全部投入使用。在驻马店市2016年旅游工作会上，嵖岈山旅游集团公司的国家AAAAA景区创建、厕所革命和市场营销工作均受到河南省、驻马店市两级旅游局的表彰。

厕所革命是指对发展中国家的厕所进行改造的一项举措，最早由联合国儿童基金会提出。厕所是衡量文明的重要标志，改善厕所卫生状况直接关系到这些国家人民的健康和环境状况。党的十八大以来，习近平总书记就旅游系统推进"厕所革命"工作多次作出重要指示。既然厕所革命是他们创建国家ＡＡＡＡＡ旅游景区的闪光点，那么，在景区的厕所建设和管理方面，他们主要做了哪些工作呢？

创新观念，激活旅游厕所革命动力

层层动员抓认识。为了让全体员工了解厕所革命的重要意义，了解国家、省、市旅游部门关于厕所革命的具体要求和工作部署，从根本上解决景区管理层对厕所革命存在的畏难情绪和应付心理，真正让大多数人从思想上、认识上走出厕所建设管理的误区，公司通过组织召开各种形式的动员会、现场会、专题会和印发文件材料等形式，把厕所建设管理工作的重要性、必要性向全体员工讲清楚、说明白，使景区上下进一步认识到厕所革命是旅游业发展的必然趋势，是国家ＡＡＡＡＡ景区提高旅游管理水平和服务质量的必然选择，是提升当地旅游整体形象的必然要求，从而进一步提高了全体员工的思想认识，形成了浓厚的厕所改扩建氛围。

强化领导抓组织。为了确保旅游厕所改扩建工作的顺利开展，公司及时成立了由董事长宋富锦任组长，总经理任常务副组长，工程部经理和技术人员为成员的厕所改扩建工作领导小组，领导小组办公室设在工程部。领导小组定期召开厕所改扩建专题工作会议，通报工作进展情况，研究解决工作中出现的新问题和新矛盾，集思广益、总结经验，为厕所改扩建工作的顺利开展提供了强有力的组织保障。

严明责任抓落实。公司制订了《嵖岈山旅游景区厕所建设管理实施方案》，对每座厕所改扩建的具体任务、标准要求、完成时间进行了细化、量化和责任分解，做到了层层有任务，人人有担子，个个有责任，并把厕所建设管理与创建嵖岈山国家AAAAA旅游景区工作有机结合在一起，实行工作绩效考核与年终奖惩挂钩，充分调动了厕所建设管理工作的积极性和创造性。

创新设计，完善旅游厕所配套功能

高标准设计。实践证明，依据当地传统文化和景观风格设计建造旅游厕所，不仅可以与周边景观和谐一致，也有利于成为吸引游客的独特建筑景观。所以，在旅游厕所的设计上，他们紧密结合嵖岈山的地形地貌和景观资源分布实际，遵循"布局合理化，造型景观化，材质生态化，功能现代化，管理标准化，服务规范化"的基本原则。在组织工程技术人员多次进行实地调查、外出考察和充分论证的基础上，工程设计方严格按照在景区内每行走半个小时必须有一座旅游厕所的要求，先后设计出用仿花岗岩塑石包装的假山式厕所，用当地鹅卵石和花岗岩石块包装的生态式厕所，用原木包装的景观式厕所和用文化石包装的仿古式厕所。这使景区内的

16座厕所实现了一厕一景。这些因山就势、融入自然、样式新颖、功能多样的设计造型，达到了让人心旷神怡、赏心悦目和过目不忘的景观效果。

高质量建设。在旅游厕所的建设过程中，他们严格按照《旅游厕所建设管理指南》的标准要求，严把建筑材料关、施工质量关和功能配套关，在确保厕所建筑质量的基础上，所有的AAA旅游厕所都新建有第三卫生间、管理房和工具间，在厕所内部都设有母婴室、多功能台、儿童安全座椅、儿童大便器、儿童小便器、儿童洗手池、残疾人和老年人无障碍卫生间、残疾人洗手池、无障碍通道、盲道、安全扶手、手纸盒、挂衣钩、紧急呼叫器、应急照明灯、面镜、感应式烘手器、排风扇、垃圾箱等配套设施。为了彻底解决山上厕所的用水问题，他们在山顶上新建了两个总容量100立方米的生态化包装的景观式高位蓄水池，埋设了2600多米供水管道，采用两级提灌的办法，保证了山上水冲式厕所的供水需要。同时，在每座厕所都建立了专用的化粪池，确保每座厕所产生的污水都能通过景区内排污管道排入景区外围的污水处理厂。所有厕所的建筑质量和功能配套都达到了一步到位、一次成型的标准要求。

高效率推进。旅游厕所建设是国家AAAAA景区创建工作的重要组成部分，为了彻底解决景区长期存在的山上厕所数量少、质量差、功能不全、厕位不足的问题，确保嵖岈山旅游景区AAAAA景区创建成功，他们积极响应国家旅游局关于厕所革命的号召，抢抓机遇，主动作为，按照"方案早制订，工作早推进，项目早竣工"的工作思路，采取多管齐下、齐头并进、分工合作和边设计、边施工、边装修的推进措施，做到竣工一个，投入使用一个，达到了当年规划设计、当年开工建设和当年投入使用的目标。景区内所有新建和改扩建的旅游厕所全部于2015年9月30日前建成投入使用，为成功创建国家AAAAA级旅游景区创造了条件，夯实了基础。

创新机制，提升厕所管理服务水平

三分建，七分管。旅游厕所革命既包括外观设计、主体建筑、功能配套等硬件，也包括规范管理、文化包装和优质服务等软件。为此，他们进行了明确的分工，由公司工程部负责设计建设和功能配套，由品牌创建办负责形象标识制作和文化融入包装，由管理部负责日常管理和系列服务，由维修部负责定期检查和维修维护。初步形成了设计、建设、管理、服务、维修、维护等一系列运作机制，使厕所建设管理迈上了制度化、规范化、标准化的科学轨道。

标准化管理。制定了旅游厕所淡旺季管理预案、粪便处理办法、岗位职责、卫生监督检查、卫生服务标准等规章制度和服务标准流程，对每座厕所进行了编号，公布了管理服务人员的姓名、照片、开放时间和监督电话，接受游客的监督，切实做到了定人员、定标准、定责任、定奖惩，确保管理工作每一个环节都落实到位。

规范化服务。在日常的厕所管理服务工作中，公司对厕所管理实行了一人一厕的专人负责制度，管理人员主动帮助残疾人、孕妇、老人、儿童等特殊群体如厕，及时处理游客如厕出现的救助问题，保持厕所的干净、卫生、无异味；确保厕所多功能台、儿童座椅、呼叫器、干手器、排风扇、感应器等设施设备的正常使用，做好手纸、卫生球、熏香、洗手液等易耗品的及时补充，为游客提供了更加人性化、舒适化的如厕服务，满足了游客的如厕需求。

特色化包装。依据当地传统文化和特色景观文化包装旅游厕所，有利于景区景观的展示和文化的传播。在景区厕所的文化包装上，他们把西游文化元素融入每个厕所，通过100多幅《西游记》在崆峒山拍摄的剧照和特色景观图片展示、图文并茂的《西游记》幽默小故事欣赏、文明如厕和节约用水等文明用语提示、各种形象标识和导向系统等途径，让游客在如厕的过程中感受到人文情感关怀和浓厚的文化氛围，真正达到了展示美景、传播文化、倡导文明的多重效果。

第十四章

人民公社旧瓶装新酒

第十四章 人民公社旧瓶装新酒

星光不问赶路人，历史属于奋斗者。在采访的时候，宋富锦说："我虽然退休了，但是，我还要发挥余热，在嵖岈山风景区，把全国第一个人民公社——嵖岈山卫星人民公社这篇大文章做好，因为我比年轻人更熟悉这段历史。游客们也非常想了解这段历史，我们来一个旧瓶装新酒，赋予她新的内涵。"

全国第一个人民公社——嵖岈山卫星人民公社，坐落在河南省遂平县西10余公里处，这里就是宋富锦的家乡。当年，它在鼎盛时期曾创下连续三个月月均接待参观者10余万人次的纪录。虽然那是宋富锦孩提时代的故事，但是他仍然记忆犹新。而今，尽管它已成为历史，然而，透过那些斑驳的"革命化"的红漆标语、不失气派的公社办公大楼，仍可依稀体味出它当年的荣光。

20世纪50年代后期，是一个特殊的时期。当时，我国广大农民刚刚脱离了战乱之苦，各家各户分到了土地，获得了政治上的翻身和生活上的安定，农村的生产条件和生活条件均有显著改善。广大翻身农民热爱共产党和毛主席、热爱社会主义，政治热情空前高涨，他们特别希望加快改变经济文化落后的状况，早日实现共产主义。而在高层，此时也是对新中国的快速发展充满激情和信心。1957年，面对着资本主义国家相对富裕的现实，生命力旺盛的新中国与当时已将人造地球卫星送上太空的"老大哥"苏联豪情万丈，相继提出了用15年左右的时间分别赶超英国和美国的宏伟目标。

这年春天，生活在嵖岈山脚下的一万多翻身农民，也积极响应上级的号召，掀起了新中国成立后第一个全面治山治水的群众运动高潮。然而，由于当时的27个农业社劳动力分散、物质基础薄弱，还常常因边界问题纠纷不断，致使声势挺大的治山治水运动被群众戏称为"老水牛掉井里——有劲使不上"，进展相当缓慢。因此，各社都有将小的农业社合为"大社"的呼声。

1958年4月15日，治山治水终于有了成果——下宋水库"胜利竣工"。时任河南省信阳地区（当时嵖岈山归信阳地区管辖，现为驻马店市辖区）行署专员的张树藩、遂平县委书记处书记娄本耀、遂平县委农工部部长陈丙寅等亲临现场表示祝贺。当晚，留在工地指挥部的这三位地、县领导，谈到了将"小社"合并为"大社"的设想。他们的想法，得到了时任信阳地委书记路宪文的肯定。路宪文认为，这个设想符合不久前毛主席提出的可以一乡一社，也可以一区一社建立农业合作社的指示精神。于是，中共遂平县委随即召开会议，开始研究"大社"的组织机构和人事安排，决定将嵖岈山脚下的土山、杨店、鲍庄、槐树 4 个中心乡的 27 个高级社（合计 9369 户 43263 人），合并成立为一个"大社"——嵖岈山大社。

会议决定，由陈丙寅担任嵖岈山大社管理委员会党委书记，全国劳动模范、韩楼高级社社长钟青德担任社长。为了体现"大社"的"大"字，嵖岈山人依照中央的机构设置，给他们的"大社"也设置了"七部、一办、一委"，即农牧渔业部、工业交通部、财政部、公安部、军事国防部、文教卫生部、外交部、联合办公室和计划委员会。

随之，一个描述"大社"美好前景的顺口溜也在嵖岈山区流传开来："住的是楼上楼下，用的是电灯电话，使的是洋犁洋耙，洗脸盆子（高音喇叭）会说话，苏联有啥咱有啥。"住的用的都挺不错，吃得如何呢？有干部就直截了当地给群众说："到时过的是共产主义生活。天天喝羊肉汤、吃白面馍，顿顿包扁食（饺子）。"可别以为上述生活标准不高，这对当时还住着破草房、吃着窝窝头、连收音机都没见过的老百姓来说，绝对是非常美妙的日子了。

据宋富锦回忆，1958 年 4 月 20 日傍晚，当年 7 岁的他，跟着满脸欢笑的父亲和从四面八方涌来的一万多名老乡一起，聚集在杨店街一个干涸的大坑里，喜气洋洋地参加了嵖岈山大社的成立大会。会场四周插满了红旗，挂满了标语，设在大坑西沿的主席台上摞着一捆捆决心书和申请书，熊熊燃烧的大油灯下，备好了阵容强大的锣鼓队、秧歌队。夜色降临时分，信阳地区行署专员张树藩站在主席台上首先讲话，当他高声宣布嵖岈山大社成立之时，鞭炮声与骤然响起的掌声、欢呼声交融在一起，直震得人的耳朵嗡嗡地响，归巢的鸡鸭惊叫个不停。

嵖岈山大社成立不久，中共八大二次会议召开。会议明确地提出了"鼓足干劲，力争上游，多快好省地建设社会主义"的总路线。与此同时，我国"超英赶美"的时间也缩短为两到三年。于是，全国很快掀起了大办钢铁、大办水利、大办工业的热潮。受此形势感染，嵖岈山大社又借鉴苏联的集体农庄名称，改名为"卫星集体农庄"。

嵖岈山的"卫星集体农庄"成立以后，干部群众精神焕发，铆足了劲头要"跑步进入共产主义"。受此思想支配，大家总想做出点惊天动地的大事，以显示强大力量。恰在此时，来自韩楼大队的嵖岈山卫星集体农庄社长钟青德，想起了韩楼大队的一块小麦试验田。

这块试验田共2.9亩，由社员陈世俊、梁友仁、陈根和曹秀娥负责管理。1957年初冬时节，播种小麦时，为求得高产，他们进行了密植试验。播种时，在田里横竖各播一次。麦子长出来成方格状，非常密，连在田间除草也只能用手来拔。由于这块试验田施足了底肥，加上风调雨顺，长势确实不错。开镰收割时，钟青德把几个参与试验田管理的社员召集到了一起，开了一次"紧急会议"。会上，钟青德说出了自己的想法："咱是全国第一个卫星社，国内外影响很大，要放'高产卫星'才有说服力。"他定下的基调是，"亩产至少 3000 斤"。至于钟青德为什么要把亩产定得这么高？当然还有原因。据笔者在嵖岈山人民公社陈列馆查阅有关资料得知：开始，这 2.9 亩试验田只准备报亩产 1800 斤，后来，听说河南的许昌有个地方报了小麦亩产 2400 斤，安徽有个地方的小麦亩产竟高达 3200 斤，不甘落后的嵖岈山卫星集体农庄带头人钟青德就来劲了。

钟青德虽然定下了调子，但大家仍然担心亩产数量"虚头"太大，怕说不过去。陈世俊最后想了个办法，把 10 亩土地上生产的麦子集中起来，对外就说是 2.9 亩试验田的。钟青德同意如此操作，并特别提醒到会的几个人要保守秘密，不要坏了卫星农庄的名声。当天深夜，韩楼大队组织 10 多名"可靠"群众，连夜收割了试验田附近地块的麦子。

麦子拉回打麦场，试验田小麦大丰收的"喜讯"便传遍了农庄内外。新华社河南分社的一名女记者，听到时任信阳地委秘书长的赵光打来的报喜电话后，出于好奇和兴奋，亲自赶到了堆着"试验田"小麦的打麦场。当她看到有那么多的麦捆时，不由得惊呼了一声："嗬，有这么多麦捆呀！两亩多地能插得下这么多麦秆吗？"她这一惊呼立即引起在场社员的一片指责声。一名女社员手持麦杈，隔老远对着她大喊："我看你不是记者，你是'保守派'吧！"这名女记者连忙摆手解释："我不是不相信，而是过于兴奋了。"这才消解了一场风波。当天晚上，社员们点着汽灯对"试验田"的小麦进行脱粒，这名女记者也在打麦场采访了一夜。第二天，还到现场看了麦子脱粒后的过秤经过。

1958年6月8日，《人民日报》在头版头条刊发了由新华社记者采写的通稿：《河南省嵖岈山卫星农业社韩楼大队2.9亩小麦试验田小麦总产10238斤，亩产3530斤7两5钱》。"卫星农业社"（卫星集体农庄）"真真切切"放了一颗令国内外都感到惊奇的"卫星"。

"高产卫星"顺利升空，嵖岈山人立即风光起来。先是全国各地的贺信像雪片般飞来，紧接着，前来参观取经的人便挤满了偌大的"农庄"院子。据粗略统计，仅1958年7、8、9三个月，来自全国城乡的参观者就达30多万人次。

参观取经的人中自然有"聪明人"，不久，全国各地的各种"卫星"争先恐后地蹿上了天。有的地方，小麦亩产竟爆出了十几万斤，甚至几十万斤的离奇数字，真真应了当时报纸上的一则标题："人有多大胆，地有多大产。"此时，受到农业战线众多"捷报"刺激的工业战线，也开始大放"卫星"。每天的炼钢数量也达到了100多万吨、200多万吨。如果说"卫星集体农庄"放的第一颗"高产卫星"还有点遮遮掩掩的话，此时，"高产卫星"的制造者们就完全是在肆无忌惮地"睁着俩眼说瞎话"了。

"卫星集体农庄"叫了不到3个月，又改名为"嵖岈山卫星人民公社"。细品这个名字，的确很有内涵，它既有地域特色，又融入了巴黎公社、苏联卫星上天及公社属于人民的含义。因此，这个名字一经问世，便被闻讯而至的河南省新乡七里营的带头人史来贺借鉴，将七里营乡改名为"七里营人民公社"。

1958年9月，《嵖岈山卫星人民公社简章》在《红旗》杂志上全文刊发。10月，中共中央发布了《关于在全国农村建立人民公社问题的决议》。于是，全国各地掀起了人民公社化运动的高潮。河南省更是雷厉风行，不到一个月，全省农村便全部实现了人民公社化。随之，"共产主义是天堂，人民公社是桥梁"的形象说法便成了全国亿万人民的口头禅。

这个在1959年7月的庐山会议上仍被推广的人民公社《简章》规定：各农业社的一切生产资料和公共财产转为公社所有，由公社统一核算，统一分配；社员分配实行工资制和口粮供给制。《简章》基本保留了"大社"的"部委"机构，还决定在公社内设立缝纫组、幼儿园、敬老院、妇产院等福利性单位。同时，总结了集体吃食堂的好处，推广公共食堂。公社下设生产大队和生产队，实行统一领导，分级管理，日常运作做到组织军事化、生产战斗化、生活集体化。人民公社包括工、农、商、学、兵，管理生产，管理生活，管理政权。公社的特点，一曰大，二曰公。

那么，人民公社制度到底给农民尤其是嵖岈山的老百姓带来了什么呢？

公社成立初期，还确实不错。比如，在教育方面，嵖岈山卫星人民公社在多个大队建有小学，五、六年级的学生则集中在土山村的小学高年级班，按照"同吃同住同劳动同学习"的"四集体"原则上学。公社提出的教育思路是学习与劳动相结合，学生除念书外，经常有组织地参加拔草、捉虫、浇地、上山捡矿石等课外劳动。对于初中生，嵖岈山卫星人民公社适当收取学杂费，推行的是"军事化管理"，师生均在学校吃住，每天都要出操、走队形，还进行投手榴弹、打靶等训练。但与此同时，学习抓得也很紧。据嵖岈山卫星人民公社第一批初中毕业生之一的钟栓说，1960年，他所在的班54名同学，仅有一名同学没考上高中。此外，嵖岈山卫星人民公社也重视群众的文化补习，规定将所有没上过学的青壮年都补习到高小文化程度。

在重视适龄少年儿童教育的同时，为了"使妇女从家庭事务中解放出来，一心一意从事生产"，嵖岈山卫星人民公社成立不久，就在韩楼大队建立了幼儿园。提及当年幼儿园，据当地的老辈人回忆，当初幼儿园一共有53个孩子、6名教师，其中3名教师还是省会郑州来的。"孩子学习吃住都在园里，都不收钱，都是好饭好菜，想吃啥做啥。一个个养得都是白白胖胖的。"

嵖岈山卫星人民公社成立后，实行的是公费医疗制。社员生病了，小病不出大队，由诊所医治；一般大病由公社医院收治，难治的病人则由公社医院开证明送往适当医院诊治；妇女生小孩还发3斤鸡蛋和2斤红糖。敬老院里的10多位老人整天就是聊天、吃饭。一句话："他们生活得真不赖。"

1958年9月，嵖岈山卫星人民公社决定实行社员劳动报酬"逐步推行工资制"，并召集群众开过一次发薪大会（最高工资是每月6元）。社员们不但领到了工资，而且，满脸笑容领工资的场面照还上了报纸。不过，像发工资这样的好事，也就这一次。忆及当年，老人们都觉得那时大家的思想觉悟很高，就是想"跑步进入共产主义"，至于发不发工资，并不怎么影响生产、工作积极性。

据嵖岈山卫星人民公社的档案资料显示，在它存在的20多年时间里，真正"风光"的岁月最多有两年时间。曾经红红火火、热热闹闹的公共食堂，则在1958年到1961年经历了由生而灭的全过程。

1958年4月，成立"大社"不久，韩楼大队先锋一社就出了一个典型——农忙大食堂。由于要赶劳动进度，这个社就把劳动力集中起来，中午也不让回家，就在地头支锅做饭，社员饭后继续劳动。这种并不新奇的办法，除了加快了劳动进度外，还省去了妇女们的做饭时间，体现出"共产主义大家庭"的气势。因此，这种做法一经"大社"领导得知，便马上在全社迅速推广开来。很快，众多的"农忙大食堂"被集中成一个"大社"食堂，出现了全社老少同吃一锅饭的壮观景象。那时，家家户户都把锅碗瓢盆交到了公共食堂。到了饭点儿，男女老少都去吃。按量供应，不收钱。吃完抹抹嘴就走，碗筷有人收拾，觉得可是得劲。

当时，有顺口溜描述公共食堂的美好效果："杏花村，桃花庄，八个老婆夸食堂；桂花菜，丰收汤，八宝米饭喷喷香。娃娃吃了食堂饭，一夜变成托天王；铁匠吃了食堂饭，三间草棚能炼钢；工匠吃了食堂饭，能叫石蛙长翅膀；干部吃了食堂饭，心中升起红太阳；工人吃了食堂饭，发明创造赛诸葛；军人吃了食堂饭，狠狠打击美国狼；社员吃了食堂饭，山坡也能产米粮。"

公共食堂刚开办时，顿顿是好饭好菜，隔几天就会改善一次生活。但时间稍长，这种"大锅饭"便暴露了它的弊端。首先是浪费严重，由于众口难调，就餐者觉得饭菜不对胃口，随手倒掉的、剩下大半不吃的现象不断发生。过去，群众各家做饭，做好做坏极少抱怨家庭主妇，吃起公共食堂，大家在一起总会评价饭菜质量，一顿饭做得失手了，埋怨声便是一大片。加上好饭菜有时分配不均，大家意见更大了。此时，便又传出了这样的顺口溜："娃啊娃啊快点长，长大当个司务长。又喝辣，又吃香，吃饱了还能往口袋里装。"

公共食堂上述弊端，还是枝节问题，更主要的是"嵖岈山卫星农庄"放了那颗"高产卫星"后不久，公共食堂就开始出现了粮食危机。这种危机，绝对是"吹牛也要上税"的典型例证。1958年夏、秋两季粮食征购时，遂平县的实际粮食产量是2400万斤，可在由省委召开的口气强硬的粮食征购会议上，给该县定的征粮任务是9000万斤。因为他们的账面上当年产量是100279万斤，比上年增长31倍，人均产量

1565 斤。对此，有人担心地问当时的遂平县委书记蔡中田："把粮食征光了，老百姓吃啥？"蔡中田很无奈地说："先过了这一关再说吧！"

在省、地、县的一层一层高压政策下，嵖岈山人终于"完成"交粮任务。可是，因为 1958 年冬播时大部分劳动力仍在砍树修炉大炼钢铁，错过时令播种的小麦生长不良，又遭遇第二年的春旱灾害，1959 年，嵖岈山人的"大锅饭"便越做越差了。人们原指望熬过了一段日子会好起来，谁知老天一变脸就连着发生了三年严重困难，又加上当初的"老大哥"苏联也和我国关系破裂，嵖岈山卫星人民公社的干部群众，渐渐陷入了一场要命的大饥荒。在食物极度匮乏的时间里，全身浮肿乃至饿死人的现象在嵖岈山屡见不鲜。那时，到地里能捡到几粒夏收后的麦子、秋收后的黄豆嚼嚼，对放学后饥肠辘辘的孩子们来说，就是最美味的"点心"了。尽管如此，嵖岈山还是有不乏幽默的"民间诗人"在自嘲，一首顺口溜又流传开来："食堂好处天天说，端起饭碗打哆嗦。正要张口把饭吃——哎呀，不好！碗中饿鬼要吃我。他吃我来我吃他，这会儿我怕不得活。"

宋富锦说："唉，现在想想，那段时期真跟演戏一样，一会儿是正剧、喜剧，一会儿又是闹剧，到头来却是悲剧！"他深有感慨地说："浮夸风真是害人不浅啊！"

1961 年底，办了将近 4 年的公共食堂终于黯然熄火。嵖岈山卫星人民公社尽管没有像大食堂一样被解散，但它已失去了昔日的荣耀。随着人们对"大跃进"运动的一定程度的反思，嵖岈山卫星人民公社在运动期间的许多作为，社会各界甚至已不愿提及。失去"表现"机会的嵖岈山人在若有所失的心态中，又多少感到有些委屈，他们中的许多人到死也没弄明白，为什么大家的干劲那么大，热情那么高，当初的想法那么美好，到最后竟把自己弄成了一个"反面典型"。

在采访的时候，宋富锦总结道："我已经是70多岁的人啦！按照民间的说法，不是土埋半截儿，而是土埋大半个身子了，从我经历的事说，'大跃进'时的浮夸风肯定不科学。干啥事都不能头脑发热，按科学的路数才是正路。但是，我要用这个'旧瓶装新酒'，毛泽东主席当年乘坐过的专列已经存放在嵖岈山风景区，待修复后即可对游客开放。把原来的员工休息区，改造成为嵖岈山卫星人民公社大食堂，蜕变为游客餐饮中心。'以铜为镜，可以正衣冠；以史为镜，可以知兴替；以人为镜，可以明得失。'让游客们一边用餐一边感受那段历史，这是嵖岈山独一无二的旅游文化资源，我们一定把它用好用活。"

一个旧瓶装新酒的系列工程，在嵖岈山旅游景区旋即展开。

在嵖岈山战备粮库（国家储备粮库）的基础上，嵖岈山旅游集团公司打算再现那段沧桑的风云岁月，其主要规划如下。

一、嵖岈山书画博物（院）馆（粮库西侧最大的南北向、门向东开的明仓）

（一）藏书房兼办公室。室内南墙，根据高度可采用二层或三层移动式座椅电梯，方便取书阅览。

（二）百年中国精神墙。利用42块现有的石磨，每块磨直径75厘米，用机械雕刻成浅浮雕文字镶嵌在墙壁上。

（三）共和国永恒的丰碑。100幅长征组画，中央党校组织全国知名画家和文化名人集体创作，没有版权、专利权争议。用现有石磨雕刻成浅浮雕，图文并茂，机械操作。雕刻的成品融入（镶入）书画院四周墙壁适合的位置。

二、人民公社大食堂（对外开放经营）

（一）方案一

将粮库东侧2幢旧楼和北面旧平房拆除，盖一幢三层新楼，和临西侧南北"明仓"（可作大食堂的餐厅）形成不封南口的"冂"字型，"明仓"出入门改在东面，原西门可改作窗户。

功能：

（1）对外开放的公社食堂、住宿、员工餐厅、宿舍等。

（2）将收藏的农耕文化、民俗文化、公社文化的实物融入人民公社大食堂（打造成一个能吃能住的博物馆）。

（3）将1958年11月13日毛主席视察遂平乘坐的那节绿皮车摆放在公社大食堂适合位置。车厢内原警卫室、取暖锅炉、茶水炉、办公室、卧室、厕所等设施基本完好，稍微修复如旧即可。车厢整体外上方，能做一下防雨防晒防护更好。

（二）方案二

如果旧楼和北侧平房不拆，可以按整体风格随俗修缮装饰，其他不变。

三、砖雕艺术馆

南山门拆卸回来的砖雕内容涵盖九九八十一难、三千六百九十九个狼妖狐怪、一千八百八十个人物。这些都是文化遗产，选一个适合的"拱仓"装饰展出。

四、战备粮仓（拱仓）

选两个拱仓，一个放些粮食作物供游人参观，另一个实存粮食，每年我们自己收成的粮食备供员工食用（不开放）。

五、旅游纪念小商品店（对外开放经营）

将三个"明仓"中间的那幢房子，以旧修旧装饰成为布展小商品销售。

六、公司发展史

可选一个长方形的"拱仓"和人民公社大食堂那一块结合起来。

展现从 2004 年 6 月 18 日嵖岈山旅游景区改制到目前公司发展的历程。嵖岈山是全国第二个、河南省第一个旅游行业改制的企业，全国第一家是四川雅安的碧峰峡景区（大熊猫养殖基地）。

七、原有七个拱仓、三个明仓，原则上主体风格不作大的改变，但是，"明仓"的房顶要翻修。

两个地磅要保留。还有三个"拱仓"暂时闲置，视发展情况再定项目。

八、院内新建篮球场不适宜在此，可选择适当长远的位置，硬化地坪重新安装即可。

九、未来的嵖岈山旅游景区游客流量需要时，可考虑开放东山门作为游客的出入口。

第十五章

西游文化节如火如荼

第十五章　西游文化节如火如荼

　　文化，是企业的灵魂，是一个企业能够傲立商海的根本所在。离开了文化的浇灌，企业便像无源之水、无本之木，是无法长久的。宋富锦非常重视企业文化的培育和弘扬，无论在天津海加利公司，还是在嵖岈山旅游集团公司，他都把企业文化放到重要位置。军人出身的宋富锦，时刻牢记毛泽东1944年10月30日在陕甘宁边区文教工作者会议上所讲的话："没有文化的军队是愚蠢的军队，而愚蠢的军队是不能战胜敌人的。"

　　山水孕育文化，文化绵延山水。嵖岈山旅游景区是中华盆景，嵖岈奇山，东土西天，西游之源。这里有《西游记》的历史文化渊源，是央视版《西游记》拍摄外景地。随着旅游业的高速发展，满足消费群体不同的体验和个性需求，成为旅游企业创新的新起点。河南嵖岈山旅游集团公司深度规划嵖岈山，依托独特的山体资源，挖掘嵖岈山西游文化，将奇妙、青春、自由、激情、梦想、快乐与嵖岈山"西游文化"及山地极限运动相融合，促进旅游多元化发展，驱动旅游业的转型和升级，打造引领世界潮流的旅游模式，开启"西游文化"旅游发展新篇章。在这样的大背景下，嵖岈山旅游景区西游文化节应运而生。

2009年4月11日，为了配合国家旅游局"全国百城旅游宣传周"活动的开展，由河南省旅游局、驻马店市政府主办，驻马店市旅游局、遂平县政府、嵖岈山旅游集团公司、驻马店市电视台承办的全国百城旅游宣传周驻马店分会场暨嵖岈山旅游景区第一届西游文化节启动仪式于上午10时在嵖岈山旅游景区新山门广场隆重开幕。

国家旅游局为什么主办这次"全国百城旅游宣传周"活动呢？是为了贯彻落实中央扩大内需、拉动消费的政策方针，积极应对国际金融危机影响，着力营造国民旅游氛围、引导国民旅游消费，推动旅游业实现平稳较快发展而开展的一场大型的宣传推广活动。活动主会场设在北京、郑州、上海、西安、广州、长春。河南省主会场设在河南博物院广场，同时在郑州、洛阳、开封、安阳、三门峡、商丘、南阳、驻马店设立8个分会场，集中发布旅游资讯和近距离开展旅游产品推介活动。为积极响应国家号召，为感谢广大游客长期以来对嵖岈山旅游景区的支持和厚爱，也为大力宣传嵖岈山"西游文化"，嵖岈山旅游景区在三月下旬，以河南郑州为首发站，举行"拒绝消费券，千万元门票大派送活动"，这是全省首例以免费派送门票形式回馈广大游客，一时之间引起强烈反响。各地的"全国百城旅游宣传周"活动启动仪式于4月11日10时至10时30分同时进行。活动当天，在河南省分会场郑州，嵖岈山旅游景区继续进行门票大派送。驻马店

"全国百城旅游宣传周"分会场暨嵖岈山旅游景区第一届西游文化节启动仪式也随着盛大的唐僧师徒开门迎宾活动于此时同时启动。

这次举办的嵖岈山西游文化节以"神奇嵖岈，西游之旅"为主题，以营造"生态嵖岈、人文嵖岈、休闲嵖岈"为理念，深入挖掘嵖岈山的"西游文化"内涵，详细解读"西游文化"的主题及《西游记》与嵖岈山的历史渊源，充分展示嵖岈山旅游景区改制以来发生的巨大变化，誓把嵖岈山打造成一个带有神话色彩的、虚幻式的、娱乐式的、体验式的"西游文化"主题乐园。文化节当天同时举行的还有几乎囊括了中国所有文化元素的"西游文化"砖雕艺术馆的开馆仪式和展现嵖岈山花岗岩地质地貌、地质遗迹特色的嵖岈山国家地质博物馆的揭幕仪式。

宋富锦在"全国百城旅游宣传周驻马店分会场暨嵖岈山风景区第一届西游文化节启动仪式上的致辞"中说："四月的嵖岈山，山花烂漫，景色秀丽，正用火一样的热情拥抱着八方游客……尽管其间品尝了太多的艰辛，深感创业实在不易，但一想起过去那贫穷落后的家乡，一看到今日嵖岈山焕然一新的面貌，内心的快慰和喜悦总是难以言表。"致辞的最后他意犹未尽，即兴作了四句诗：

景区发展机遇添，

劲风鼓帆助行船。

> 我等无鞭自奋蹄，
>
> 打造名游嵖岈山！

开幕式之后举办的"情系嵖岈，春满人间"大型文艺演出更是精彩纷呈。全国知名艺人范军、著名节目主持人庞晓戈等众多明星现场倾情演绎。文化节专场的西游记民俗表演、西游民间艺术大擂台、"西游文化"书法、绘画、摄影表演把此次文化节的气氛营造得既隆重热烈而又充满独特的《西游记》特色。嵖岈登山大赛、相亲女儿国、自驾车感受"西游文化"、西游文化节娱乐点子征集、西游人物模仿秀电视大奖赛、嵖岈山象形石命名大赛、嵖岈探美——照片、游记、DV大赛、嵖岈山旅游形象大使选拔赛等活动，更为西游文化节增添了浓郁的节日氛围。嵖岈山新添置的西游记师徒四人大型组雕也成为当日焦点，引来众多游客争相合影留念。

第一届嵖岈山西游文化节规模宏大，盛况空前，不仅有国家、省旅游局领导，省、市、县政府各级领导，还有18个地市旅游局代表和媒体采风团。活动当天媒体代表达80家之多，各旅行社代表达300家之多，旅行团组团游客、自驾车游客、周边群众等达到10万人之多。不少游客一大早就聚集在嵖岈山下，嵖岈山新山门广场更是人潮汹涌。临近开场，外面的车已绵延3公里。这场面让宋富锦为之感动，他当机立断："嵖岈山西游文化节应该成为我们的一个'亮点'一直搞下去！"从此，嵖岈山旅游景区以这次活动为契机拉开了

"西游文化"的大幕。他们已经举办了九届西游文化节。

2010年5月8日,"我眼中的河南"首届全国摄影大赛开镜暨嵖岈山第二届西游文化节开幕式在嵖岈山旅游景区南山门广场隆重举行。嵖岈山第二届西游文化节是集西游记民俗表演,西游记民间艺术大擂台表演,西游记绘画表演,西游丽影百对新人婚纱摄影等演绎式、娱乐式、体验式活动于一体的综合性文化活动。活动的主要目的是全面展示多姿多彩的河南旅游资源,树立"文化河南,壮美中原"的主题形象,大力宣传河南旅游,进一步提升河南旅游和当地旅游在全国的知名度、美誉度,促进旅游经济又快又好发展。中国旅游景区协会也发了专题贺信,对此次活动给予了充分的肯定和高度的评价。

2011年4月15日,嵖岈山第三届西游文化节旅游推介活动郑州启动仪式在郑州二七广场隆重举行。4月26日,又在嵖岈山旅游景区南山门广场隆重举行了"河南省首批旅游产业集聚区授牌暨第三届西游文化节"开幕式。开幕式之后,举行了"灵秀嵖岈,温泉凝华"大型文艺演出。著名歌唱家祖海、全国青年歌手大奖赛冠军圆圆和中央电视台著名主持人管彤和尼格买提登台献艺。这次西游文化节专场表演、西游艺术展示,把文化节的气氛营造得既隆重热烈而又充满浓郁的《西游记》特色。其后的大学生"绿色行动"低碳环保登山比赛、嵖岈山风光MTV摄制大赛、嵖岈山象形石的征名大赛等活动,更为西游文化节增添了浓郁的节日氛围。

2012年3月17日，嵖岈山第四届西游文化节启动仪式在美丽的郑州紫荆山公园广场隆重举行，近三万名观众及各地游人齐聚紫荆山广场，共庆西游文化节。仪式上演出了精彩的文艺节目，博得了观众阵阵掌声。启动仪式上，还举行了签约仪式，数十家旅行社与嵖岈山景区签订了长期战略合作协议。仪式现场，嵖岈山景区向公安干警赠送了价值超过十万元的门票和遮阳伞，同时，还向观众及游人打折销售景区门票。举办西游文化节，是从嵖岈山风景区的定位出发，凭借其深厚的文化底蕴优势，致力提升景区的文化品位，着力打造"西游文化"品牌的大胆决策。以嵖岈山第四届西游文化节武汉新闻发布、郑州启动仪式、"西游文化"花车巡游、西游达人秀演出活动、《西游记》景点、景观展示及系列纪念品展示展销活动等为主要内容，以新闻媒体为桥梁，进一步向省内外宣传推介嵖岈山旅游景区这个独特、神奇、秀美的特色文化旅游产品。其后的"西游达人秀"活动、"嵖岈山"杯登山比赛、全国十八个地市"西游达人秀"MTV拍摄大赛、清明浪漫踏青节等活动，丰富了西游文化的内容和层次。

　　2015年5月17日，嵖岈山第五届西游文化节暨山地运动文化节以"探享嵖岈，越野越自己"为核心主题，展开梦幻西游记、极限滑翔伞、山地自行车、青春彩虹跑、探享路虎车、迷你音乐节六大特色活动，个个精彩绝伦，看点层出不穷。嵖岈山西游文化节及山地运动文化节被打造成一次荟萃嵖岈山独特景色及地域特色，体现"奇妙""梦想""自由""青春""激情""快乐"的特色主题文化体验活动。游客在这里能够尽情享受嵖岈山的风光和运动的激情，因此它成为户外运动爱好者的圣地。

在开幕式上，宋富锦那军人的洪钟般声音，震山撼岳："捡茶为款同心友，煮酒欲待相知人。让我们相约在初夏，相邀在天中，相聚在中华盆景嵖岈山，观赏美景，品味文化，不见不散。"这一天，嵖岈山成了一片激情盛开的欢乐海洋！

梦幻西游记。嵖岈山旅游景区深挖西游文化精髓，建立了西游记地质博物馆、西游记雕塑等，自主开发"梦幻西游"主题舞台表演。《西游记》里的各路妖魔和师徒四人不仅担任迎宾和颁奖嘉宾，他们还将踩着风火轮在彩虹跑活动中担任领跑，让书中妖魔人仙从虚幻走到现实，为来宾们上演了一场充满奇趣幻想的"捉妖记"，趣味横生妙不可言。

极限滑翔伞。嵖岈山不仅景色秀美，而且拥有适合滑翔伞运动的绝佳场地，延绵的高山围绕着辽阔空旷的平原，完美的起飞平台和飞翔基地，以及稳定的气流都便于滑翔伞安全起飞与降落。活动特邀滑翔伞世界冠军盛广强和来自海峡两岸的滑翔伞高手担任活动表演嘉宾，超强专业阵容大有看头。

山地自行车。山地赛全程22公里，来自台湾、香港、黑龙江、上海、徐州、广州、深圳、郑州、驻马店等全国各地的500多位骑行者们相聚嵖岈山，在挑战高难度赛道中超越自我，在穿越山谷的过程中领略嵖岈山的秀美风景，惊险刺激的比赛，让现场观众忍不住惊叹呐喊！

迷你音乐节。国内知名的理想后花园乐队、V89乐队、Summer乐队和伍线乐队现场激情演绎，如此诚心阵容，让远近摇滚乐迷蜂拥而至，滚滚声浪击打着台下燃烧的热情，给每一位观众带来震撼心灵的视听盛宴！

青春彩虹跑。三名郑州Tiger体适能中心教官担任彩虹跑热身指导，来自各大学、上千人组成的快乐奔跑族，踩着风火轮的西游记各路"妖魔"和"师徒四人"带路领跑，一路色彩喷发，一路欢声笑语！

探享路虎车。嵖岈山独特的花岗岩地质地貌，使其成为得天独厚的越野基地。此次活动特别邀请河南路虎车友会成员，前来挑战嵖岈山全天候越野公园，在探享奇异艰险的山地路途中，阅览道路两旁的村庄风光。猛虎开道，快意人生！

2016年4月16日—17日，在嵖岈山风景区隆重举办了"嵖岈山第六届西游文化节暨山地运动文化节活动"。此次活动以"越无界·心无疆"为主题，融入了"体育+旅游"模式，也融入了骑游+极限+赛事，由国际"翼装"挑战赛、滑翔伞嘉年华、无人机摄影大赛、山地自行车越野赛、山地马拉松挑战赛、梦幻西游记、嵖岈帐篷节、山地音乐节、国际美食节九大主题活动组成。九大主题活动个个精彩绝伦，参与者在嵖岈山起伏的山岭间开展一场激情的越野运动、极限运动，将趣味与激情有机结合。其显著的特点是形式新颖，内容丰富，辐射面广，闪光点多，挑战性强，宣传效果好。这些活动旨在全面宣传、推介嵖岈山的旅游、文化、名优特产等，深度规划嵖岈山独特的山地资源，挖掘嵖岈山西游文化，将奇妙、青春、自由、激情、梦想、快乐与嵖岈山西游文化及山地极限运动相融合，促进旅游多元化发展，打造引领世界潮流的旅游模式，营造体育赛事带动旅游经济发展的氛围，让海内外中华儿女了解嵖岈山，了解西游文化。

国际"翼装"挑战赛。特邀中国著名"翼装"飞行员、世界优秀航空运动员盛广强以及国际爱心飞翼队运动员 Patrick Sky Walker、Hardman Recktors、Andrew Talbott，环绕嵖岈山标志性景点——石猴进行国内"翼装"历史上难度系数最大的低空飞行表演，同时也是中国首次"翼装"飞行者由直升机载入高空后进行表演。在启动仪式上，北京爱心飞翼体育、河南嵖岈山旅游集团公司共同向云南省昭通市昭阳区民政局捐赠 20 万元，资助云南昭通大山包贫困儿童。

滑翔伞嘉年华。特邀海峡两岸的滑翔伞高手担任活动表演嘉宾，超强专业设备和选手蔚为壮观。当几十把滑翔伞迎风飞翔，嵖岈奇山秀水尽收眼底，绝美的天空视野，嘉宾们享受了超乎想象的飞翔体验！

无人机摄影大赛。无人之眼，瞰嵖岈山。活动特邀国内专业无人机摄影人员及业余爱好者，拍摄嵖岈山之巍峨秀美。用别样的视野，入无人之境，尽收嵖岈美景。

山地马拉松挑战赛。郑州Tiger体适能中心教官担任山地马拉松赛热身指导，来自全国各地近千名马拉松爱好者共同参赛，挑战惊险刺激的比赛线路，在穿越山谷中领略嵖岈山的险与美，高难度的比赛让现场观众忍不住为之惊叹！

山地自行车越野赛。比赛全程22公里，600多位来自海峡两岸的骑行者们相聚嵖岈山，在高难度的赛道上越过山丘，一座又一座，感受越过山丘自由骑行带来的刺激与挑战，引爆活动现场。

梦幻西游记作为经典节目，依然是趣味横生，妙不可言。

嵖岈帐篷节。大地为被，星满天。露营搭帐，体会夜间嵖岈山的美景。帐篷里的灯火初上，点缀了黑夜的寂寥，仿佛天上闪耀的星，与自然共眠，以草原为被，怀星空入梦。

山地音乐节。演出阵容较前一届更为强大，国内著名的马飞与乐队、4U乐队、大梵天、V89乐队、CD盒子、逻辑实验室等12支精锐乐队，众多音乐大咖，倾力演出。更有2016《超级女声》河南10强选手。她们给现场观众带来了一场无与伦比的女生专场演唱会。

国际美食节。环球滋味，悦赏食。正宗台湾风味的蚵仔煎、大肠包小肠、咖喱鱼蛋、台南担仔面、黄金右腿、越南春卷、泰国烤肉等几十种美食，席卷嵖岈山活动现场，人们在感受极限运动的同时享受环球美味，美食美景，嵖岈天成。

2017年4月15日，"2017中国山地马拉松系列赛嵖岈山站赛事启动仪式"和"嵖岈山第七届"西游文化节如期举办，文化节包含的西游记文艺演出、滑翔伞嘉年华、草地音乐节、滑轮动漫真人秀和《大话西游》主题曲原唱者的现场表演等各项活动都为山地马拉松系列赛增辉添彩，营造了浓厚的文化氛围。作为山地马拉松系列赛的协办方和文化节的承办方，嵖岈山旅游集团公司广大员工齐心协力，密切配合，把活动举办过程中的各项工作做细做实，做精做好，让运动员在景区奇山秀峰、碧水幽洞、七彩花海和西游画廊的美景中尽享山地马拉松运动的乐趣，领略嵖岈山"西游文化"的魅力。看得见青山绿水，留得住乡愁！

2018年4月15日，国家体育总局再次把2018中国山地马拉松系列赛首站比赛放在驻马店嵖岈山，同嵖岈山第八届西游文化节暨山地运动文化节同时进行。这充分说明嵖岈山已具备举办国家级体育赛事的条件和能力。通过今后体育赛事活动的举办，进一步提高嵖岈山旅游景区的含金量，实现嵖岈山"旅游+体育"旅游产品的充分融合，全面提升了驻马店市旅游的知名度和嵖岈山旅游景区整体形象。

中国山地马拉松赛事以"向山而跑 非凡之路"为主题，鼓励广大跑步、健身爱好者们，通过在山地马拉松比赛中的体验释放自我，收获成功与健康。同时，主办单位更希望通过山地马拉松赛事的组织，引导广大爱好者们以户外运动的方式感受中国山河、自然与人文风貌之美。

特别是在2023年春季举办的"嵖岈山第九届西游文化节"期间，集团以《西游记》人物为背景，以取经故事为主线，精心策划，精细组织，相继推出了以"大圣迎宾、猴王练兵、金猴降妖、舞韵西游"为主要内容的实景演出节目，以"猴王巡山、群魔现世、师徒宣法"为主要内容的景区巡游节目，以"大战黑风怪、偶遇孙悟空、邂逅七仙女、问路土地公"为主要内容的与游客互动节目。让广大游客在游览途中偶遇了一次又一次的惊喜，享受了一场又一场的视听盛宴，进一步增强了游客的参与性和沉浸式文化体验，提高了嵖岈山文化旅游产品的美誉度和市场影响力。

宋富锦情真意切："不忘初心、方得始终，不忘初心、励志前行，不忘初心、牢记使命。我心中那片乡情，是天，是地，是山，是水，它和我的童年连在一起，和坎坷丰富的人生经历连在一起，和无比亲切的乡音永远连在一起。我的根在河南，我的心连着全世界，系着大中原。来到嵖岈山的每位参赛选手、父老乡亲和游客，一定会带着舒畅的心情、赞叹的话语和欢快的笑容满意而归。欢迎您到嵖岈山，嵖岈山欢迎您！"

为了进一步提高嵖岈山的文化品位，加快文化旅游产业的发展，2013年以来，河南嵖岈山旅游集团公司在完成项目策划设计和土地、环评、规划选址审批手续等前期准备工作的基础上，开发建设了总投资3546万元的"西游文化之源开发项目"。其主要建设内容有以下六个方面。

西游文化广场项目。项目占地面积24000平方米，投资额513万元，主要由广场主体工程、大型文化牌坊、广场配套设施和绿化、美化等工程组成。项目建成后一直用于景区举办各类大型文化节庆活动，也是景区主要的游客集散中心。

建筑面积800平方米、总投资1220万元的《西游记》大型砖雕艺术馆项目。该项目已建成并免费供游客参观。馆内设置的系列砖雕，曾获联合国科教文组织奖。整组砖雕全长100米，高1.5米，展示了《西游记》中3600多个妖魔鬼怪、1800多个人物、99个场景、81难、71个国度的系列故事情节。

投资280万元设计制作的《西游记》主题雕塑。由孙悟空、唐僧、白龙马、猪八戒、沙僧等五组雕像组成，全长16米，高6.8米，整组雕塑惟妙惟肖，形象逼真，建成后一直是游客留影最多的景点之一。

投资500多万元的《西游记》雕塑文化园项目。该项目是通过14个《西游记》场景和120个《西游记》塑像组合而成的带有《西游记》故事情节中的典型人物和妖魔鬼怪群体形象，是将"西游文化"融入山水景观开发的游客喜闻乐见的实景文化项目。进入园中可以尽情享受游山玩水的乐趣，领略西游文化的魅力。

"西游文化"演艺项目。开园以来，一直深受游客欢迎。该项目是由嵖岈山西游文化艺术团根据《西游记》剧情和游客需求，自编自演的系列文艺节目，目前已向游客表演1200多场，观众达150多万人，成为西游文化节的重头戏。

总投资336万元的"西游文化"配套设施项目。已完成了"西游文化"游览线沿途的吴公亭、黑风洞、美猴王诞生处、鹰愁涧、碧波潭、如来佛掌、水帘洞、文化廊亭等《西游记》景点的打造包装，并修建完善了步游道、观景台、瀑布、水系、购物店、旅游厕所、标识系统和安全监控系统等设施，满足了游客文化旅游的各项需求。

嵖岈山旅游景区"西游文化之源开发项目"的建设和运营，进一步提升了景区文化旅游的知名度、美誉度和市场辐射力，提高了文化旅游的综合效益。带动了当地村民就业和脱贫致富，实现了周边吃、住、行、游、购、娱等服务业的全面发展。

神奇秀美的嵖岈山水，博大精深的"西游文化"和精彩纷呈的特色活动，都时刻期待着您游览观赏和体验参与，相信嵖岈山一游会给诸位留下美好的记忆，给您的旅途平添几分情趣和愉悦。

第十六章

谁说忠孝不可以两全

俗话说：自古忠孝难两全。在革命战争年代，家国是无法同时兼顾的。当国家风雨飘摇的时候，革命先辈们毅然选择先顾国，但他们的心中还是牵挂着家的。在和平建设时期，宋富锦认为，忠孝是可以两全的。

有一次，他从部队回嵖岈山探家，90岁的奶奶行动已经很不方便，但是，他与奶奶交谈的时候，老人家说她一辈子连火车都没坐过，很想坐一坐。宋富锦为了弥补奶奶的遗憾，二话没说，临走时背起奶奶从老家坐马车、换汽车，来到了驻马店，让奶奶坐火车软卧到了天津，终于圆了老人家的心愿。他那时已经是天津武警总队第二支队的参谋长，带兵训练的任务非常繁重，但是他还要在训练的间隙跑回家把奶奶从5楼背到楼下晒太阳……战友们见状都非常感动！在采访的时候，宋富锦说："在一切都来得及的时候，好好孝敬长辈吧，别忘了时间的残酷、人生的短暂，世界上有永远无法报答的恩情，因为生命本身有不堪一击的脆弱。否则，你将永远无法尽孝，因为孝心不能等待！"

父亲故去，宋富锦悲痛万分。他想自己再也见不到父亲了……所以当父亲的遗体即将被推进火葬场的炉门时，他立刻把父亲的面巾掀起，想再看父亲一眼，可没想到父亲都去世两天了眼窝里还有泪水。此时，他再也忍不住难过的心情，跪下来边哭边喊——爸爸。宋富锦强忍悲痛的心情仰起头，不让泪水流下来，可眼泪还是止不住地往腮边流。

父亲虽然只是普普通通的农民，既没有惊天动地的伟业，也没有牵动情肠的爱情，更没有什么显赫的功绩，但是父亲的品质却是立在宋富锦心中的丰碑！留给他最深刻印象的就是父亲对待人生、对待困难那种坚强的性格，这种刚毅的品质已经从父亲的血液中流传到他的身上。在工作和生活中，他无论遇到什么都能挺直腰板前行，正是父亲的精神感染着他，父亲的风骨影响着他，父亲的意志支撑着他。

高尔基说："父爱是一部震撼心灵的巨著，读懂了它你就读懂了整个人生。"在宋富锦心中，父亲是信念，父爱就是那座耸立在孩子心中的大山；父亲是依靠，父爱就是孩子温暖、归宿和安全的港湾；父亲是力量，父爱就是滋生、输出坚强和勇敢的烈火；父亲是蓝天，父爱就是那本色的蔚蓝。有人把人间的父爱概括为：父爱是一种神圣的责任，父爱是一副磅礴的臂膀，父爱是一团燃烧的火焰，父爱是一股奋进的力量。父爱不仅是一种深沉的爱，而且随着岁月的增长，父爱会慢慢积淀为巍峨持重的爱……

对父亲的爱常常埋在心底，经过认真寻找才能见到蛛丝马迹；对母亲的爱点点滴滴，用心感悟才能体会那深深的暖意。2019年6月16日，宋富锦的母亲李玉梅以90岁高龄在家乡逝世，宋富锦强抑心中的悲哀，提笔写下这首《悼母诗》：

> 慈母九十撒手去，
> 痛不欲生如断肠。
> 团聚年夜家尚在，
> 流连时下案难张。
> 人生世事无常梦，
> 孝道德风早奉娘。
> 莫等房空茶冷后，
> 坟烧黄纸当钱粮。

老母亲的辞世，让宋富锦丢了魂一样，多少往事像电影浮现在他的脑海：望着躺在水晶棺里冰冷的妈妈，他失声地痛哭着。那个对他充满着幻想的妈妈，再也听不到曾经给她带来些许希望的儿子的呼唤了。天人相隔，就在这一瞬间。这一瞬间该是人生中多大的悲痛，多大的悔恨！妈妈是一个普通得不能再普通的女人，但她的一生几乎与共和国共同承载了这个时代的苦难、挣扎与释放。无论你多么伟大，回归到原点，你就是妈妈心中永远的孩子。高尔基说过：世界上的一切光荣和骄傲，都来自母亲。唯有母亲的伟大，才是无法逾越的高峰。

在采访的时候，宋富锦这样讲述："在父亲两岁那年，爷爷突然被抓了壮丁，从此音信皆无。据后来回乡的抗战老兵讲，他在徐州津浦、陇海铁路附近抗日的战场上见过我爷爷，后来生死不明。当时只有23岁的奶奶，天天以泪洗面，苦苦地盼着爷爷的归来。可是她的眼泪都哭干，却至死连个人影也没见到……那些年，我家太贫穷了。我们兄妹五人，还有奶奶，这么一大家子的生计全靠只会种田的父母操持。那份艰辛和困苦，现在回想起来都不寒而栗。我们家，好在有我妈妈这个擎天柱。记得我刚懂事时，妈妈就带着我把那些河沟旁没有长大的野草割下来，把那些树叶扫拢来，妈妈还把那些带刺的灌木砍下来。收工以后，母亲把弟弟妹妹们安顿好，趁着夜色，把刚晒好的野草扎成一把把的作为柴火。月光下，我看见妈妈手上被那些大刺小刺扎得满手都流着模糊的液体时，我的内心如刀绞般痛。"

一个饱受苦难、在贫困线下挣扎的、目不识丁的老妇人，那种大局意识、家国情怀、感恩理念，不正是母亲那一代人的缩影吗？母亲走了，留给宋富锦太多、太多的回忆，留给他太多、太多的伤痛，但真正留给他的是一种情怀！她老人家把母亲、母爱、责任、国家、集体情结，用她苦难的一生，用她最朴素的言行阐释得如此深刻。

在那贫穷落后的20世纪六七十年代，温饱普遍成问题，可妈妈硬是靠省吃俭用养活了宋富锦兄妹5个。在他的记忆中妈妈除了下地劳动，每天晚上都忙到半夜，还要在昏暗的油灯下缝补衣裳。她从没叫过一声苦，也没向任何困难屈服过，默默奉献自己的一生。

　　法国著名作家雨果说，慈母的胳膊是慈爱构成的，孩子睡在里面怎能不甜？宋富锦的妈妈绝对是一位伟大的女性，她虽然没有文化，但是深明大义，性格坚韧。一家人的生活虽然比较艰难，但是她和丈夫两人都是勤劳能干的人，养活一家老小不容易，却勉强可以度日。

　　宋富锦在家里兄妹五个中排行老大，下面还有三个弟弟、一个妹妹。20世纪60年代，国家刚从三年严重困难、勒紧裤带还苏联债务中缓过一点劲儿来，还没有完全恢复元气。那个时候家家都不富裕，每年能有一双新鞋穿的人家就算是条件优越的家庭了。说实话，大部分人家的孩子穿新鞋也得到年节之时才能够实现。而且，也只能是夹鞋，能穿上棉鞋的更是不易。在此之前，他每年的鞋大多是大拇指处被他顶个窟窿，外帮子上不是磨破了，就是磨薄了。妈妈拿来把它擦洗干净，再找块黑布，依照窟窿或破洞的形状大小把它裁成比窟窿或破洞大一圈的布块，叠成两层或三层把破的地方覆盖起来，和鞋帮一针一线地缝纳在一起。看看脚后跟的鞋底儿磨薄了，让父亲钉一双铁掌，一双由旧变新的鞋子就又穿一年。你别说，走起路来"叮嘎、叮嘎"地响，还真有点儿像富人家的孩子穿着皮鞋过街呢！

　　妈妈身体不好，长期吃不饱，还操持着繁重的家务活，让她患上了严重的胃溃疡。没有营养滋补还得不到好的医治，长期疾病缠身，造成她身体时好时坏的状况。家庭和生活的压力让她不得不咬牙坚持。在采访的时候，宋富锦回忆妈妈亲手为他们兄妹做鞋的情景：

> 秋冬季是妈妈最忙的季节，一要帮收秋，二要拆洗缝补棉衣被，三要给他们兄妹几个准备过年的穿戴。刚刚送走大忙的秋收时节，冬季又匆匆赶到，天气愈加寒冷。妈妈从柜子的深处把日常攒起来的碎布烂块找出来，再把家人穿的不能再穿的破衣烂衫拆成布块，把不需要的破絮剪掉，取其囫囵布块归到一起，打好糨糊，利用搓板和面板背面，在其上面刷上糨糊，把布块先均匀地贴上去一层，然后再刷一层糨糊，再粘贴一层布块，就这样，一层糨糊一层布，一直要粘贴四五层，粘贴到所需要的厚度为止。最后，拿到太阳底下晒干，就是鞋拍子了。这一过程被人称作"打鞋拍"。兄妹几个听妈妈说给自己做新鞋，心里高兴极了，一到放学或星期礼拜，但凡有空就帮妈妈整理破布，刷糨糊，粘贴布块。
>
> 在晾鞋拍的空当，妈妈还让孩子们拣选乱麻，把粗糙的麻疖剔除掉，一根根破开捋成细麻须（容易搓成细麻绳）。拨（捻麻绳）主要是靠父亲来完成的，或用腿搓或用"拨吊儿"（捻线的专用工具）捻成细麻绳。细麻绳的一头，还要捻出细细的尖儿，以便穿入针孔。
>
> 鞋拍子是用来纳鞋底、做鞋帮内衬的。鞋底厚，至少得用四五层打好的鞋拍子相叠在一起，才能达到鞋底的厚度。制作之前，要先有个鞋样子，因为宋富锦是老大，所以第一

个给他做，大小得照着他的脚来做。妈妈便找来装过化肥的厚实的牛皮袋子纸，在他脚上比画出鞋底鞋帮的纸样，再用剪刀按照画出的样子"剔"下来，然后，把纸样拓在鞋拍上，走大针脚用线把它固定在上面，照样子剪好，将裁剪好了的鞋拍一层层地粘在一起，最后再用一层白布蒙到鞋底面上，为的是鞋底面好看并包好边儿，才算是把鞋底坯做好了；做鞋帮，只用一层鞋拍，就是在剪好的鞋拍上蒙一层"黑标布"，粘好并让其干透。

下一步就是纳鞋底，切鞋帮。所谓纳鞋底，就是要用事先准备好的细麻绳（麻绳韧性大、耐磨，纳成的鞋底非常结实），选用大号的针，针眼要大，足足可以让麻绳穿过才行。鞋底厚，只用针是扎不过去的，必须先用"引锥"扎过之后才能把带有麻绳的针穿过去。每扎一针，还得把麻绳在自己手腕上绕一圈才能用力勒紧，时间长了手腕也会被勒得红肿疼痛受不了。凡是纳底子的人，都得用几层布做一个护腕套在手腕上才能使上劲儿。一针要紧挨一针，纳完了一排后，第二排开始还要和第一排错开针脚。就这样，隔一排，重复一次针脚，狼牙交错，一引、一扎、一勒，循环数十上百次，纳完了一个鞋底，使鞋坯紧紧挤压在一起。纳好的鞋底的针脚犹如列兵受检阅的部队一样整齐，纵看一条线，斜看也是一条，简直是一件完美的手工艺品，亦如竹胶板一样坚实，直到磨透鞋底都不会开裂。

剩下的切鞋帮就相对容易了些，因为它薄，只用一层鞋拍，上面蒙一层黑色面布就行。穿在脚上也不会像鞋底那样去摩擦、磕碰。所以叫切，是说它做起来也不需要事先用"引锥"扎，针脚的走法和纳鞋底没什么两样，针脚细密整齐。为了结实耐用，线一般用是双股的，在"勒线"的时候，适当用力就可以了。切完鞋面，就剩下绲边了。就是用专用的白布条把鞋帮底边裹起来，再用针线与鞋帮缝合在一起，给上鞋做好准备。

　　鞋底有了，鞋帮有了，接下来就是缝合了。缝合，俗称上鞋。把鞋帮上到鞋底上，可不是件容易的事，要有一定的技术和力气。不论鞋底还是鞋帮，首先得找准前后的中心位置，各用一根粗一点的针扎起来，上下两头用线打上个8字，缠紧，将它固定。然后，可以从前开始下针，沿着鞋边一针、一针地绕一圈。最后，绕回原点合拢，鞋就上好了。这一过程要注意的是，要把鞋帮绲过的边和鞋底边对齐，用针沿着绲边缝合，不能走样。否则鞋帮与鞋底极易错位，造成返工。上鞋的针法与纳底的针法截然不同，纳好的鞋底，针脚看起来整齐划一，列阵排列，鞋底面上的针脚却是或交叉十字，或呈现w形状，相对零乱；而上鞋是上下面同时走线，即线绳的一端使用针穿，另一端却要把线捻成细如针尖。由于鞋底和鞋帮要上到一起，无疑就更增加了穿针的厚度。所以，用的力气更大一些。步骤是这样的：首先，用引锥子扎过，留下针眼；其次，用针穿过"引锥"扎的针眼，拉线过鞋底一段（不能拉到底，鞋面必须留有一段）；再次，将拉过鞋底的一段随意回捻开一个缝隙，接着把未穿针的一端穿入缝隙，再让缝隙闭合，从鞋面再回拉预留的线，直到把穿入线隙内的另一端线头拉过鞋面，再从缝隙中拽出线端后，两手分别拽住鞋面和鞋底的两个线头同时发力，才算完成一针，上到固定针的地方就可以取出，直到全部上好，取出最后的固定针。

最后一道工序是楦鞋。上好鞋未打楦头之前鞋子还是个不成形的丑八怪，鞋帮显得这里秕、那里翘的，简直不成样子。我急不可耐地要穿上试试，谁知连脚都穿不进去。前面挡路，鞋口夹脚，只好褪下交给妈妈。她呵呵地笑着说："还没有打楦头定型，你就急得要穿？这就叫着急吃不上热豆腐！"只见妈妈把积木一样的木头堆了一炕，按顺序先把"前脚板"和"后脚跟"一前一后地塞进去放好，接着把一块块方扁、厚薄、长短不一的木块挨个插在中间，剩有一点空隙的时候，再找一块有刃的比空隙厚的长木板拿斧头用力搗进去，鞋子立刻变得有模有样起来，煞是好看。这还不算完，只见妈妈用嘴含水，像喷壶嘴一样把整个鞋面都喷湿，把鞋子端在手里，左看看，右看看，什么地方秕，还要用铁筷子粗头把棉花塞进去，填起来，直到满意为止。

上浆是新鞋制作的收尾工序，就是用牙刷蘸上带有黏性的白浆，沿着打楦成型的鞋底边均匀地刷上一遍白浆，最后放到窗外晾干，黑白分明，显得特别干净。看着眼前妈妈刚刚为自己做好的新鞋，心里有说不出的高兴。霎时，两只新鞋居然变成了两只小船，楦头像桅杆一样直立在小船之中，正待启航。

在采访的时候，宋富锦饱含深情，眼里闪着泪花儿："说真的，现在的人是无法想象那时手工制作一双鞋子是多么艰辛，完成一双鞋的制作，会使人累得腰酸背痛胳膊疼，让人疲惫不堪。手指上要被针扎多少个窟窿，手腕上勒出多少圈红肿。要知道在家庭中手工做鞋，是在日常家庭事务之外的'闲暇'中做成的。它倾注了妈妈对儿女无私的和全身心的爱啊！"

过年时，那一双双新鞋终于穿在了弟弟妹妹的脚上，脚步像踩上风火轮，又像腾云驾雾一般省力，轻快，个头也似乎长了一截儿，那一刻比任何时候都兴奋，都幸福。真正有了新鞋又舍不得穿，过完大年后就脱下来让妈妈放起来。新学期开学，终于又能穿上它上学了，走一步，下意识地要低头看两眼，怕不小心磕碰上或弄脏鞋面，如果走路把尘土带到鞋面上，还要弯下腰去用手指把它轻轻弹掉。因为宋富锦知道自己的这双鞋来之不易，它完全是妈妈用心血铸成的，没有理由不去珍惜它！

此时此刻，宋富锦不禁想起唐代诗人孟郊的《游子吟》：

慈母手中线，
游子身上衣。

临行密密缝，

意恐迟迟归。

谁言寸草心，

报得三春晖。

在采访的时候，宋富锦说："儿时的背诵是水面上漂浮的一根稻草，现在的理解却是潜入水中的体味——血与泪的交融！"

然而，再深的深情，还是敌不过生老病死。2019年6月18日，宋富锦代表弟弟妹妹们，在他办公桌的台历备忘录上悲情地写道：

2019年6月16日上午7点59分，我们的母亲李玉梅走完了她坚毅、操劳、俭朴的一生。享年90岁。

母亲自幼家境贫寒，一生艰辛坎坷，颠沛流离，吃尽苦楚。17岁嫁入宋家，勤俭持家，含辛茹苦，孝敬奶奶，相夫教子，养育了我们兄妹5人。母亲的一生是淳朴的一生，勤劳的一生，艰辛的一生，善良的一生，柔弱而坚强的一生。风雨90载，功高如山。

母亲一生亲和近人，宽厚善良，她安详地离我们而去，愿母亲大人在去往天堂的路上走好，安息天国。

娘啊，安息吧！娘啊，我们永远想念您！

长子：宋富锦；儿媳：韩爱华；

次子：宋长金；儿媳：孙玉荣；

三子：宋存金；儿媳：李凤兰；

四子：宋学文；儿媳：李国英；

女儿：宋学芝

叩拜

2019 年 6 月 18 日

　　宋富锦坐在母亲的遗像前，心情久久不能平静，他回想遥远，那些寒冷、饥饿、温情，还有爱，炯炯的目光变得悠远……

　　妈在，兄弟姐妹是一家，妈不在，是亲戚！作为大哥的宋富锦端详着母亲的遗像，哭了！

　　妈妈在，家就在……

　　但凡有妈妈的孩子，大都有一个可以回味、值得追忆的幸福童年。童年的幸福，来自妈妈的笑脸，来自妈妈在家中的守望，家中没有了妈妈，你便不会再笑。

　　小时候……

　　小时候，就像一个野孩子，整天在外面玩，只有饿了、累了的时候才知道回家。

　　回家的第一件事情，就是找妈，进家的第一句话，就是喊"妈"。看到了妈妈忙碌的身影，听到了妈妈的应答，心便安定下来。于是，开始找吃的。吃饱了，喝足了，便再跑出去玩。

长大后……

长大了，踏进家门的第一件事情，依然是找妈妈。来不及放下肩上的书包，就满屋寻找妈妈。

妈妈看见了，笑着说："傻孩子，背着个包，也不嫌累。"也许妈妈不知道，也许妈妈知道，找妈妈的时候，根本就不知道累。

有了自己的小家，空闲时，就想"去哪里好呢"，于是便回了家。这个家是我永远也走不出的守候。

推开家门，妈妈不在，爸爸迎上来，便和爸爸唠家常。然而，眼睛却时时盯着门口，盼望着妈妈回来。妈妈推门回来了，心里顿时踏实了。

就这样，无论何时何地，何种身份，总是惦记着回家看看，回家了仍然先喊妈。

回家找妈，是人们多年来不自觉养成的习惯。也许，生活中只要是有妈妈的人，都和宋富锦一样。

这便是生活的幸福。

在采访的时候，眼泪仍然在宋富锦的眼圈里打转："妈妈虽然离我们而去，但是，我多么希望她来世能再做我的妈妈，还能穿上她亲手做的新鞋呀！思念我的母亲！"

有妈妈在，妈妈就是家……

家和妈妈就是这样，深深地镌刻在了每一个人的心底。

随着年轮的递增，人们会越来越感觉到，纵是岁月改变了容貌，纵是沧海变作了桑田，枯守着不变的依然是那份对家、对母亲的深深眷恋。

有妈妈在，你就可以放心地天马行空、独闯天下了，你可以安安心心地规划你的理想。路的前方还有路，你不可能一口气到达终点，累的时候，永远有一个宁静的港湾，那便是家，妈妈在那里为你守候。

高处不胜寒，特别是当你事业有成或是成了顶天立地的人物，可以叱咤风云的时候，内心的你会迫不及待地寻找心灵的依托，而那最安全、最永久、最可靠的心灵依托，依然是妈妈，是家。

有这样一个女人……

有人说，一个成功的男人背后，必定站着伟大的女性。如果真是这样，那这个女性，首先是妈妈。

美国世贸大厦被撞的那一刻，一个拥有亿万资产的商人意识到自己的末日来了，他想到的不是他身后的财产，而是用手机发出了一条世界上最美的信息：妈妈，我爱你！

母与子的深情，在最危急的时刻，暗淡了硝烟，迸发出夺目的光彩。人性的伟大就在那一刻定格了。

家，永远都不会远离你！妈妈的身影，总是在你行程中；妈妈的牵挂，就是你穿越时空回家的理由。

人类最最不能动摇的情感，也许就是那深深的母爱。人们心底最深的牵挂，真真就是那生你养你的家。

母爱是春天的雨，滋润我们成长；母爱是夏天的风，给我们凉爽；母爱是秋天的果实，给我们能量；母爱更是冬天的阳光，给我们温暖。

"妈妈"这两个字，任何时候唤起来，都感觉无比温暖。只因她是这个世界上最爱我们的人。母亲很少说爱你，但一举一动、点点滴滴之中，爱早已化为了无形，胜过了所有。

她记得你一切的喜好，担忧你所有的困苦，日夜牵肠挂肚，哪怕自己受委屈，也想把最好的留给你。就因为那一声"妈妈"，她们选择了用一生来守护。

哪怕有一天，她不再身强体健，也不再无所不能，但只要一句"妈妈，我需要你"，她一定会奋不顾身来到你的身边，护你周全。

一声"妈妈"，一份心安。越长大越发现，叫一声"妈"有人应，真是莫大的幸福。一声"妈妈"，就像一句魔法，能够让我们重新拥有力量。有妈的孩子像块宝，无论年龄多大，只要还有妈妈，人就能安，心就不乱。

什么是妈妈？就是那个尽自己最大努力，就为让你幸福的人；就是那个自己不在乎吃穿，也要给你最好的人；就是那个可以放弃所有，只愿你一生平安的人。

这就是母爱，无时无刻，无所不在；这就是母亲，拼尽全力，只为爱你。她是我们一辈子都无以为报的贵人。

只可惜，一生太短，我们却常常懂得太晚。有时候一回头，才发现她早已两鬓斑白；有时候一转身，就是一辈子。

一家一户，妈妈的慈爱、妈妈的音容、妈妈的饭菜，就是地地道道的家乡味；一村一寨地地道道的家乡味，就是魂牵梦绕的故乡味；一山一水、魂牵梦绕的故乡味，就是念念不忘的祖国味。中华儿女正是通过妈妈无私的小爱，感受祖国母亲无限的大爱；中华儿女正是通过妈妈的家常便饭，感受祖国母亲的饕餮盛宴；中华儿女正是通过妈妈的牵肠挂肚，感受祖国母亲的博大胸怀。

谁说忠孝不能两全？宋富锦的敬业行孝，就是我们常说的忠孝两全，忠是忠于职守，孝是孝敬双亲。忠，体现在国家层面，就是爱国爱党爱岗，忠于自己的职守；孝，体现在家庭层面，就是爱父母、敬父母、孝父母。忠孝互为联系、互为因果，不可分割。忠孝是安身立命的根本。一个对父母行孝的人，必定是一个为国尽忠的人。一个为国尽忠的人，一定是个大孝子！宋富锦就是这样的大孝子！

对于忠孝这个问题，宋富锦有着自己的观点："人们常说自古忠孝不能两全，是因为古代战乱频仍，健壮的男人都被拉去打仗，基本是有去无回，所以说自古忠孝不能两全。而现在这种情况很少，在和平年代为国家尽忠的时候，也要孝敬老人，甚至有的地方把孝敬老人作为干部提拔的一个条件。在家尽孝、为国尽忠，是中华民族的优良传统。没有国家繁荣发展，就没有家庭幸福美满。我那90岁的老妈妈已经不在了，作为子女尽孝的使命已经完成了，我们问心无愧。我们兄妹五人对妈妈最好的纪念，就是化悲痛为力量，在各自的工作岗位上竭尽全力为国尽忠。"

第十七章

亲人们眼中的宋富锦

第十七章 亲人们眼中的宋富锦

一个家庭最大的财富，不是家财万贯，而是家风流传。父亲的格局、母亲的情绪及和睦的家庭氛围，决定了子女的未来和家庭的兴旺。在亲人们眼中的宋富锦，他是老伴儿的顶梁柱，是女儿的主心骨，是儿子的保护神，是弟弟妹妹们的定盘星。

笔者曾在网上看到过一个视频：一个男人事业有成，日子却过得并不舒心：深夜里，他忙着应酬客户，妻子在家辗转难眠；到周末休息时，他忙着补觉，忽视了孩子真诚的呼唤；甚至到了吃年夜饭的时候，他仍然忙着处理公司业务，无暇陪父母多说说话。

生活中最遗憾的事，莫过于在外打拼时，投入了大量的精力与耐心，回到家后就只剩下敷衍和随意。说到底，家人才是同在屋檐下生活的至关重要的人。铺满人生旅程的，也永远不是追逐财富和财富本身，而是那些错过了就找不回来的温馨记忆。

财富有价，幸福无价。这一生最幸福的状态，不过是陪家人闲坐，看灯火可亲。一家人在一起互相陪伴，彼此包容，就是人生最大的幸福。在这一点上，宋富锦不仅是事业的大赢家，而且他的家庭也是非常温馨幸福的。

在茶余饭后，宋富锦陪着笔者在崌岈山旅游景区散步遛弯儿时，闲聊家长里短，他说："自己人生最大的幸福是有一个不离不弃、相濡以沫的爱人在身边相守余生。不介意自己贫困或富有，人老了，有一个老伴儿在身边，相互照顾着，女儿女婿、儿子儿媳孝顺，孙子孙女活泼可爱，我感到自己的家庭就是非常幸福的。家是夫妻共同经营的编织着梦和苦辣酸甜的窝。家是一副重担，家是一份责任；家是彼此的真诚相待，家更是能够白头偕老的漫漫旅程。我爱自己的家，也爱爱我的人。"

他认为，人生是一个不断投资的过程，你在哪里付出，就会在哪里收获。对未来最大的慷慨，是把一切献给现在。只有不遗余力地投资自我，才能在未来看到回报。往后余生，愿以充满活力的姿态，稳扎稳打，既有进步的事业，也有温暖的家庭。

老伴儿的顶梁柱

在这个世界上，没有一个生命可以孤立地活下去，只有在与另一个生命的相拥中，才能感觉到生命最本质的温暖。夫妻是单翅膀的天使，唯有相互拥抱，才能在蓝天中展翅飞翔。

夫妻从来不只是卿卿我我，而是生死之交。谁也不敢保证，每段感情都能善始善终。但在一起的岁月里，一起跌过的坑、淋过的雨、吃过的饭、流过的泪、吵过的架，构筑起不可替代的情感。这就是婚姻在财产和繁衍之外，最令人沉迷的部分：是一日一夜的陪伴，让彼此靠近；是一餐一饭的温暖，让两人撑到明天。走过越多的路，见过越多的人，越懂得：山河无恙，烟火寻常，被深爱的人爱着，也爱着他/她，就人间值得。宋富锦深深地爱着一个女人，这个人就是和他相濡以沫、霜染白发的老伴儿——韩爱华。她亲切地说："老宋是我的顶梁柱。"

年轻时，宋富锦穿上爱人韩爱华织的"温暖牌"红毛衣，于是，他就拥有了那温暖着的冬天，和那柔情的馨香四溢。做工精巧的红毛衣，编织着他们的爱情，释放着他们青春的甜蜜，"温暖牌"这个名字是韩爱华的一个闺蜜赠送给他们的一句戏言，这句美妙动听的俏皮话儿，极富情趣，特有诗意，穿上用爱织就的"温暖牌"红毛衣，他便会永远记住，当初那诗一般的初恋情怀以及现在其乐融融的亲情。那"温暖牌"红毛衣，一直珍藏在宋富锦的心底，像毛线一样被那份温暖之情紧紧地系着，系着……

故事讲到这里，笔者感到《绿色军衣》这首歌能够勾起他们如胶似漆的甜蜜回忆：

也许是过分的爱你

我才穿上这身军衣

嵆岈锦

告别家乡的温暖
走向远方的风雨
把所有的苦和累
都让我一人担起
不许马蹄硝烟
惊扰你甜甜的
甜甜的小夜曲
我是那样
深深地爱着你
爱你我才更爱
这绿色的军衣
我是那样
深深地爱着你
爱你我才更爱
这绿色的军衣

也许是过分地爱你
我才珍惜这身军衣
沿着亲人的目光
融进雄壮的军旅
把恋你的情和爱
都捧给南北东西
不许冰霜冷雪

打落你金色的

金色的小茉莉

我是那样

深深地爱着你

爱你我才更爱

这绿色的军衣

我是那样

深深地爱着你

爱你我才更爱

这绿色的军衣

我是那样

深深地爱着你

爱你我才更爱

这绿色的军衣

我是那样

深深地爱着你

爱你我才更爱

这绿色的军衣

俗话说,一个成功的男人背后,都会有一个默默付出的女人。其实这样的说法,对军人来说同样也是适用的。众所周知,不仅军人每天的训练非常辛苦,而且部队实行的是封闭式管理,这就使得军人们服役期间回家的次数屈指可数。

所以对军人的家属来说，她们除了要独自挑起生活的重担，同时还要面对很多意想不到的困难。相信很多人都知道，在部队里，男军人的家属通常被称呼为军嫂。

军嫂正是男军人身后最有力量的精神支柱，其实要当军嫂是要能够承受很多事情的，比如说丈夫长年不在家，他们时常要出任务。还有就是军嫂本身就跟普通人的妻子有着一点差别，那就是她们是军人家属，本身会比别人更懂得体谅军人的不易。也就是说军嫂需要比别的妻子付出更多，要有一颗更包容的心才行。军嫂其实比军人更加坚强，她们也需要肩负起照看家人的重任。所以，军人值得全社会尊重，军嫂同样值得全社会尊重。

在韩爱华的眼里，丈夫宋富锦在外面能够直腰撑天下，在家也能弯腰下厨房。在作为妻子的韩爱华看来，老伴儿宋富锦就是她的顶梁柱，是顶天立地能够遮风挡雨的伟岸男子汉。然而，在采访的时候，宋富锦偷偷地与笔者耳语："其实，我老伴儿韩爱华才是我们家的'定海神针'，她藏着家庭的福气。"他说得不无道理，事实也果真如此，因为从某种程度上讲，女人不仅撑起家庭的"半边天"，还是决定家庭生活是否和谐幸福的重要因素。幸福是一把钥匙，而这把钥匙往往就攥在女人的手里，她影响着丈夫的人生高度，孩子的未来发展。都说"家有贤妻，兴旺三代"，孩子来到这个世上，首先接触最多的人就是母亲，母亲会潜移默化影响孩子的心智。母亲在孩子面前的每一个动作、每一个眼神、每一句话语，都会成为孩子模仿和学习的对象，直接影响孩子的成长。

韩爱华就是这样一个人，她认为，作为"军嫂"生活虽然很复杂，但也可以很简单。与丈夫经常聚少离多，赡养老人、教育子女，生活是一场永不谢幕的演出，角色需要随时切换。你可以扮黑脸，也可以扮红脸，当然也可以一会儿扮黑脸，一会儿扮红脸，你可以扮演几个角色，喜怒哀乐，完全看你自己，结局也是你自己设定的。有一种忠诚，不分高潮低潮、顺境逆境，这种忠诚就是亲人的忠诚；有一种关系，从来血脉相通、生死相依，这种关系就是夫妻关系。

在采访的时候，宋富锦嬉笑着对笔者说："我可以负责任地告诉您，我从来不'惧内'，但是，有时我'服内'。"家，不是战场，不需要摇旗呐喊、论谁胜败；家，不是棋盘，不需要小心翼翼、处处提防。尤其对于军人来说，家，应该是一切的起点、归来的方向、永远的避风港。男人是山，女人能扳倒山，成为"妇"人；男人是天，女人能捅破天，成为"夫"人。了解宋富锦的人都知道，他的性格像野马，刚烈得不能再刚烈了，但是，他的老伴儿韩爱华温柔似水，在大是大非问题上宋富锦喜欢占上风，在家庭日常琐事上韩爱华往往柔能克刚。军人和军嫂的爱情，就是这么简单而美好。

宋富锦对幸福的体会是，幸福是感觉出来的，有人牵挂就是幸福。幸福不幸福，完全在于自己，自己有个真实的人生，对自己的人生尽力了，负责了，对得起社会，对得起家人，就是充实的人生，快乐的人生。心存快乐，就是幸福。幸福，在自己的心中；幸福，没有榜样，也不需要榜样。然而，在采访的时候，宋富锦自豪地对笔者说："要说幸福的榜样，老伴儿韩爱华就是我心中的榜样。"

女儿的主心骨

人们常常说，母爱伟大。其实，父爱一样伟大。与母爱不同的是，父爱有着它独有的特征：父爱不像母爱那般细腻温柔，而是表现得粗放刚毅；父爱不像母爱那般着眼于表面的呵护，而是给孩子精神上带来力量和安全感。父爱与母爱相互补充，才能相得益彰。

父爱，粗犷但不乏细腻。母爱，柔和却不失韧劲。"父爱如山，母爱如水。我却认为爸爸这座山一直压着我，甚至有时让我喘不过气来。他更像是一座恐怖的火山，一旦爆发后果不堪设想，令人胆战心惊。"宋富锦的女儿宋艳丽说，"爸爸没有过分宠爱我，但他永远像黑夜里一盏明亮的灯，总是那样负责地为我指路。爸爸给予我的是山一般博大的爱，爸爸是我的主心骨！"

如果说家庭是船，那么父亲就是帆，引领船乘风破浪；如果说家庭是大厦，那么父亲就是地基，使建筑坚实无比；如果说家庭是故事书，那么父亲一定是主角，使故事生动精彩。父亲的存在，使儿女的生命完整，人格得以升华，他在我们的生命中不可或缺。父亲是家庭中的主心骨，不辞劳苦，撑起了一片天，但也请时刻记得，你还是孩子的爸爸。在他们的眼里，父亲总是三头六臂，刀枪不入，手掌很粗，牵着孩子风雨无阻。每一个爸爸都是孩子心目中的男神。

爸爸，一个普普通通的称呼，没有什么华丽的语言去表述。但他一样伟岸一样高大，为家遮风挡雨，为爱奔走天涯。对于宋艳丽来说，她对爸爸的印象是：

> 最高的不是山峰，
> 而是爸爸的背影。
> 最远的不是天边，
> 而是爸爸的等待。
> 最深的不是沟壑，
> 而是爸爸的皱纹。
> 最广的不是大海，
> 而是爸爸的博爱。
> 最暖的不是阳光，
> 而是爸爸的怀抱。

自弃者扶不起，自强者打不倒。宋富锦经常告诉已经成为嵖岈山旅游集团公司董事长、天津市河南商会常务副会长的女儿宋艳丽，要独立，要坚强，要勇敢，要活得漂亮，要让自己永远善良。发光并非太阳的专利，你也可以发光。几乎每一个成功的人，都有一段沉默努力的时光，里面有艰辛的汗水，也有失败的泪水。很多人都是在黎明前一刻认输了，只有那些能够从黑暗中穿行而过、执着坚守的人，才能获得最终的成功。

宋富锦叮咛女儿：人生之路并非只有坦途，也有不少崎岖与坎坷，甚至会有一时难以跨越的沟坎儿。在这样的紧要关头，不要忘记我们是军人，只有一种选择：再向前跨出一步！尽管可能非常艰难，但请相信：只要坚持下去，你的人生会无比绚丽！如果你意志坚定，暴雨浇头也不过像朝露沾身；如果你三心二意，一片坦途也是步步难行。许多人失败，不是因为本领不强，而是因为意志太弱。常立志不如立长志，成功会眷顾坚定的你。因为人生是一场孤旅，给你磨砺，让你变得坚强。遭遇坎坷的时候，我们或许情绪低落过，容易感叹命运，容易怨天尤人，容易夸大不幸。人生路上不可能时时阳光相伴，不可能处处风平浪静，如果改变不了现实，那就改变我们的心态吧。成绩的获得不是结局，而恰恰意味着下一段努力的开始。只有那些始终渴望向着更高目标攀登，并且愿意脚踏实地为之付出的人，才能够最大限度释放自身的潜力。这段一往无前的历程，就是有滋有味的人生。

在采访的时候，宋艳丽说："在部队，我们常说的一句话是'铁打的营盘，流水的兵'，意思就是说军队的营房是固定的，而兵却是每年都有老兵走、新兵来，就像流水一样。我从另一个角度看，则认为不少有过军旅生涯的人应该用'流水的营盘，铁打的兵'来形容。很多人在部队服役期间，都会因学习或调动，在多个营区里学习、训练、工作。但作为一个有灵魂、有品德、有担当、有血性、有本事、有价值的革命军人，他不论在哪个营区，都会严格要求自己，都会努力实现自己的人生价值，为建立一支强大的人民军队做出自己的贡献。营盘是流动的，而兵却是铁打的，他们不忘初心，始终如一地在为保家卫国而拼搏、奋斗每一天。当然，对于大多数军人，都会有退役的一天。退役军人，则应该成为积极参与国家经济建设、全力推动国家军民融合发展战略的有生力量。"

宋艳丽把话题一转："然而，退役军人从战场走向市场，是一件非常不容易的事，也是人生的重大转折点。军人在战场上要不怕牺牲，争当英雄，而退役军人在市场上也同样要通过努力拼搏和奋斗，成为市场中的英雄。不论我们来自何方，不论我们走向哪里，最终都要成为一个有用有爱的人，成为一个幸福的人。一名优秀的退役军人，永远都应该是一名勇于迎接挑战、勇于追求幸福人生的钢铁战士，不畏艰难、不惧未来，真正成为一名永不言败的人民子弟兵。就像我爸爸那样：特别有担当，特别能战斗；特别爱学习，特别能创新；特别重价值，特别能奉献。"

宋艳丽继续说："在工作生活中，我们每个人都会有烦恼和忧愁，都曾经历挫折与不顺。即使阳光的人也并不是万事如意，但是爸爸让我明白，击败苦难的不会是沮丧与抱怨，而是乐观与坚持。顺境也好，逆境也罢，保持积极向上的心态，才能走得更加稳健。"宋艳丽表示："努力奋斗，是奇迹的另一个名字！我的血管里流的是军人的血，虽然穿的不再是军装，吃的不再是军粮，听的不再是军号，住的不再是营房，但我还是有军人的脊梁，军人的衷肠。百听不厌的是军号，常唱不衰的是军歌，本色不褪的是军心，生死不惧的是军威，终生不悔的是军旅，风雨不倒的是军旗，永远不变的是军魂，终生难忘的是军人情。军营，是我终生难忘的家；部队，是我永远值得骄傲的母校！为报答党和军队培养我的恩情，为景区发展、为乡村振兴、为人民造福、为父母争光！人们都说，大地是母亲，山脉是父亲，我踏着嵖岈山脊，努力奋斗，报答父恩。在未来的日子里，我准跟爸爸一个样！"

宋艳丽越说越振奋："这几年，我和父亲、弟弟先后荣获中华人民共和国退役军人事务部监制、政府颁发的'光荣之家'和'优待证'。当社区工作人员把金光闪闪的'光荣之家'牌匾和红色优待证发放给我时，我既激动又感到十分荣幸，感谢党和国家对退役老兵的关怀。我不能忘记军队这座大熔炉，是党和军队的培养使我不断成长和进步，我将继承和发扬部队的光荣传统，退役不褪色，勤奋务实永做新时代最可爱的人。在增强了荣誉感、归属感、使命感的同时，更加激励我不忘初心、牢记使命，感党恩、听党话、跟党走，永葆政治本色，珍惜荣誉，再接再厉，再创辉煌。时间在变，不变的是军魂；环境在变，不变的是军心；社会在变，不变的是军营；事物在变，不变的是军人。在新时代、新征程上，我要和父亲一起踔厉奋发、勇毅前行，为嵖岈山旅游景区的兴旺发达、为家乡振兴和乡亲们致富而不懈努力。"

人生不必光芒万丈，但要始终温暖有光。宋艳丽坚信，只有自己变得优秀了，其他的事情才会跟着好起来。人生路漫漫，我们最能把握的是实实在在的眼前和当下。只有把今天该做好的事做好了，才算没有辜负光阴；只有把今天过好了，才有更足的底气去面对未知的明天。愿我们不辜负时光，不辜负自己。在人生的路上，每个人都在奔跑，我们会赶超一些人，也会被一些人超越。有的人想要尽早抵达目的地，有的人偏爱欣赏沿途的风景。试着寻找一种最适合自己的速度，莫因疾进而不堪重荷，莫因迟缓而空耗生命。踏实走过每一步，就会更加接近梦想。

儿子的保护神

为了自己有更多的时间开发嵖岈山，宋富锦把儿子宋骁飞推上了家乡旅游业这辆战车。宋骁飞曾经也是一名军人，1997年入伍，2002年7月至2004年9月担任武警天津边防局公边1202巡逻艇艇长。2004年从部队转业，先后担任河南嵖岈山旅游集团公司监事会主席、总经理，郑州市灵格风培训学校校长，天津海加利公司总经理。年纪轻轻的宋骁飞在毫无准备的情况下,接过来天津海加利公司那么一大摊子事务,而且天津海加利公司就像一只老母鸡,刚下一个蛋,就要被嵫岈山拿走。开始,宋骁飞真有点儿吃不消,老父亲宋富锦就不厌其烦地给儿子打气鼓劲儿,要求儿子顾全大局。

他说:"人生如梦,转眼就是百年。我在几十个春秋的奋斗历程中深切地感悟到:任何时候,人都要有长远的目光。做任何事,谁都不会一帆风顺,总要面临各种曲折。前辈之鉴,这就要求有远大志向的你,在遇到难处甚至是最困难的时候,一定要有长远的目光,自己给自己定好位。你说,是不是啊?历经过风雨,我还有一个深刻的体会:在工作岗位上,不管哪一天、干哪一件事,咱都应该自觉主动、认真积极地当作事业来干好。"

宋富锦像嘱咐女儿宋艳丽一样嘱咐儿子宋骁飞:"要想向上生长,先要向下扎根。不愿迈出前行的脚步,就无法到达最美的远方;不肯跳出眼前的安逸,就无法感受生活的多彩。一旦自己给自己设限,我们的人生可能就会黯然失色。走出自我的小天地,去开拓人生的大舞台,我们才能活得愈加出彩。"直到儿子宋骁飞答应接过这个担子,宋富锦的心才像电流擦过钨丝闪亮了。

在儿子宋骁飞的眼里,老爸宋富锦的深谋远虑,他一辈子也学不完,只能高山仰止。

你在高处

我知道的
　　那个高度
　　我终生无法抵达

　　有意或者无意
　　你总是把伤口悄悄藏起
　　这让我看见了
　　一种界限与敬畏

　　父亲是孩子最好的老师，他的格局有多大，孩子就能飞得多高。宋富锦经常告诫儿子，找到自己的赛道，找到自己的时区，只要你努力不懈，就会有成功的喜悦。安心地做好自己，你就是最美丽的。

　　有些风景，如果你不站在高处，你永远体会不到它的魅力；有些路，如果你不去启程，你永远不知道它是多么美丽。我们的命运由我们的行动决定，而绝非完全由我们的出身决定。机会永远都不会平等，但结果却可能平等。心有多大，舞台就有多大！勇敢去拼搏，别让明天的自己后悔。

　　与其坐而论道，不如起而行之；与其空想明天，不如抓住今天。当你行动起来后，即使结果不如预期，奋斗的经历与学到的本领，都是日后宝贵的财富。从现在开始，做个实干家，用自己的双手创造想要的生活。

　　努力一下很容易，一直努力很难得；坚持一下很简单，一直坚持却很难。但人生就是这样，成功等于一直努力、一直坚持。当你想要放弃的时候，再坚持一下，可能前方就是灿烂的曙光。

宋富锦推心置腹地对儿子说："如果是你想要的，只要是我拥有能给予的，爸爸倾尽全力也会给你。"父爱不言，却默默地保护了儿子一路。

作家梁凤仪曾说过这样一段话："恐惧时，父爱是一块踏脚的石；黑暗时，父爱是一盏照明的灯；枯竭时，父爱是一湾生命之水；努力时，父爱是精神上的支柱；成功时，父爱又是鼓励与警钟。"一个好的父亲，是孩子人生路上最珍贵的财富。

冰心曾说过："父爱是沉默的，如果你感觉到了那就不是父爱了。"

同样是军人出身的宋骁飞，对父亲宋富锦的体会是："大部分父亲都不善言辞，不苟言笑，其实威严的外表下，藏着的是深情。我的父亲宋富锦就是这样的人。"

宋骁飞和他的姐姐宋艳丽一直认为，有父爱陪伴，孩子的幸福指数高。人们常说"父爱如山"，为什么把"父爱"比作"山"呢？因为父爱代表着力量，好像高山一样巍峨耸立，父爱是孩子心理的依靠，是孩子成长中的精神支柱。

父爱是母爱所不能替代的。如果说母爱可以使孩子懂得爱是什么，使孩子变得温柔体贴，那么父爱则能使孩子变得坚强勇敢，它始终是孩子成长的力量源泉。

弟弟妹妹们的定盘星

2023年7月1日,是宋富锦的母亲李玉梅去世4周年的忌日,弟弟妹妹们都回到嵯岈山祭奠母亲。借着这个机会,笔者在入住的酒店采访了他们。饮水思源,心潮澎湃,弟弟妹妹们的每一句话都充满对大哥大嫂的感激之情。千言万语化作一句话:群雁高飞头雁领,大哥是我们家的定盘星。

与笔者同庚、仅比笔者大两天的宋长金——宋二哥,长相酷似歌唱家程志,一米八的大个儿,标准的平头,这位多年在家乡从事教育事业的人,曾经辗转于嵯岈山内外,在多所学校当过教师,任过校长。后来,由于种种原因,学校每况愈下,有时连续几个月发不出工资,给家庭生活带来一定的困难。于是他以去天津治病的名义请了长假,忍痛离开了他喜欢的学生和为之奋斗、辛勤工作多年的学校,只身来到了天津投奔大哥宋富锦,进入天津海加利公司,掌管起黄骅港的工程业务,与大哥一起摸爬滚打,从此走上了小康之路。

老三宋存金,可以说他的履历也是一路辉煌,从小受大哥从军报国的影响,应征入伍当了6年海军。在部队大熔炉里历练过的他,复员回乡的时候,已经是"要能力有能力、要口才有口才"的共产党员了。他从大队民兵营长干起,不久就当选为党支部书记,而且先后分别任过两个村的党支部书记,家里人说,老三是继承了父亲的遗志。无论在哪个村任职,他都想带领村民发家致富,可是由于种种客观条件的限制收效甚微，让他的一腔热血付诸东流。这时，大哥宋富锦对他说，看来改变家乡面貌小打小闹不行，你来天津吧，我们共同创造财富回报家乡，给父老乡亲们一个惊喜。老三就是抱着这样的梦想加入了大哥的团队。

老四宋学文，虽然名字叫学文，可是他实际上是一个能文能武的人，心中有韬略，手中有功夫，胆大心细，遇事不慌，是家里踏实肯干的"老黄牛"。在村里，他也是个有人缘、有本事的人，他不用像三哥那样为村民大事小情操心，却悄没声地守着老母亲和老婆孩子，把自己家的小日子过得有滋有味。可是，随着大哥宋富锦在天津的企业发展得越来越大，需要更多人手帮忙，俗话说："打仗亲兄弟，上阵父子兵"，大哥一声令下，把老四也拉到了天津。他开始和大哥、二哥、三哥共同追求创造财富回报家乡的梦想。哥哥和妹妹评价他，老四宋学文总是沿着大哥指引的方向前进！

老妹宋学芝，也是从小受大哥从军报国的影响，应征入伍到武警部队，一路走来，晋升为副团职警官。她为了照顾孩子上学，几经换防，后来才调回了天津。不久，赶上部队裁减员额，已经回到了大城市的宋学芝，不容分说，毅然地选择了自主择业，离开了她热爱的部队。在采访的时候，笔者发现她非常健谈："我虽然对家乡的贡献没有哥哥们大，但是我对家乡的感情特别深。昨天晚上，我回到故乡，激动得睡不着觉，千头万绪涌上心头。岁月如箭镞，月是故乡明。世界上的道路，无非起点和终点；人在旅途，无非故乡和他乡。不管时间怎样奔跑，不论自己怎样变换容颜，故乡，是靠近心脏的地方，永远那么亲，那么暖，我们总能刻画出你的模样，闻到你的芬芳。老家，因为有你，真好！大哥大嫂，你们是我们弟弟妹妹们的榜样，没有你们的努力奋斗，就没有我们今天的好日子。祝哥哥们健康长寿，祝嫂子们幸福安康！"

身为家中老大，宋富锦这个定盘星稳准狠。他对于弟弟妹妹们，该提携时提携，该帮助时帮助，该批评时批评。父母不在了，他就是这个家的家长。他经常开导弟弟妹妹们：没有信手拈来的幸福，也没有不劳而获的成功。成功不是急功近利的模仿，理想也不是人云亦云的跟随。真正能够有所成就的人，都有着对自我的清晰认知、对目标的慎重选择，同时相信滴水穿石、久久为功，用实际行动为自己的梦想添砖加瓦。

人生中要走很多路，有一条路不能拒绝，就是成长的路；有一条路不能迷失，就是信念的路；有一条路不能停滞，就是奋斗的路。信心满满走好脚下的每条路，才能让生命中的每一天都过得精彩。

幸福不是高不可攀的高峰，而是抬头就能看到的风景。幸福就藏在平凡的日常生活中，你不断寻找幸福的过程，正是人生最好的状态。我们给生活多少耕耘，生活就会赐予我们多少果实，我们给生活多少懒惰，生活就会回敬我们多少苦涩。把每一件简单的事做好就是不简单，把每一件平凡的事做好就是不平凡。专注当下的每一刻，用心做好每一件事，你就会离理想的生活越来越近。

弟弟妹妹们说："在大哥大嫂的关照庇护下，我们被爱，才知道感恩；我们被爱，才知道善良；我们被爱，才知道温暖。大哥是一位具有顶级修养的人，他穷不怪父母，孝不比弟妹，苦不责妻子，气不凶儿女。我们的大哥出言有尺，待人有度，做人无愧于心，做事无愧于人，他是一个行为有品的好大哥！"

春夏秋冬，总有无尽诗意，朝云暮色，都是悠闲惬意，一草一木，皆有万般情意……见天地，见众生，见自己。这个大家庭的定盘星宋富锦，弟弟妹妹们有什么事愿意找大哥商量，有什么困难主动找大哥帮忙，有什么成绩喜欢向大哥汇报。他们像众星捧月一样，紧紧地依偎在大哥宋富锦的身旁……

第十八章

70岁交班，女儿挂帅

2020年的青年节前后，由演员何冰朗诵的《后浪》火了一把，这段朗诵宋富锦反复听了三遍：

那些口口声声"一代不如一代"的人

应该看着你们

就像我一样

我看着你们，满怀羡慕

人类积攒了几千年的财富

所有的知识、见识、智慧和艺术

像是专门为你们准备的礼物

科技繁荣、文化繁茂、城市繁华

现代文明的成果

被层层打开

可以尽情享用

自由地学习一门语言

学习一门手艺

欣赏一部电影

去遥远的地方旅行

嵇岈锦

很多人，从小你们就在自由探索自己的兴趣

很多人，在童年，就进入了不惑之年

不惑于自己喜欢什么，不喜欢什么

人与人之间的壁垒被打破

你们只凭着相同的爱好

就能结交千万个值得干杯的朋友

你们拥有了我们曾经梦寐以求的权利

选择的权利

你所热爱的就是你的生活

你们有幸遇见这样的时代

但时代更有幸遇见这样的你们

我看着你们满怀敬意

向你们的专业态度致敬

你们正在把传统的变成现代的

把经典的变成流行的

把学术的变成大众的

把民族的变成世界的

你们把自己的热爱

变成了一个和成千上万的人分享快乐的事业

向你们的自信致敬

弱小的人才习惯嘲讽和否定

内心强大的人从不吝啬赞美和鼓励

向你们的大气致敬

小人同而不和

君子美美与共、和而不同

更年轻的身体，容得下更多元的文化、审美和价值观

有一天我终于发现

不只是我们在教你们如何生活

你们也在启发我们怎样去更好地生活

那些抱怨"一代不如一代的人"

应该看看你们

就像我一样

我看着你们满怀感激

因为你们，这个世界会更喜欢中国

因为一个国家最好看的风景

就是这个国家的年轻人

因为你们，这世上的小说、音乐、电影中表现的青春

不再是忧伤、迷茫

而是善良、勇敢、无私、无所畏惧

是心里有火、眼里有光

不用活成我们想象中的样子

我们这一代的想象力不足以想象你们的未来

如果你们依然需要我们的祝福

那么，奔涌吧！后浪

我们在同一条奔涌的河流

宋富锦想，"那些口口声声'一代不如一代'的人"，究竟讲了些什么呢？"你们"指"90后"、"00后"，即后浪或后辈。"我"就是后浪的前辈们。

前辈羡慕后辈，羡慕他们可以学习丰富的知识，享受丰富的物质成果，有广泛的选择面和选择权，以及广阔的社交圈。

前辈致敬后辈。因为后辈专业水平高，铸就了事业，自信大气，见多识广。

前辈感激后辈。因为后辈带来了正能量。

这些就是《后浪》大致要传达的意思。

每个过来人或多或少被父辈唠叨过，唠叨他们身在福中不知福，不知道珍惜。看似陈词滥调，其实是一种羡慕。从旧社会过来的感叹新社会新希望，从特殊时代过来的感叹新时代新机遇，改革初期过来的感叹新世纪新气象。

其实每个时期有每个时期的背景和起点，每个时期有每个时期的任务。只要社会持续发展和进步，每代人干好各自的事，各有各的历史功绩，有什么可羡慕的呢？

至于致敬后辈更是多此一举，难道还一代不如一代吗？再说了，没有前辈打下的基础，后辈能有更大的作为吗？有了前辈创造的条件不好好表现，对得起吗？可见与其说致敬和感激，倒不如说鼓励鼓励吧！

经受了近20个春秋的考验，如何让嵖岈山旅游景区继续笑傲江湖？宋富锦开出的良方是创新。他创新的第一步，就是"长江后浪推前浪",让年轻人走到舞台中间来。《后浪》的朗诵词震天响,宋富锦感觉到潮水汹涌而来,他对年轻人寄予无限希望。于是,他雷厉风行,立竿见影,在2020年1月7日,这位年近70岁的老人潇洒地把嵖岈山旅游景区的经营管理权全部交给了"后浪"宋艳丽。

其实,关于接班的问题,宋富锦大可不必这样操之过急,美国一项大型研究发现:

(1)一个人最有生产力的年龄是60~70岁。

(2)人类生产力第二高的阶段是70~80岁。

(3)第三个最有生产力的阶段是50岁和60岁。在此之前,人的智力活动尚未达到巅峰。

(4)诺贝尔奖获得者的平均年龄为62岁。

(5)全球100家最大公司总裁的平均年龄为63岁。

(6)美国最大的100个教会的牧师平均年龄为71岁。

(7)这证实了一个人最好和最富有成效的年龄是在60岁到80岁之间。

这项研究由一组医生和心理学家在《新英格兰医学》杂志上发表。

他们发现,人在60岁时达到了情感和心理潜力的顶峰,这种情况会持续到80岁,甚至更远。因此,如果您是60岁、70岁或80岁,您正处于人生的最佳水平。

在日本,男人到了70岁,还在上班挣钱。

在美国,男人到了70岁,还在竞选总统。

在德国，男人到了70岁，还在公司当总经理……

由此可见，宋富锦正处在人类生产力第二高的阶段，他70岁从一线退下来，从一定意义上讲是管理型人才的浪费。

宋富锦却不那么认为，他说："我们这批年龄大一点儿的人，正在逐步往后退。但退并不是完全不管，是退到一些相应的部门。在这样的岗位上，既可以送一程，又可以帮一把。在重大的问题出现时，我们的力量很强的，我们的智慧也很强的。"实践证明，青出于蓝而胜于蓝！宋富锦对女儿的表现很是满意。让年轻人冲到商海里扑腾、扑腾，自然没错，可有时仍担心，万一遇到了大风大浪怎么办？如果真的是那样也不怕，宋富锦这个经验十足、卓尔不群的老舵手绝不会袖手旁观！

现任嵖岈山旅游集团公司董事长兼总经理的宋艳丽，是宋富锦的女儿，中共党员，工商管理硕士，是一名副团职部队转业干部，有虎父，必有虎女，她像爸爸宋富锦一样，别看身体有些单薄，在部队时也是一个敢打敢冲的主儿。在武警部队、公安部特招入伍36名大学生训练中，荣获五公里越野第一名，受到学员队的嘉奖。而且在部队荣立三等功，多次受到部队的嘉奖。宋艳丽在嵖岈山旅游景区工作多年，具有较高的旅游专业水平和较强的企业管理能力、市场营销能力、资本运作能力。

在宋艳丽新任嵖岈山旅游集团公司董事长兼总经理的2020年，尽管在距离嵖岈山不算很远的武汉暴发了新冠疫情，但是旅游胜地嵖岈山仍然艳阳高照，春风送暖。嵖岈山的春天来得特别早，在人们不经意的目光中，她已经悄悄站在了你的身旁。在她温暖的眸子中，在人们彼此亲切的眼神中，读懂的是温馨情怀。

冬天已在嵖岈山人身后静静走开，所有辛勤的人此时都会有幸福的感受，像领悟到某种真谛，因此而格外珍重，这是虽然短暂但凝重的难忘时刻。春天，这让所有嵖岈山人都欢欣的时刻，从第一缕春风中已经明明白白。

2020年的端午节前，新董事长宋艳丽领导嵖岈山景区开展"我为城市送春天"快闪活动，通过活动向市民赠送嵖岈山风景区门票，引导消费者出游与休闲消费。

2020年6月，嵖岈山风景区启动"抖来嵖岈尖叫一夏"抖音挑战赛活动，与抖音官方发起美好目的地嵖岈山站，嵖岈山成为国内美好目的地计划第一站。在抖音挑战赛期间，嵖岈山风景区还定向邀请旅游达人、旅行博主等来景区打卡，凭借"美好推荐官招募、美好路线定制、美好话题联动、美好印象扩散"4种方式，打通明星资源、短视频定制、话题互动和"平台增流"的营销路径，打造了嵖岈山独树一帜的文化旅游品牌形象。

暑期之前，嵖岈山风景区推出天空漂流、"飞拉达"、丛林飞跃和门票套票等项目，以多重优惠措施吸引游客。游客在这里除了可以感受"中华盆景"的秀美和奇特之外，还可以体验各种互动娱乐项目的惊险刺激。天空漂流、千米玻璃滑道720度激流勇进大回环、飞拉达绝壁攀岩、丛林飞跃等，不仅有"卖点"更是"热点"，很快成为新的网红打卡点。

宋富锦看到这些新产品、新技术、新手段，他的心里乐开了花，积极肯定他们的做法，感受到"后生可畏"，不停地为他们点赞。

2020年7月，河南省文化和旅游厅启动"百万学子游河南"项目，宋艳丽带领嵖岈山旅游集团公司一班人推出10条暑期研学旅游精品线路，嵖岈山旅游景区入选2020河南暑期研学旅游精品线路。

2020年8月，嵖岈山旅游景区与携程平台开展了"老家河南、清凉一夏""少年壮游计划"等暑期推广活动，吸引了不少学校和户外组织把研学拓展训练、毕业汇报演出、夏令营活动目的地选在了嵖岈山。自8月以来，嵖岈山旅游景区共接待研学游客近5000人。

"跨省游"恢复后，嵖岈山旅游景区积极参与河南省文化和旅游厅联合南航、东航推出"老家河南"暑期航空旅游产品。凡2020年8月至9月乘坐南航、东航来河南的旅客，凭本人十日内登机牌和身份证来嵖岈山风景区可免费进入风景区游玩。活动期间，嵖岈山风景区为航空旅客不仅设立VIP换票窗口，还推出可以享受风景区内丛林飞越、飞拉达攀岩项目半价优惠活动，吸引外地游客打"飞的"游嵖岈。

然而，后来的新冠疫情复发，向他们的头上泼了一盆冷水，浇灭了他们熊熊燃烧的梦想。为了配合疫情防控，为了游客的健康安全，也为了嵖岈山风景区员工的身心健康，他们只好向社会发出这样的公告：

今日暂别，望君安好，待山河无恙，我们"疫"后相约！

此时此刻，我们本应该在冒险谷戏水乐园，带着孩子无忧无虑打水仗，捉泥鳅；本应该在分水岭的透明玻璃上俯冲而下，体验惊险刺激的天空漂流；本应该在凤凰台"会当凌绝顶，一览众山小"；本应该荡舟在天磨湖上，偶遇几只野鸭，双手滑过清凉的湖水，"船在湖间行，人在画中游"……然而，世界上哪有真正的"本应该"！

七月的"灾情"，我们开了又关，关了又开；终于盼到了雨过天晴，彩虹初现，八月的"疫情"又骤然而至！我们不得不放下幻想，接受突如其来的现实。"疫情"面前，没有局外人！为了配合疫情防控，为了游客的健康安全，也为了我们自己员工的身心健康，我们纵有千般不舍，万般无奈，还是毫不犹豫地和您挥手暂别！这一次我们没有一刻的犹豫！共同抗"疫"，你我同在！今日"暂别"，只为来日方长！

虽然暂别，但我们闭园不停工，我们会充分利用这段时间，加强员工培训，全面提升我们的服务和管理水平；同时升级和改造景区各项基础设备设施，希望再见时，能给您带来更大的惊喜；闭园不停"更"，我们将持续更新我们的抖音官方号和微信公众号，让您在家也能欣赏嵖岈美景和了解景区的最新动态；同时我们也将不定期地通过抖音直播，陪您聊聊天，跟您问个好！

"人生虽有离别日，山水应有相逢时"，最后祝君各自安好，待到疫情退去，我们再平安相见！

嵖岈山风景区
2021 年 8 月 4 日

待新冠疫情稍稍减弱，根据上级有关部门的通知，嵖岈山旅游景区可以恢复开放，他们紧锣密鼓在 2021 年国庆节到来之际，针对少年儿童的特点，举办了"共谱盛世华章 1949—2021·稻草人艺术节找回童年"活动，激发孩子们的爱国主义热情。嵖岈山旅游景区以此祝愿伟大的祖国繁荣昌盛、国泰民安、山河壮丽和岁月峥嵘。

金秋的嵖岈山秋色撩人，不仅是游山玩水的好时节，还有"熊孩子"们最爱的"稻草艺术节"，9 月 28 日至 11 月 10 日如约而至，盛装回归！比起往年，更有新装置，新主题，新体验！快快和孩子们，"一起'稻'嵖岈山，找回童年"！此次活动由玩"稻"篇、秀"稻"篇、知"稻"篇、看"稻"篇四个部分组成。

玩"稻"篇。当孩子，习惯了手机、"网课"和游乐场；是不是快要忘记，大地上还有最好玩的天然游戏；来嵖岈山，除了能带孩子游览自然山水风光外，天然稻草搭建的各项游玩装置，绿色大草坪、山脚下的草垛乐园；巨型的稻草雕塑；

开开心心地爬高下低，欢跑撒野，在大自然享受童年的快乐，找回应有的童年！

秀"稻"篇。当你习惯了城市的车水马龙，看遍了午夜霓虹，体验了灯红酒绿，当你厌倦了城市的喧嚣，内心变得浮躁，来趟嵖岈山吧，这里有最美的秋色，最蓝的天空，最纯粹的山，最纯净的湖，最纯洁的石，这里还能找到你儿时的记忆，找回曾经属于你的童年，"秀"出不一样的自己！

知"稻"篇。致敬袁隆平爷爷！以及所有殚精竭虑为了水稻事业贡献一生的人们！关于"稻"，也许你还知之甚少，它的一生如何成长，它经历了怎样的春秋；每一粒稻谷都在诉说着光阴与成长的故事，唯有大地拥有神奇的魔法，将故事串联成人生，喂饱肚子，温暖人心。来趟嵖岈山吧，带你走进稻的世界，了解稻的前世今生。稻的世界，非同寻常。

看"稻"篇。你有多久没有看过油画展览了，来嵖岈山吧，稻草艺术节期间，这里你能看到法国画家、印象派代表人物及创始人之一莫奈最具代表性画作《干草堆》。莫奈在不同的心情下画了同一个主题，将光和影进行了极致的运用，每幅作品都让人叹为观止。

在2021年的年终岁尾，时任嵖岈山旅游景区总经理助理、办公室主任王亚整理了一份文件，对2021年嵖岈山旅游景区的重大活动进行了盘点和回顾。

2021年3月28日至5月5日，第九届西游文化节期间，

嵖岈山旅游景区上演西游实景演出《大圣归来》。这幕《大圣归来》是以嵖岈山自然景观为背景，真山真水为演出舞台，以"西游文化"和经典故事剧情为主要内容，融合了武术、舞蹈和音乐等多种表现艺术，是"西游文化"与自然山水共同的杰作。

2021年4月7日，嵖岈山旅游景区荣获2020年度河南省"五钻级"智慧景区建设先进单位，获此次殊荣的全省共计五家。

2021年5月2日和10月23日，嵖岈山旅游景区两次因为接待人数接近疫情防控条件下的接待限额，为充分保障游客安全和为游客提供舒适的游览体验，发布限流公告，提前关闭售票通道。

"屋漏偏逢连夜雨"，受7月洪水、8月疫情的影响，嵖岈山旅游景区2021年全年闭园4次，合计闭园29天。最长的一次闭园从8月5日至8月27日，连续闭园23天。

2021年7月24日，嵖岈山旅游景区支援新乡救援队一行7人星夜出发，携带爱心物资和救援设备火速前往新乡抗洪现场，携手同行，风雨同舟，一方有难，八方支援；此时此刻，没有旁观者！嵖岈山人和新乡同呼吸，共命运！

2021年10月1日，嵖岈山自营酒店——行者·嵖岈山酒店正式对外试营业，开门纳客。酒店位于景区南门，地理位置优越；服务周到，环境优美；设施齐全；共计客房88间，房型丰富。

嵖岈山旅游景区响应"豫见金秋·惠游老家"号召，自2021年10月10日至11月10日，向全国人民免门票32天。免票期间累计接待游客将近25万人次，入园人数位居河南省景区第三，他们再次感谢广大游客对嵖岈山的喜爱和认可！

2021年11月29日，全国旅游标准化技术委员会第一批国家级文明旅游示范单位评定结果正式公布，嵖岈山旅游景区榜上有名！获评全国首批国家级文明旅游示范单位！

在新冠疫情期间，虽然游客量锐减，但是嵖岈山旅游景区并没有闲着，而是着力提升内功，大力进行项目建设。新增悬桥溜索、崖壁滑道、悬空栈道等游客体验式项目；全面打造智慧景区，与"腾讯·智慧旅游"进行合作，新增景区大数据平台、综合管控平台、车辆人员定位管理、无感停车等，打造全国智慧旅游行业新标杆。在新冠疫情期间，采用门票分时预约系统，景区内免费提供线上智能导游导览、具有景区特色的语音讲解，极大地提高了游客满意度和景区管理效率。

广义来说，红色旅游是历史旅游的一种。开发红色旅游资源，能吸引更多的游客游览历史遗址、学习历史、知道历史；在接待各方游客的同时，还能够达到一举多赢的目的：一是可以借势营销本地的特色产品，丰富当地产品销售渠道。二是可以优化产业结构，创造新的劳动岗位，减少劳动力外流，努力推动共同富裕。站在游客的立场上，赴红色景点旅游是爱国精神的具体体现方式之一，在景点学习红色历史、感受先辈们曾经的奋斗经历，做到学史明理，亦能够进一步树立正确的人生观、价值观。换言之，旅游不仅能创造经济效益，同时也是对游客的精神洗礼。

即使在新冠疫情严重的2022年，在新董事长兼总经理宋艳丽的带领下，嵖岈山人并没有停下创新的脚步。未来，要想让旅游创造更多的物质价值与精神价值，仍需从以下几方面持续发力。

提升接待和服务水平。嵖岈山旅游景区不能总幻想吃老董事长宋富锦打江山的老本，还必须持续提升服务品质，为来自五湖四海的游客提供优质的旅游体验，在互联网时代努力提升服务的品牌影响力。严格按照国家、地方的旅游相关制度做好接待和服务，确保游客在风景区游玩时的人身安全，保证游客感觉钱花得值、来得不亏。

提升导游的讲解能力。对很多普通游客而言，需要专业的导游用易懂的语言为他们讲解，以便其进一步感受到中国人的奋斗精神。例如，站在"百年中国精神墙"前，通过导游的讲解，游客们可以深入回顾中国共产党百年的光辉历程、伟大成就和宝贵经验，了解百年中国共产党如何以行动为表率，涵养了中国精神的躯体，诠释了中国精神的真谛，谱写了中国精神的乐章，铸就了中国精神的辉煌。

以《嵖岈魂》为蓝本，讲述嵖岈山的革命历史和红色精神。像魏朗斋先生这样的历史人物固然可敬，但这不是红色旅游点强迫游客为历史人物"买单"的理由，游览红色景点不是游客的义务，他们有自由选择的权利。风景区不得要求游客另行消费，不得过分推荐产品影响游客的游览、休息时间，不得因游客购物少而擅自改变行程甚至与游客发生不愉快。嵖岈山旅游景区周边做好相应教育和监管，不要让当地居民借机扰乱旅游秩序。例如，切不可堵住设施完善、管理规范、服务优质、安全便捷的免费公共停车场入口，把"自由行"的旅游车辆拦截到无安全保障的农家饭店门前停放，欺诈游客消费。

通过智慧化、数字化等形式丰富旅游体验，将传统讲故事、看陈列转变为身临其境、沉浸式教育，增强红色文化的传播效果。此举既能够宣传景区，又能够传播红色文化。为照顾全国各地游客，需要针对不同地区情况，组织有能力的导游多学习一些语言知识，以方便相关游客游览。例如，年轻的情侣伴游、新婚夫妇蜜月之行，祝他们快乐幸福；孩子们的生日旅游，鼓励孩子努力奋斗。不仅要让更多的青少年、儿童参与到嵖岈山旅游中，还策划在新冠疫情得到全面控制、入境旅游全面开放后，向海外人士推介和开放旅游路线，要让全世界来华游客看看中国人民是如何在党的领导下团结一心，实现了翻天覆地的变革，以故事和文物感动、打动他们，努力让来华的游客回国后都能够客观评价中国，而不是对中国抱有偏见。

第十九章

细节为什么决定成败

第十九章 细节为什么决定成败

西方流传的《帝国亡于铁钉》一书中有一首民谣：铁钉缺，马蹄裂；马蹄裂，战马蹶；战马蹶，骑士跌；骑士跌，军团削；军团削，战士折；战士折，帝国灭。这就是细节的放大效应。要让梦想变为现实，执行力才是关键。很多时候，你缺的不是改变的决心，而是行动力。明确目标、拆解任务，拒绝拖延、即刻实施，愿你用行动拥抱未来，不断收获成长。

改变，都是从小事做起，从细节开始。千里之行始于足下，任何事物都是从细枝末节一点一滴逐渐形成的。一个人未来能去哪儿，不是靠想象，而是靠今天干了什么，干得怎样？没有了屋檐的人，也学着自己躲雨。在这个世界上，根本就不存在"不会做"这回事，当失去了所有的依靠时，你自然就什么都会了。在这个过程中，不要急于求成，时间终究会对你的付出予以奖赏。从来就没有什么捷径，能够让你不必付出努力就能心想事成。真正有价值的一生，总是需要你去行动，去做无数件别人也许不屑尝试的小事。那些一直在一步一步地往前走的人，终会拥有想要的人生。曾几何时，有一部《细节决定成败》的书，企业管理人员都争相阅读，一时间洛阳纸贵。嵖岈山旅游景区创建国家级文明旅游示范单位的一些做法，其实就是企业细节管理的范例。

抓机构建设，强化文明旅游组织领导。为了确保文明旅游示范单位建设工作的顺利推进，河南嵖岈山旅游集团公司董事长、总经理始终坚持把文明旅游创建工作摆在关键位置，列入重要议程常抓不懈。结合公司领导班子成员变化情况，及时成立了由董事长兼总经理任组长，各位副总经理任副组长，各部室负责人为成员的文明旅游工作领导小组，设立了创建办公室，制订了创建工作计划和实施方案，对创建工作的具体内容、工作目标、实施步骤、完成时间和保证措施等提出了明确要求，把工作任务细化、量化、层层分解、夯实责任，做到层层有任务，人人有责任，事事有人管。领导小组坚持每月召开一次专题会议，研究推进文明旅游创建工作的重大事项，促进了整体工作落实。并不断完善投入机制，加大对创建工作的投入，保证了创建工作的需要。同时，实行了创建工作日常督查制度，做到了周通报、月检查、季评比、年考评，褒扬先进，敦促后进，奖优罚劣，充分调动了公司全体人员搞好创建工作的积极性，推进了创建活动的深入开展。

抓规范完善，搞好文明旅游制度建设。为了将文明旅游工作纳入景区的制度化、规范化轨道，推进文明旅游工作的扎实有效开展，他们一直高度重视文明旅游工作的制度建设。

实行绩效考核管理，推进文明旅游工作。他们按照《文明旅游示范要求与评价》包括的五个基本项目附加项和负面清单管理的评定标准要求，制定了绩效考核管理制度，将文明旅游制度建设中的应急预案和演练（安全管控）、卫生环境中的卫生环境秩序（环境管理）、服务质量中的客户服务机制、投诉处理、服务规范、语言规范、个性化服务（服务管理），职业道德规范中的爱国爱企、自尊自强、宾客至上、热情大度、文明礼貌、爱岗敬业、诚实守信、办事公道、克勤克俭、遵纪守法、团结互助和开拓创新等内容纳入公司绩效考核，并按照每月考核和年终评定相结合的办法，综合评定年度考核成绩，取得了良好的效果，促进了文明旅游工作的顺利开展。

完善培训考核制度，提高员工文明素质。他们根据文明旅游工作的需要，制定完善了涉及旅游服务、景区管理、旅游安全、职业道德、企业文化、旅游业务知识、岗位职责、社会主义核心价值观及相关法律、法规等内容的员工培训制度。采取集中培训和部门培训相结合、专家授课和现场实操相结合、业务培训和外出考察学习相结合的办法，对全体管理人员和员工进行了系统培训。使年度培训率达到了95%以上。同时，公司总经理办公室还严格按照公司培训考核制度的要求，对培训工作进行了全程的监督、检查和考核，通过对受训人员的理论考试和实操检验，培训合格率一直保持在100%。

制订实施安全预案，强化文明旅游安全。安全是旅游的生命线，他们始终把风景区的旅游安全工作作为重中之重来抓，制订了内容翔实具体、切合景区实际、操作性强的包括自然灾害、事故灾难、公共卫生传染病疫情和社会安全事件在内的突发性事件处置应急预案，并于2020年5月20日经遂平县文化广电和旅游局审查备案发布实施。同时，为便于在处置突发性事件中操作，他们还制订了年度突发事件应急演练实施计划，并分别在每年的"清明节""五一""十一"和春节旅游假期来临前，组织开展突发性事件应急演练，每年应急演练在3次以上，为游客的旅游安全提供了可靠的保证。

宋富锦对员工们这样说："生活每天都是限量版，努力过好当下，就是对人生最大的敬意。让我们不断突破自己，以崭新的自我面对挑战。请你相信，每一个闪闪发光的未来，都有一个努力过的现在。"于是，他们抓整改提升，优化文明旅游卫生环境。为了保持景区内干净、整洁、优美、舒适的卫生环境，他们始终坚持把景区的卫生环境优化放在各项工作的首位来抓。

开展景区综合治理，维护环境卫生秩序。他们在不断加强风景区内环境卫生日常检查和管理，保持环境干净整洁、无卫生死角的基础上，对风景区内乱摆乱放、乱搭乱建、乱刻乱画等不文明行为进行了集中治理，优化了风景区环境卫生秩序，使风景区内所有建筑和建设项目均严格按照规划设计开发建设，做到了选址科学、材质生态、建筑风貌和装饰风格与整体环境相协调，保持了与嵖岈山景观和周边环境的高度融合。

完善环卫设施，搞好垃圾处理。嵖岈山旅游景区内环卫设施完善，垃圾清扫运输工具齐全，垃圾箱数量充足，布局合理，560多个各具特色、造型别致的垃圾箱全部采用生态环保材料制作，色彩与景观和周边环境相协调，并按照标准要求分类设置，标有中、英、日、韩四种文字对照的醒目的可回收与不可回收图形符号。同时，对景区内的环境卫生和垃圾处理实行了定点、定岗、定人、定责的严格管理，做到了日产日清，全天候保洁，确保每天把景区内产生的垃圾全部集中清运到景区外的垃圾中转站，进行科学分类，集中处理。

严格制度执行，提升厕所功能。他们制定完善了卫生责任管理制度和卫生检查制度，实行了定区段、定机构、定人员、定标准、定奖罚的"五定"卫生责任制，并对各个卫生责任区实行了分片检查、定时巡查、及时反馈问题、限时整改提升、逐月奖罚兑现的卫生检查制度，有效地提高了环卫人员的责任感和工作积极性。同时，他们还按照旅游厕所的建设和管理要求，对景区内新建和扩建的6座AAA级厕所和9座A级厕所，完善了配套设施，提升了服务功能，使15座旅游厕所的建设、分布、管理和服务，完全符合《旅游厕所质量要求与评定》（GB/T 18793）A级旅游厕所的规定和《旅游区（点）质量等级的划分与评定》（GB/T 17775）相应等级的规定。

抓规范管理，提高文明旅游服务质量。在采访的时候，宋富锦强调："考虑一千次，不如去做一次。迈出第一步，才有机会获得自己想要的东西。想做的事情，只要有能力做，那就不要等。时间会让我们变成更好的自己,前提是我们愿意努力向前。"在实际工作中,他们也是这样做的。他们作为首批全国旅游标准化示范单位,始终坚持把提高文明旅游服务质量作为标准化管理的关键来抓。

搞好文明经营管理,强化游客投诉处理。他们按照《旅游景区工商户监督管理办法》等相关的法律、法规的相关规定,结合风景区管理工作需要,制定并实施了一系列经营现场管理和经营人员管理的制度。他们本着文明诚信、定点经营、管理统一、服务规范的原则,与风景区内每个经营户签订了承包经营合同和消防安全、食品卫生、饮食安全、卫生三包责任书,明确了双方责任和义务,规范了经营行为,使风景区内所有商品经营都做到了明码标价、货真价实、公平交易、文明服务。为了最大限度地满足游客需求,他们还成立了咨询服务和游客投诉办公室,指定专人负责咨询服务和处理游客投诉。在风景区门票、宣传资料和游客集中场所显著位置公布了投诉电话和旅游服务热线12301,在游客中心设置了游客意见箱和投诉意见本。确保在12小时内受理游客投诉,特殊情况下不超过24小时,对游客投诉的问题做到了件件有反馈,事事有结果。针对游客投诉涉及的普遍问题,他们认真分析原因,及时采取措施整改,达到了处理投诉合规合法,服务态度和蔼可亲,处理结果人人满意。在每年3次的游客满意度调查中,公司抽样向游客进行了征询,游客满意度达到了95%以上。

规范景区服务行为，提高文明旅游服务质量。他们针对风景区游客中心、售票、检票、导游等各个服务环节都制定了规范的服务标准和服务流程，特别是对服务规范、仪态规范、语言规范、着装规范、职业道德规范和尊重旅游者等方面提出了明确要求。通过系统培训和实操训练，使全体员工都做到了着装整洁美观、款式新颖，上岗仪态规范、得体大方，接待热情周到、文明礼貌、语言恰当、服务规范。确保在每个服务环节都使用了文明用语和普通话服务，并提供了两种以上的语种服务。同时，在接待旅游者时，还做到了尊重游客宗教信仰、民族习惯和风俗禁忌，使旅游者的人格尊严、民族风俗和宗教信仰在风景区得到了充分尊重。

完善景区游览设施，提供人性化服务保障。为方便游客参观游览，他们在停车场、游客中心和景区内各个游览场所、关键部位都设置了体现景区文化特色的有中、英、日、韩四种文字的导游全景图、导览图、景点指示牌、景物介绍牌、文明提示牌、生态保护牌等各类标识牌500多块，公共信息图形符号使用完全符合《公共信息图形符号 第1部分：通用符号》（GB/T 10001.1）的规定。在禁止游客游览的危险区域和需要提醒游客注意安全的部位设置了符合《安全标志及其使用导则》（GB 2894）规定的安全警示标识牌。同时，针对到景区旅游的老人、儿童、孕妇、残障人士等特殊人群提供了相应的人性化服务。在风景区每个出入口、游客中心和旅游厕所等关键部位都修建了符合《无障碍设计规范》

（GB 50763）规定的残疾人通道、盲道等无障碍设施。在旅游厕所增加了第三卫生间、母婴卫生间和母婴床、儿童安全座椅、多功能服务台和呼叫器等，在游客集散地和游道沿途都设置了方便孕妇和残疾人的休息座椅，在游客中心配置了轮椅、婴儿车、拐杖、雨伞等，在导游服务过程中，还开展了扶老助残服务和残疾人救助服务等人性化服务，得到了广大游客的一致好评。

路是走出来的，不是想出来的。抓氛围营造，搞好文明旅游宣传引导。为了不断强化旅游者和旅游从业人员的文明旅游意识，及时纠正各种不文明行为，公司采取了多种方式方法，推进文明旅游宣传引导工作。

创新形式，搞好文明旅游宣传引导。他们在风景区游客中心、南北山门入口广场、停车场、天磨湖、琵琶湖和两条游览步道沿线，设置了各类文明旅游宣传牌，广泛宣传文明旅游知识，营造了浓厚的宣传氛围。同时，通过在公司网站设专栏，在微信公众号设专栏和利用微博、抖音等形式宣传文明旅游，并坚持每月更新宣传形式和宣传内容，有效增强了宣传效果。

借助典型案例，搞好文明旅游宣传引导。充分利用南山门入口的LED电子屏和景区的旅游广播，开展文明旅游典型事迹宣传、文明旅游十大提醒语宣传和不文明行为警示教育。通过景区带队导游向游客讲解文明典型事迹，劝阻不文明行为和向游客发放"文明旅游从我做起"倡议书等途径，有效增强了游客的文明意识，纠正了不文明行为。

自创宣传品，搞好文明旅游宣传引导。根据景区文明旅游宣传工作的需要，组织人员自编内容、自行设计、自行制作了形式新颖、内容丰富的自创宣传品3种以上，以此倡导"十大文明旅游行动"，摒弃"十大旅游陋习"，营造了讲文明、树新风、守礼仪、讲诚信的文明旅游环境。

利用公益宣传片，搞好文明旅游宣传引导。根据风景区经营特点，制作了内容丰富、表现形式新颖、针对性强、对旅游从业人员和游客教育意义大的文明旅游公益宣传片，坚持每天9时、11时、14时、16时在风景区游客中心电视屏幕和南山门广场LED电子屏定时播放。对开展文明旅游教育和进行不文明行为劝阻发挥了良好的作用。

通过游览环节，搞好文明旅游宣传引导。通过在游览环节设置文明旅游标语牌，进行文明旅游提示；在景区宣传品上印制文明游览小知识，提示游客文明旅游；组织旅游志愿者服务为游客提供文明旅游引导；通过在景区内旅游交通工具上张贴文明乘坐标识，提醒游客文明旅游；通过景区导游讲解和文明旅游督导员劝导，引导游客文明旅游。同时，通过在保护生态方面上建立环境综合整治机构，制定保护制度和实施方案，在景区入口显著位置公布最大承载量，实施客流预警方案等途径，搞好文明旅游的宣传引导，促进了文明旅游工作的顺利开展。

抓"形式"创新，开展文明旅游实践活动。善于抓时机，搞好文明旅游特色活动。充分利用"清明节""五一""十一"和"中国旅游日"等节假日旅游高峰重要时点，有针对性地开展了以"文明经营、文明服务"为主要内容的争做文明员工活动；以"关爱生命、珍惜地球"为主题的世界地球日和世界环境日主题活动；以"回归自然、关爱环境"为主题的世界旅游小姐巡游嵖岈山活动和"文明服务、诚信经营"为主要内容的文明商户评比活动。同时，还根据公司经营特点，组织开展了嵖岈山西游文化节、登山节、春节灯会和《大圣归来》迎宾演出、中国当代诗人嵖岈山采风、《西游记》嘉年华、全国旅游摄影大赛和过大年回老家，文明河南看嵖岈等文明旅游特色活动，每年开展实践活动都在7次以上。

通过各类文明旅游实践活动的开展，烘托了文明氛围，宣传了文明旅游知识，有效地强化了旅游从业人员的文明意识，纠正了游客的不文明行为。热心抓服务，搞好文明旅游队伍建设。公司针对景区文明旅游工作需要，组建了旅游志愿者服务队伍，先后在"中国志愿者服务网"注册登记志愿者66人。同时，在游客中心设置了志愿者服务站，在南山门广场、观光车站和游客集中的重点部位设置了志愿者服务台和服务岗，安排了志愿者服务人员，公示了服务项目，开展了宣传文明旅游、便民服务献爱心和劝阻不文明行为等文明旅游活动。每年开展各类活动都在7次以上。

注重树形象，搞好文明旅游品牌建设。近年来，始终把文明旅游品牌创建放在景区各项工作的首位，在成功创建国家 AAAAA 级旅游景区、国家生态旅游示范区、首批全国旅游标准化示范单位、河南省文明风景旅游区、全省诚信文明示范单位等 40 多个国家和省级旅游品牌的同时，做到了创建机构不散、创建力度不减，通过各项文明创建活动的开展，经过不懈的努力，分别获得了全国文明单位、河南省文明单位等 10 多个国家级和省级文明旅游品牌。同时，还积极参加了上级相关职能部门的全国文明城市、卫生城市、文明风景旅游区等多项文明共建活动，并取得了显著的创建成果。

多措并举，强化文明旅游负面清单管理。为杜绝在嵖岈山旅游景区出现《文明旅游负面清单管理措施》所列的不文明行为和不文明表现，他们采取了一系列行之有效的《文明旅游负面清单管理措施》。在游客中心、山门入口处、游览步道沿途、重点文物和古树、名木处设置文明宣传牌、保护说明牌、安全警示牌和温馨提示牌提醒游客文明旅游。通过景区的 LED 电子屏、旅游广播和文明旅游宣传栏播放、宣传《中国公民国内旅游文明行为公约》教育游客文明旅游。通过公司检票员、导游员、观光车驾驶员、安全巡查人员、文明旅游督导员、环卫人员和旅游志愿者引导游客文明旅游。开展旅游市场综合整治，规范旅游经营秩序。对景区内价格欺诈、强迫交易、诱导旅游者消费的现象进行整治，对侮辱、殴打、胁迫旅游者的行为进行严厉打击，对不尊重景区和旅游者的宗教信仰、民俗禁忌的行为进行教育，对传播低级趣味、宣传迷信思想的行为给予严肃处理。通过上述措施的实施，有效地纠正了游客和景区从业人员的不文明行为。

宋富锦说："我现在已经退出董事长的岗位，年轻人的思想新潮，方法先进，热情高涨，管理到位，他们比我干得好！"嵖岈山旅游景区始终把坚持文明旅游工作和创建国家级文明旅游示范单位，作为搞好景区文明开发、文明管理、文明服务的重要载体和抓手，从细节入手，通过不断开展各类文明创建活动，使公司的文明旅游工作体制进一步健全，景区环境和秩序进一步优化，旅游服务水平进一步提高，旅游从业者和游客的文明旅游意识进一步增强，文明素质和文明程度得到明显提高。

目标像蝴蝶，追它的时候总是很辛苦，但其实你种下很多花，蝴蝶便会自己飞过来。与其抱怨目标太遥远，不如沉下心来提升自己。当你做足了努力，梦想也就会越来越近。成功是急不来的。不计较眼前得失，真正着眼于正在做的事情本身，持续付出努力，才能一步一步向前迈进，逐渐达到理想的目标。努力不懈，结果自会水到渠成。虽然受新冠疫情反复影响，文化旅游行业元气受损，面临发展困境，但是，也有文化旅游企业通过创新探索挖掘行业新生机。嵖岈山旅游景区利用由于新冠疫情休业的间隙，在细节管理上做足功课。

事实上，2020年以来，各地就针对文化旅游业陆续出台了纾困政策。一段时间，从国家到地方新一轮的密集举措，彰显出帮助特殊行业渡过难关的决心。这些涵盖财政、金融、产业等诸多方面的有力措施，为行业高质量发展注入了新动能，并助力了文化旅游市场的早日复苏。新冠疫情改变了生活，也改变着消费行为。新冠疫情以来，文化旅游市场的部分业态逐渐萎缩，但很多新的业态，正在快速崛起。变化意味着机遇，文化旅游企业要快速捕捉商机，结合自身实际，推出新产品，抢占新市场，打造新增长点。

　　文化旅游消费场景和服务越来越精准化、智慧化，新冠疫情则对文化旅游企业数字化转型提出了更高要求。文化旅游消费场所要加快信息数字化升级。例如，借鉴新冠疫情期间的做法，建立起长期可行的防护管控体系，实现游客身份、健康状况识别和人员追溯，提高门票预订、入园流程等智能化水平；还要加快智慧文化旅游的开发，推进"科技＋文旅""大数据＋文旅"的融合，借助5G、AR、VR新技术，探索打造线上线下结合的消费场景。疫情以来，云看展、云讲座、线上娱乐、云景区、云旅游大放异彩，这些以数字科技为核心的消费模式有望带动在线旅游行业实现快速增长，"云游"观众还有望转化带动线下消费。

　　新冠疫情三年，嵖岈山旅游景区和全国各行业一样，损失严重。宋富锦对疫情的严重性有清醒的认识，对于景区动态实时掌握。对于国家的政策他也非常理解，该动态清零的就选择严管，该和平共处的就坚决放开。对就是对，错就是错。对就执行，错就改正。只有这样，才能永远立于不败之地，才能使人们永远发自内心地感激和敬佩。宋富锦发自肺腑地说:"我佩服共产党这回在新冠疫情中的纠错能力。百姓有面子,党才有面子。百姓有尊严,党才有尊严。百姓越健康,党才越健康。"

在采访的时候,宋富锦道出了他的想法:"做企业不是一件容易的事,该刻苦努力时,别企图一鸣惊人;该磨砺心智时,也不能妄求突然开悟。不要心急,通往成功最快的路,往往不是加速超车,而是脚踏实地地走好每一步。"成功没有捷径,只有持续不断的努力和执着专一的坚持,才能帮助我们实现理想。把今天的每一小步走得稳稳当当,才能逐步汇聚成明天通往成功的一大步。相信时间的力量,你终将开创属于自己的未来。如果人人抱薪,则风雪无惧,善良便是最勇敢的特质。嵖岈山旅游景区充分应用纾困政策,练好内功勇于创新,积蓄发展力量,以新作为迎接文化旅游产业发展的春天。

20年来,宋富锦所领导的嵖岈山旅游集团公司始终把履行企业社会责任放在首位,时刻不忘关心特殊社会群体。在2023年的麦收时节,他们怀着无比崇敬的心情向又一个特殊的职业人群——勤劳的收割机手发出诚挚的邀请:

中原熟,天下足!夏粮的丰收,离不开一个特殊的职业人群——勤劳的收割机手!他们风餐露宿,跟着丰收地图全国各地跑,帮助农户们颗粒归仓!太阳大、天气热!长时间的高温作业,他们经常中暑!时间紧、任务重!为了抢抓农时,他们都舍不得休息的，每天都在车上顶着尘土连着收割十几个小时，有时候还要通宵！他们来自全国各地，见证了每一个丰收季，是夏粮丰收的重要保证！是夏粮收割中最可爱的人！服务"三农"，助力夏粮丰收！

嵖岈山旅游景区自2023年5月31日至8月31日，对全国所有收割机手免门票！

茶亦醉人何须酒，书能香我不必花。谁对人民有感情，人民体会得到；谁在讲真话做实事，人民感受得到。天道酬勤，地道酬德，人道酬诚。嵖岈山旅游集团公司这一小小的真诚举动，不仅温暖了全国收割机手的心，也温暖了全国人民的心。

第二十章

用感恩的心感谢有你

"嵖岈山，你离我最近，你和我最亲，荆棘中领着我走，风浪中挽着我行；我爱你最深，我信你最真，雾茫茫把你呼唤，路漫漫跟你追寻……嵖岈山的员工，最懂得感恩。"这是河南嵖岈山旅游集团公司全体员工的心声。感恩是一种美德，是一种信念，是一种态度，是一种情怀，同时也是人生的一种使命。一个企业的发展和兴旺，靠的是每一位员工高度的执行力、忠诚度和真诚的感恩情怀。宋富锦常说："员工是企业的宝贝和财富，中层干部是企业的核心纽带，他们是企业的擎天柱，普通员工是地基和砖石，大石头没有小石头砌不成墙，和谐的企业员工之间，谁也离不开谁。作为企业管理者，只有以人为本，善待员工和中层，才能成就一番大事业。"

一个懂得感恩的人，才能成就他生命和事业的高度责任感。在一个企业，不要只认为员工的感恩对企业来说非常重要。其实，员工对企业的忠诚，受益的并不仅仅是企业，最大的受益者就是员工自己。因为，一种职业的责任感和对事业的忠诚一旦养成，就会让你成为一个值得别人信赖的人，可以被委以重任的人。对于每一位员工来说，感恩首先意着与公司同舟共济。如果企业是一条船，那么，每人伸出双手握紧的就是一支桨，只要我们共同努力，我们的船就能劈波斩浪，勇往直前。

我们国家有着深厚的感恩文化传统，"滴水之恩，当涌泉相报"，深深地滋养着一代又一代的华夏儿女。企业是我们幸福生存的家园，我们每个人在为企业奉献着青春和智慧的同时，企业也在为我们提供自我发展的空间和实现自我价值的平台。在这个平台上，我们增长着阅历，丰富着自我，实现着人生的价值；在这个平台上，我们用激情点燃着理想，用薪酬支配着生活，用辛勤烘托着发展。因此，我们应该感谢企业，感谢企业培养我们，感谢企业让我们成长，感谢企业给予我们一片展示自我的天地。将感恩之情转化为忠诚于企业的具体行动，去守候我们赖以生存的家园。我们从公司得到很多，没有理由不去感恩我们的公司。我相信人的一生只有懂得感恩，懂得付出，我们才会有更多收获。

嵖岈山的员工每次谈到他们的老董事长宋富锦时，都充满了敬佩和爱戴，在他们心中，老董事长是嵖岈山景区的"大家长"，他为景区的发展殚精竭虑、呕心沥血。在员工大会上他常说的一句话是："一个不会赚钱的企业家，不是一个合格的企业家；一个好的老板，首先是要让自己的员工腰包鼓起来。"对他来说，这句话既是一个目标更是一个承诺，为了实现这个目标和承诺，他兢兢业业，从不停歇。多年来，嵖岈山员工的工资逐年递增，始终处于同行业的前列，即使是在对于旅游业来说致命的三年新冠疫情防控期间，集团也从未拖欠一位员工的工资。景区开发项目需要大量的资金，嵖岈山旅游集团公司总是严格按照合同的约定及时足额地拨付给各个合作单位，信用第一、资金保障是嵖岈山的品牌，很多合作单位宁愿少赚点也想成为嵖岈山旅游集团公司长期合作伙伴。宋富锦的行事作风让每一个和他接触的人都深深折服。

或许有人会说，是因为宋富锦给予的太多，所以大家才感谢他。诚然，物资或金钱是生活的保障，谁都离不开，但是物质和金钱只可以"动人"，但不足以"动心"，宋富锦在与员工日常相处时真正做到了处处动人心。不论是集团的中高层管理人员还是基层的普通员工，他都能一视同仁，和蔼可亲，每次见面之后总要和你聊上几句，总能让你如沐春风。夏日里，户外工作的员工正难耐于烈日当头口干舌燥之时，突然远处尘土飞扬，风驰电掣般地开来一辆车，转眼之间就到达你的面前，一个带着草帽的"年轻的老头"从车上跳下来，径直打开后备箱，并向那些看到他下车早就迎了上来的员工说道："快来吃西瓜。"员工们笑着、喊着："董事长，真是及时雨，知道我们渴了，谢谢董事长。"他们一哄而上，争抢从车上搬下冰镇的西瓜、矿泉水、饮料、啤酒……开心地吃喝起来。宋富锦看到这样的场景总是呵呵地笑着，并不忘提醒道："啤酒每人只能喝一瓶，要保证工作安全。"大家都随声附和，笑着说："知道了，董事长，啤酒比水贵，我们少喝点儿。"跟着就是"哈哈哈"的笑声,此时,所有疲惫辛劳早就被大家忘得一干二净了。

宋富锦闲暇的时候愿意和员工们一起吃饭,对于吃饭地点他从不讲究,不论是工地项目部食堂,还是路边的小饭馆都可以。吃饭的时候,他总愿意和大家喝上几杯,推杯换盏之间拉近了彼此的距离。有时候员工突击工作任务加班,错过了饭点时,他必定拿钱让大家到饭店吃上一顿。

这副对联很有意思,宋富锦已不记得用了多少次了。

上联:好人好心好报好运好姻缘好幸福
下联:新郎新娘新喜新房新气象新生活
横批:地久天长别忘了双方的爹和娘

这是宋富锦又在为自己的员工做证婚人时讲话呢。这时他总会亲手送上一个大大的红包,给员工送去诚挚而美好的祝福。

"民以食为天",集团免费为员工提供一日三餐,为了保证员工的伙食,他经常说的一句话是"让每一分钱都要吃到员工嘴里"。为了保证饭菜质量,他组织各个部门代表成立了"伙委会",让大家共同监督管理好员工的吃饭问题。员工吃得好工作就安心,员工工作安心了,就能够给游客提供更优质的服务。

集团为在景区住宿的员工提供宿舍,为家住城里的员工提供上下班班车免费接送，满足不同员工的不同需求。在采访的时候，公司副总经理武新强说："董事长是我最敬佩的人，从我参加工作到成家立业董事长对我都倍加照顾，跟着董事长快二十年了，让我感动的事儿很多，但是其中有一件事至今让我记忆深刻：在我还是技术员的时候，有一次董事长带着集团的管理人员检查宿舍情况，当进入我的宿舍的时候，他只看了一眼二话没说就掉头出去了，我心里有些忐忑，难道是哪一点让董事长不满意了？正当我还迷茫不知所措的时候，只见董事长自己费力地搬着一张桌子从外面走了进来，将桌子摆放到我的床边，对我说：'小武，这个桌子给你用。'这时我才明白，原来是他看到我屋里没有桌子，就把他自己用的桌子搬来给我用。那会儿，我的内心被深深地触动了，感到温暖和自豪，一个集团的老板能够放下身段，亲自为一个普通员工搬来桌子。他用实际行动告诉我，什么才是对员工真正的关爱，跟着这样的老板我没有理由不敬他爱他，没有理由不好好工作。"

"我记得很清楚，那是2019年2月25日，景区正在搞灯光节。"保安部的王俊回忆，"那天下午快5点了，为了灯光节的安全，董事长开着车亲自带着我在景区外围巡查。当巡查至琵琶湖下面的陈庄村时，有一个村民向我们反映了一件事。大约半个小时前，有一个好像喝醉酒的人向西山坡走去了。董事长听到后十分担心，立即开着车向西山坡驶去，但是西山坡上看不到一个人影。车开到西山坡顶的时候，前面已没有路了，我们下车后向下张望，隐约能看到在快到山谷的地方有一个人，我们大声呼喊，但是由于距离太远，对方听不见，转眼间就没了身影。董事长和我说：'王俊，天气这么冷，这个人又喝醉了，如果没人管，出个什么事就不好了。你辛苦一下，去下面找找，设法把他护送出景区，随时保持联系。'

"我说：'知道了，董事长您先回去吧，有情况我和您汇报。'天快黑了，我比较急，就一路小跑，到达谷底的时候，天已经完全黑了下来。我用手机微弱的灯光照着路，一边走一边寻找，终于在一处小水沟旁边看到一个人躺在那里。我拍拍他，他喝得烂醉，问他家住哪儿，叫什么名字，他都一概不知道了。山谷中手机没有信号，打不出去电话。在这期间董事长一直发信息和我联系，让我一定要注意安全。我搀扶着醉汉缓慢地沿着羊肠小道向外走去，就这样走走停停过了两个多小时，8点多才走到车能通行的地方。

"正当我犹豫如何联系车辆的时候，只见前方黑暗中出现一道亮光，董事长拿着手电筒正在那里等着我们。当手电筒的灯光照到我的身上的一瞬间，我浑身也不冷了，顿觉暖洋洋的，连眼睛里都'冒汗'了。我想董事长他大可以安排一个司机来接我们就行，但是他却在寒风中足足等了我们两个多小时。对于员工他能诚心关爱，对于陌生人他能够无私帮助。我认为，董事长是一个充满大爱的人，是一个让人信赖的大好人。"

宋富锦平易近人，说话爽直，关心员工，与员工们在一个餐桌上吃饭时，他经常给下属夹菜、扒大虾，真诚表里一致。但是，遇到不平事，只要他一皱眉，那双眼睛里就有一种鹰一样的锐利目光，有一股不怒自威的正气。

嵖岈山旅游景区的员工都有一颗感恩的心。感恩是一种生活态度，也是一种智慧，是员工忠诚企业的基础。人生百年，其实也是匆匆的一瞬间，只要肩上使命和心中的信仰还在，任何艰难坎坷、崎岖曲折都会悄然退却、迎刃而解。"依家"是嵖岈山旅游集团公司管理理念的灵魂，同样也是员工应该有的坚定信念和努力拼搏的方向，她点燃了员工心中喷薄欲发的澎湃激情，激荡着员工脑海里奋进向上的理想斗志——为公司发一分光、散一分热，肝胆相照、奋斗不止。

每一个清晨，记得鼓励自己：没有奇迹，只有你努力的轨迹；没有运气，只有你坚持的勇气！每一份坚持都是成功的累积，只要相信自己，总会遇到惊喜。

什么是乐？经历过许多坎坷，却没被困难打倒；感受过很多悲苦，却没沉浸其中不能自拔。并且，在每一次困难过后，越来越坚强；在每一次痛苦过后，越来越明白"爱"的含义。心灵，越来越柔软；胸怀，越来越宽阔。

宋富锦曾经这样嘱咐他的员工："在事业的旅途中，不怕你不专业，就怕你不勤勉；不怕你跌倒，就怕你萎靡；不怕你屡败，就怕你停滞；不怕你犯错，就怕你重复；不怕你个性，就怕你孤傲；不怕你坚韧，就怕你跟错人。一个人只要能认识和解决这些问题，那么他离成功就不远了。"犹豫一万次，不如实践一次。迈出第一步，才有机会获得自己想要的东西。想做的事情，只要有能力做，那就不要等。时间会让我们变成更好的自己，前提是我们愿意努力向前。勇敢地追求自己的梦想吧！

人的动力是由目标产生的，毅力是由意志决定的，能力是靠实践培养的。没有目标就没有方向，没有方向就没有成功！宋富锦告诫员工："请记住：世界上没有目标的人在为有目标的人达成目标。所以，赶快行动起来制定目标，千万不要成为为别人达成目标的人，这是可悲的！人无法预知未来是什么样子，但却可以通过目标把握现在去塑造未来。珍惜今天的每分每秒，读书、学习、工作、健身，让自己变得更好。只有抓住当下，充实自己，才能站稳脚跟，拥抱未来。"

企业追求利润无可厚非，但是如果为了追求利润而破坏环境和牺牲社会资源，那么这种企业就没有存在的价值了，也无法促进社会经济的持续繁荣。实现企业价值最大化是相关利益均衡的前提和基础，单独追求股东利益最大化往往会引起企业的短视行为，难以维系企业的永续发展。老董事长宋富锦经常提醒现任董事长宋艳丽："嵖岈山的创业和发展感谢全社会，因此要积极承担企业社会责任。"

2021年7月24日上午10时，在嵖岈山旅游景区董事长办公室内，宋艳丽董事长召集公司高层开了一个紧急的会议，会议部署和安排迅速成立嵖岈山旅游景区新乡救援队，前往灾区参加一线救援工作，同时组织公司员工内部抗洪救灾募捐活动，并采购爱心救援物资火速同救援队一起送往新乡。会议很短，任务很重，行动很坚决！

11时，通过征求个人意愿，层层筛选，严格把关，一个7人救援队正式成立，他们分别是赵乾（户外运动部）、王群贺（项目运营部）、肖宏伟（景区管理部）、王俊（景区管理部）、赵武臣（工程部）、张学彬（工程部）、宋书红（景区管理部）。由赵乾担任队长，负责此次救援行动总体协调和指挥。所有7人均持有救生员证，身体条件出众，情绪激昂，经验丰富。与此同时，捐款活动热火朝天。

13时30分，两辆物资运输车确定，随时待命！物资对接完毕，随时准备装车！新乡接收单位对接完毕！上级部门救援活动报备完成！救援队的一切后勤工作都在有条不紊地推进着。

16时30分，爱心救援物资开始装车！10只救援船开始装车！救援队成员各项后勤工作准备完毕！此次爱心物资包括救援船10只，以及价值10余万元的方便面、饮用水和火腿肠等急需生活物品。

17时30分，嵖岈山旅游集团公司常务副总经理于连涛对所有救援队员进行出发前的勉励讲话，他说："看到郑州、新乡先后遭受洪灾，造成巨大损失，大量群众流离失所，和大家一样，我的心情非常沉重，特别揪心。这次你们代表嵖岈山旅游集团参加救援活动和赠送爱心物资，整个集团都为你们感到自豪和骄傲，希望你们注意自身安全，贡献自己的力量，多解救一些受困群众，这是我的愿望，也是所有咱们嵖岈山人的心声！我和200多名嵖岈山旅游集团公司的员工一起，期盼你们平安归来！"

17时50分，看着渐渐远去的救援车辆，天色渐晚，自发送行的集团员工和家属久久不愿离去。其实这次还有很多的员工自愿报名去支援灾区，但是考虑到救援的专业性和严肃性，集团认为，绝对不能因为一腔热情而再给灾区添乱。希望这次未能前往的员工，做好自己的本职工作，默默为救援队祝福！为新乡加油！为河南加油！祈风雨过后，终见彩虹；愿雨过天晴，山河无恙！

同样，2021年7月21日，宋富锦所领导的天津市河南商会发出了《关于家乡抗洪救灾募捐倡议书》。

各位会员、同乡：

河南省多地持续遇强降雨，郑州等城市发生严重内涝，千年一遇历史罕见。一些河流出现超警戒水位，个别水库溃坝，部分铁路停运、航班取消，造成重大人员伤亡和财产损失。防汛形势十分严峻。

作为商会，心系河南，牵动游子的心，我们有责任有义务关注家乡、关爱家乡，为支援家乡，帮助受灾群众渡过难关，我们天津市河南商会要积极行动起来。"一方有难，八方支援"是中华民族的传统美德，弘扬我们"豫商"的大爱精神，伸出援助之手，奉献无私爱心，用实际行动支援灾区抗洪救灾和灾区群众，为家乡受灾群众恢复生产生活、重建家园尽我们绵薄之力。

在此，天津市河南商会向家乡受灾的父老乡亲表示深切慰问，向战斗在一线抢险救灾的解放军指战员、武警官兵及社会各界防汛抢险人员致敬。我们号召各位会员、同乡、爱心人士伸出援助之手，捐助家乡，暴雨无情，"豫商"有情，让我们携手同心，共渡难关。洪水无情，中原有爱，天津市河南商会与家乡父老乡亲永远在一起！

就这样，宋富锦率领天津豫商（天津市河南商会、天津市河南各地市县级商会、行业商会）及各界爱心人士捐款、捐物1000余万元，支援河南家乡抗洪救灾。

宋家父女关心父老乡亲的安危冷暖，作为旅游景区经营者，他们更关心天南地北、五湖四海、国际国内游客的兴奋点。

二月二，中国民间传统称为"龙抬头"，意味着阳气生发、万物生机盎然，是一个纳祥转运的日子。2022年的二月二，恰逢嵖岈山空中吊桥经过重装升级后正式重新免费对游客开放的日子。空中吊桥入口位于风景区南山石猴院，纵贯南北山，全长150米，宽2米；吊桥雄伟险峻，犹如一条天空之路，险而美；踏桥而过，步步惊心，奇峰峭壁尽收眼底，宛如仙景入画。风景区还精心准备了"国家非物质文化遗产"——梅花桩舞狮，表演惊险刺激，阵容强大，气势磅礴，舞龙表演和龙抬头摸龙头活动同时进行，给予游客以超常的视觉享受和独特体验。

嵖岈山有得天独厚的露营自然条件：每当春夏交接之际，嵖岈山南门后广场将近1.5万平方米的大草坪，绿草如茵、野花遍地、蜂飞蝶舞，在高耸山体映衬下，仿佛置身于高山草原，每一眼都是享受。2022年4月29日，嵖岈山草地露营季开营！

待夕阳西下，微风不燥，空气中弥漫着野草的芳香，一呼一吸都是休闲和惬意。等到夜幕降临，浩瀚天穹，繁星初上，透彻的星空，让你有伸手摘星的冲动。此刻，萤火虫开始在草丛飞舞，发出浪漫而神秘的信号，宛如在地上点亮了盏盏天灯。这样得天独厚、浑然天成的露营条件，不搞一场精致露营趴，是不是有点辜负这良辰美景？于是，四面八方的游客带着热爱和期许，踊跃参加嵖岈山草地露营季来了！

全新"牧高笛"精致露营。嵖岈山风景区和国内一线户外运动品牌——牧高笛（MOBI GARDEN）强强联合，直采了一批超能帐篷装备，包括原厂桌椅、精致帐篷、超大天幕、布朗熊联名款套装、野餐垫等全套装备。这些装备价值不菲，质量上乘。在硬件的投入上，他们是真诚的、慷慨的，省去了游客购买露营装备的各种"纠结"和"烦琐"！一站式拎包入驻，让你宾至如归！

下午茶、啤酒、烧烤、火锅！野餐是吃货们露营的灵魂，"行者嵖岈山酒店"的星级大厨，精心准备了精致下午茶（精品咖啡、美味点心、时令水果）、自助烧烤（食材包、烤炉套装、调料套装）、自助火锅（火锅炉、食材、调味套装），既能满足游客渴望动手的"大厨"冲动，又能省去他们自己"采购、备料"的烦琐，更好吃且更省心！谁又能拒绝山野中一顿星空烧烤呢！

年轻人的浪漫社交秀场。从下午六点至晚上十点半，全程高能活动不间断，星空露天电影、篝火派对、现场 LIVE 音乐趴、山野烟花秀、星空 CP 挑战，全部免费参与，活动内容精彩、紧张、刺激！这里不仅仅是一个星空露营的场所，更是一个年轻人的浪漫社交秀场，你可以结识到更多相同品位的"他"或"她"！这样的浪漫邂逅，谁能不期待呢？

石遇诗歌喜相逢，诗与远方相交融。2022 年 7 月 11 日至 12 日，应天津市河南商会会长、天津海加利公司董事长、嵖岈山旅游集团公司创始人宋富锦邀请，"中国诗歌春晚"总策划兼总导演屈金星，书画艺术顾问、书法家王文恺，撰稿、诗人刘知白等一行 5 人到嵖岈山风景区采风，并与风景区副总经理黄雷等一起座谈嵖岈山的营销策划。

中国作家协会会员、河南省报告文学学会副会长、驻马店市文联原副主席、作协原主席刘康健，驻马店老区建设促进会常务副秘书长、驻马店市孔子文化研究院副院长刘杰出席了座谈会。

在欢迎午宴上，宋富锦说："今天是嵖岈山和诗歌一次'石'打'诗'的喜相逢。我生在嵖岈山，长在嵖岈山。1969年，我参军到天津，退休在天津，创业在天津，2004年回报家乡，投资开发嵖岈山，为了这片生我养我的土地，无怨无悔。我年事已高，现在已把这担子交给女儿宋艳丽。她也是转业军人，年轻有见地，有现代经营管理理念。虽然近年受新冠疫情影响，文化旅游全行业都不太景气，但是嵖岈山在她的带领下稳扎稳打，实现了全年旅游综合营收的稳步增长。嵖岈山有奇秀的景观，有丰富的西游文化，有深厚的红色文化，嵖岈山每块石头都有故事。同样，嵖岈山有历代诗人留下来的诗词，每块石头都诗意盎然！嵖岈山地处革命老区，当地人民在抗日战争中做出巨大贡献。希望广大诗人、艺术家用手中的笔来书写出嵖岈山的奇秀，向全国及至世界人民推介嵖岈山奇景，推动老区文化旅游经济的发展。"

随后，采风的诗人们游览了嵖岈山南山的飞来石、一线天、秀蜜湖、琵琶湖、天磨湖等景点。嵖岈山奇景引得诗人们游兴顿起，诗兴大发。在晚上的座谈会上，更是引爆了大家创意的火花。

刘康健说："我的家乡在嵖岈山下，感恩嵖岈山水所赐予的一切。二十多年前，我曾三下淮安，考察并写出了《西游溯源话嵖岈》，发表在《中国旅游报》上，将西游文化与嵖岈山紧密联系一起。之后又撰写了《嵖岈山中西游记》一书，创作四十集电视连续剧《西游记前传》。希望今后继续研究嵖岈山文化，为振兴嵖岈山的旅游大业，尽绵薄之力。也期待屈金星先生所率领的'中国诗歌春晚'团队，为嵖岈山的未来宏图，献计献策。"

"中国诗歌春晚"总策划、总导演屈金星说："我老家在嫘祖故里西平，距离嵖岈山不过20公里，在杨庄高中上学时，同学们常常周日骑自行车结伴而游。嵖岈山堪称'家山'。2020年1月13日晚，我们策划邀请宋富锦先生出席2020第六届'中国诗歌春晚'北京诗酒之夜对话，以诗意的语言推介嵖岈山。晚会上，宋富锦揭开了'中国诗歌春晚'第四任形象大使、新加坡著名女诗人舒然的红盖头，聘请舒然为嵖岈山公益形象代言人。现场直播众媒体以及海内外媒体纷纷报道这一浪漫事件。舒然在东南亚乃至国际诗歌界，卓有影响。通过这一事件，嵖岈山品牌累计辐射数千万近亿人次。

"今天，我们又体验了风景区新增设的崖壁滑道、天空漂流等新建项目，这些项目让我们惊叫连连。做记者和文化旅游策划20多年来，我走过全球300多座城市和数百个风景区、上百座山。比较起来，嵖岈山的石奇，是很独特的。近年来，嵖岈山借助新媒体平台，在短视频营销上持续发力，也取得了不错的效果。我们认为，嵖岈山的西游文化、民俗文化、书法文化、红色文化、诗歌文化、戏剧文化、洞穴文化、神秘文化以及地质文化等开发的潜力很大。嵖岈山要和京广高速沿线景点'合纵连横',通过有机的串联,打造豫南精品旅游线路。同时通过策划热点事件,'四两拨万斤',引爆市场。"

"中国诗歌春晚"书画艺术顾问、书法家王文恺说:"嵖岈山的'西游文化'可谓有仙有龙。山中移步换景,让人目不暇接,无愧 AAAAA 级旅游景区。然而,山虽有名,但周边其他旅游资源较少、配套不足,无法形成完整的旅游目的地,目前'一日游'游客比例较大,游客留存困难。建议嵖岈山联合周边优质旅游资源,进行整合营销,打造精品旅游线路,强强联手互相推介。"

"中国诗歌春晚"策划、撰稿刘知白说:"1985 年'五一'劳动节,我第一次来嵖岈山。嵯峨奇秀的山石,让我叹为观止。嵖岈山的美名太多了,我倒是很赞同宋富锦老先生的说法:天中奇秀!奇在山石竞妍无一雷同,秀在碧波涟漪不一而足!风景区美景叠加,险、幽、奇、幻,飞来石呵阻仙人,一线天吓退'狂徒'!文化传承是景区文化的支撑点和文化战略的纵深所在。这里有吴越争霸的遗迹,这里有唐代大书法家颜真卿游此山后亲书的'别是洞天',还有乾隆皇帝题词'天下奇山'。未来我们要用好、用活这些宝贵的文化资源,读好、用好《西游记》这个文化富矿,开发创作出更多文化旅游产品。樊粹庭(现代豫剧之父)就是咱嵖岈山人,也一定会成为咱嵖岈山不可或缺的文化名片。此外,西平嫘祖拜祖大典和遂平嵖岈山近在咫尺,未来可以考虑联动造势。近期,我们将创作一批诗歌、散文、对联等宣传推广嵖峃岈山。"

同行的两个大学生谈出了内心的感想。河南工学院毕业生屈高凯说："这是一次难忘的爬山之旅。此次旅行给我印象深刻的就是山上的石头，那叫一个奇！有母子石、观音送子石、天下第一石猴等。这些石头形态逼真、十分生动，都是大自然鬼斧神工雕刻出来的！此外，景区还有众多湖泊，水质清冽，一切是那么优美。不仅如此，嵖岈山还有着深厚的文化底蕴，还是《西游记》续集的主要外景拍摄地，无愧于西游之源、东土西天的美誉。"

河南科技大学李绍凡同学说："嵖岈山的美在于有山有水，山清水秀；嵖岈山的奇在于独特的花岗岩山体风貌，山上怪石嶙峋，千奇百怪。嵖岈山旅游景区不仅有大自然的鬼斧神工，更有充满现代化气息的'崖壁滑道''天空漂流''嵖岈山攀岩'等深受年轻人喜爱的游玩项目。从我们大学生的角度来看，当代大学生更具有冒险精神，可以在景区开展一些轻探险活动。此外，我觉得网络小说也是一种宣传嵖岈山的好办法。"最后两位大学生均表示，将通过社交媒体向所在院校的师生宣传嵖岈山。

嵖岈山风景区副总经理黄雷说："近年来，不仅中国，包括全球的景区受疫情影响很大，嵖岈山也不例外，但是我们不怨天尤人，按照既定的发展规划，稳步前行，做好自己。同时我们也感到还有很多的不足和欠缺，各位的感想和建议使我们备受启发。下一步，我们将深度挖掘每块石头背后的故事，系统整合包括新媒体、传统媒体在内的立体传播，持续做好短视频宣传推广，迎合年轻人的喜好，策划更多有影响力的宣传推广活动。"

在座谈会上，大家畅所欲言，从自然地质、历史、政治、文化、经济、军事、交通等各个方面进行了探讨，一直座谈到子夜时分。大家相约，今后"中国诗歌春晚"和嵖岈山景区建立长期合作机制，推动诗和远方的深度融合。

一直以来，"中国诗歌春晚"致力于诗与远方的融合，曾和河南云台山、老君山、小浪底、清明上河园，浙江天姥山、楠溪江，新疆天山，湖南张家界、雪峰山、汨罗江、桃花源、沅陵，湖北神农架，山东尼山，安徽秋浦河等全国众多著名山水景区深度合作，深度推动了当地的旅游发展。

随着露营旅游文化的兴起，嵖岈山旅游景区成为露营爱好者的打卡地。由于新冠疫情的影响，文化旅游市场变化很大，传统的观光式旅游逐渐式微，体验式、沉浸式旅游备受青睐。面对这一市场变化，要打造嵖岈山旅游景区文旅精品，就需要摸准游客喜好的脉搏。露营是体验式和沉浸式旅游的代表项目。要把露营做出彩，既要有美景，还要有配套设施；既要有能打桩扎帐篷的草地，还要能提供"吃、喝、享、住"一应俱全的露营服务……商家需要洞察市场趋势、完善相应设施，并建立新的运营体系。

打造嵖岈山旅游景区文化旅游精品，要在市场细分中创造吸引特定游客的文化旅游体验。以露营为例，有动物的营地可以推出萌宠互动、动物科普讲堂、夜游动物园等活动；有葡萄庄园的营地，可以将民谣音乐会、葡萄酒品鉴作为特色；有观星优势的营地，可以提供专业的观星设备和教学指导……商家开动脑筋，根据不同的游客喜好放大自身优势，创造与众不同的文化旅游体验，就能吸引特定游客，化平凡为神奇。

打造嵖岈山旅游景区文化旅游精品，需要做好顶层规划。纵观很多旅游景区正因缺少规划，可以露营的场地寥寥无几，丧失了抢抓新机遇的良机。由此可见，顶层规划，在打造文化旅游精品、抢占文化旅游新机遇方面至关重要。还需要整合资源，促成集"游、玩、学、食、购"于一体的新业态。不能小打小闹，而要在更大的区域整合更多的业态，形成层次丰富、形式多样的文化旅游体验。比如，可以整合水域、森林、大棚、田野、房车、民宿、餐饮、游船、节庆、采摘、露营等各种要素，用游客们广泛喜爱的主题串联起来，把道路贯通，完善各种基础设施，打破各种地域限制，形成共同建设一个大文化旅游线路的合力。

感恩是一个人爱心、良心、善心、责任心以及忠心的综合表现，无论生活还是生命都需要感恩。感恩的最好方法就是努力工作，认真完成每次的接待任务，尽可能提高自己的服务水平，让游客每次开心而来、满意而归。这就是嵖岈山人最大的心愿！

嵖岈锦

感恩每一滴露珠把我来滋养，
感恩每一瓣花朵带给我芬芳，
感恩每一朵白云编织我梦想，
感恩每一缕阳光托起我希望。

嵖岈山，是个感恩的地方！

尾声

奋斗者脚步永不停歇

尾声 奋斗者脚步永不停歇

看似寻常最奇崛,成如容易却艰辛。没有谁的成功是一蹴而就的,宋富锦能够有今天的成就,也是一步一个脚印奋斗出来的,看似宋富锦的人生一帆风顺,但他却付出常人数倍的努力。人只要有梦想,就算是遇到暗礁,也能够激出美丽的浪花。人生,就是一场自己与自己的较量。有些人愿意付出长期努力来实现自己的梦想,而有些人却坚持不了几天。生活难免遇到荆棘坎坷,但命运掌握在自己手里。努力不是为了超越谁,而是为了成为更好的自己。再长的路,一步一步也能走完;再短的路,不迈开脚就无法到达。坚持,不要泄气,日积月累,就会成为别人的望尘莫及。因为有了梦想,才能拥有奋斗的目标,而这些目标凝结成希望的萌芽,在汗水与泪水的浇灌下,绽放成功之花。

一日无二晨,时间不重临。一步一步跟得紧,开足马力使劲奔,三更灯火五更鸡,莫向光阴惰一寸。行者方至远,奋斗无穷尽,志士嗟日短,一刻值千金。宋富锦说道:"自2004年嵖岈山旅游景区改制以来,在各级党委政府和各职能部门的精心指导、大力支持下,在父老乡亲的关爱呵护下,嵖岈山这个团队就像农民家中的一张犁,耕耘着这座大山,耕耘着这片土地，耕耘着星光岁月，耕耘着20年来的酸甜苦辣，也耕耘着未来和希望……"说这话的时候，他的眼里噙着激动的泪花，"今天的嵖岈山正以独特的自然景观和人文景观、良好的旅游环境和优惠政策，笑纳八方来客，喜迎四海宾朋。我们诚挚欢迎各位领导、各位嘉宾来嵖岈山旅游景区旅游观光、投资兴业，领略奇石文化、西游文化、公社文化、历史宗教文化，共享嵖岈山的成就与辉煌。"

充满着机遇与梦想，连接着幸福与未来。时间铭记梦想的足迹，历史镌刻奋斗的功勋。爬过嵖岈山的人都知道，最难走的路是上坡路，登顶前的冲刺最艰辛。唯其艰难，才更显勇毅，奋斗者的脚步永不停歇。历史性的抵达，换个角度看就是开创性的迸发。宋富锦每天与清晨为伴，与黄昏相约，把风声当掌声，把路人当观众，把游客当上帝，在山水中寻找乐趣，在答案中分享成功。

在采访的时候，70挂零的宋富锦信心坚定地说："不怕困难阻挡，只怕自己投降。我虽然不再年轻，却还想着可以倔强。"他似乎有一种"等不起"的紧迫感，"慢不得"的危机感，"坐不住"的责任感。是啊！奋斗者未必有多好的天赋和运气，他们只是对自己要求更高，也更用心地待人做事。天长日久，就与普通人拉开了差距。没有拼搏过的人生终究苍白，朝着目标倔强地坚持做好每一件事的人，才有资格去选择自己想要的人生。把心安顿好，做自己的太阳。宋富锦随口咏出了四句诗：

千军万马靠指挥，

攻坚克难听号令。

廿年征途谋新篇，

雄心壮志启新程。

事非经过不知难。人生奋斗不息的宋富锦感到：越是壮阔的征程，就越需要领航的力量。立于潮头，方知浪高风急；登高望远，才见天高云阔。危机中育先机，变局中开新局。老当益壮，宁移白首之心；穷且益坚，不坠青云之志。

宋富锦最爱说的一句话是：努力奋斗！

他最欣赏这样一段对话：

"你觉得什么时候最痛快？"

"好好工作的时候。"

"为什么？"

"因为有希望。"

"希望，是什么？"

"梦想，坚持住。"

对于宋富锦来讲，什么才是痛快的人生？无非是把每一项工作都做好，每一次都收获极度的喜悦。

事业成功的宋富锦那种专注到旁若无人的程度，那种认真负责奋力拼搏的态度，会让与他一起工作的人感觉格外畅快。宋富锦的语录很多，在此，笔者随便摘录几段采访时的笔录，也好方便我们走进他的精神世界：

当好第一任，跑好第一棒，开好第一局。

不要小看每一项工作，它是助你实现人生价值最好的方式。因为努力奋斗能让梦想成真，能让希望"得逞"。

你还记得自己曾经的梦想吗？有的人一辈子都在坚持，有的人却因为各种各样的原因渐渐放弃了……看过这样一段话：失去梦想的人不要一次又一次地麻痹自己，认为自己早已和梦想失之交臂。其实梦想从未离你远去，你失去的只是找回梦想的勇气。

暂时没能实现梦想不可怕，怕的是你连触碰梦想的勇气也没有；一时没有找回梦想也不可怕，怕的是你连尝试一下新鲜事物都做不到。很多时候，阻拦你的可能不是别的，只是你被生活麻痹的心。

想要快意人生，其实并不难。好好工作，该努力奋斗时别泄气；珍惜身边的人，别为过去的境况纠结埋怨；适当地释放糟糕的情绪，别把所有的苦都憋在心里；坚持自己的梦想，想做的事就别轻言放弃。

宋富锦的座右铭是：余生宝贵，请活得痛快！不敷衍、不抱怨、不偷懒、不迟疑，努力奋斗，朝着目标大踏步向前！

在采访的时候，宋富锦对笔者说："我这个人干起工作往往刹不住车，总是感觉忙碌才快乐，自己这一辈子没有虚度。无论在部队，还是退役回地方，在不同的工作岗位上，为党和人民做了应该做的工作，尽了一份小小的力量。办了不少想办的事，让老百姓获得了实惠，自己也获得了百姓的认可。看到父老乡亲赞赏的目光、灿烂的笑脸，我感到由衷的高兴……"没有豪言壮语，没有空泛的理论和说教，有的只是像跟老朋友聊天一样发自内心深处的朴实和诚恳，并透着喜悦和欣慰、自信和自豪。他的体会居然如此简单："工作中不要总是'走一步算一步'，成大事的人，往往都是善于提前做计划的人。再庞大的计划，只要巧妙地分割，每天完成一点点，总有接近终点的一天。既然我们没有未卜先知的能力，那就做好万无一失的准备。"

宋富锦之所以从嵯峨山旅游集团公司退下来，除了让贤给年轻人外，还因为他有一份重要的社会职务——天津河南商会会长。他是天津河南商会的首任会长，也是天津市连选连任的河南商会会长。而且这个商会可不是挂个名儿那么容易，需要他全身心投入。"豫商"之观念，最重是故园，人在羁旅上，一心系乡关。商会是一个特殊的社会群体组织，是家乡企业和企业家与政府联系的桥梁，其实宋富锦仍然是在为家乡做着一件大事。

商会是一个特殊的社群组织，可以毫不夸张地说，商会作为企业家群体的"娘家"，向来是经济活动的火车头。企业家精神最得以自由张扬的时刻，正是一个国家经济最繁荣的时刻。目前，关于商会的研究如火如荼，但商会的概念至今仍然比较模糊。不同国家的立法对商会概念的定位存在明显的区别。由于我国商会法尚未出台，目前对商会的概念尚未有一个官方的、确定的解释。基于新时代中国特色商会的特点，宋富锦认为："商会指的是由自然人或法人自愿组成，依据我国相关法律规定设立的，代表成员共同利益，维护成员合法权益，促进成员共同发展的，依法自治、非营利、互益性社会团体法人。"从这个概念出发，商会包括行业协会商会和地域性商会，但不包括依照国家法律法规专门设立的，行使特殊职能的协会，比如中华律师协会、中国银行业协会、中国基金业协会等。

商会的概念决定了商会的性质，也决定了商会独特的组织形式和职能发挥。新时代中国特色商会组织尽管从性质上并没有发生根本性改变，仍具有商会组织一般的共性，但其自治性和互益性将得到更充分的体现。

第一是自治性。改革的深入开展将改变我国行业协会商会缺乏自治和竞争的格局。商会的自治指的是商会成员独立自主制定规章，并由规章支配其成员行为，以实现商会的宗旨和目的。商会自治包括了商会自主和商会自律。自治是新时代中国特色商会发展的目标和价值取向。

第二是互益性。互益性法人指采取会员制形式设立的，以互助、互益为核心目的的非营利的法人组织。互益性法人以服务会员利益为目标，注重会员间的互益、协作关系。商会的互益性特点，决定了商会既不以营利为目的，也不以公益为目的，更不能沦为极个别人谋取私利的工具。商会所代表的、服务的，是全体成员的共同利益。应该指出的是，商会作为非营利机构，并非指商会不能取得收入，不能"赢利"，而是指商会不以营利为目的，它的使命是为了会员的共同利益。非营利组织也可以有收益，但是这些收益不能用来当作利润分配给个人，只能用于机构的可持续发展、解决会员的共同问题。

宋富锦说："基于自治性和互益性作为新时期商会组织更突出特点的定位，新时代商会组织的职能更加系统。"

首先，新时代中国特色商会的职能应该以服务会员为核心。随着商会步入竞争格局，会员自愿入会，商会的经费来自会员，能否履行好服务会员的职能，将关系到商会的生存和发展。在这方面，商会的作用具体表现为如下五个方面。（1）根据会员需求搭建融资、咨询、信息、培训、技术、人才、管理、法律等各类服务平台，为会员企业及时提供服务，推动企业发展。（2）组织考察、展览等活动，开展经贸洽谈，推动经贸合作，帮助会员企业拓展海内外市场发展空间。（3）协调会员之间以及会员与非会员之间，上下游产业之间的利益关系，实现会员整体利益的最大化；代表会员与其他的利益集团或者利益相关者进行谈判，为会员争取更好的交易条件。（4）代表会员与政府进行对话，根据会员诉求进行政策倡导，促使政府制定对会员整体利益更加有利的政策。（5）提供法律援助，维护会员合法权益。

其次，新时代中国特色商会的职能体现在推进市场体系建设，提升行业发展水平，促进地区和行业的共同发展。这主要包括六个方面。（1）反映行业利益诉求，开展有益于行业的政策倡导。（2）开展地区和行业品牌建设，推广相关新技术、新产品，推动产业转型升级。（3）进行行业研究、行业规划，打造产学研平台，提升行业创新能力。（4）组织制定行规、行约来建立地区和行业自律机制，规范会员企业的行为，保障地区和行业声誉。（5）参与制定各类行业标准，保护地区和行业平等竞争，规范地区和行业有序发展。（6）开展行业产权保护，组织和协调行业性集体诉讼，保护行业合法权益。

再次，新时代中国特色商会还应该承担部分社会公共职能，比如：开展企业安全生产监督和质量诚信建设，实施行业环境治理；承接政府职能转移，推进社会协同治理；履行社会责任，助力社会公益事业。

商会组织的职能是随着社会的发展而不断发展和完善的，新时代中国特色商会组织的职能也将随着我国社会主义市场经济体制的发展和健全、我国政治体制改革的深化而不断完善。总体来说，商会的职能定位，应该按商会的自治和互益性属性及发展方向来确定，这有利于区分商会职能的轻重缓急，也有利于明确新时代中国特色商会的发展方向。此外，作为新时代中国特色商会，在新时期，商会还起到以下特殊作用：

参政议政和政治推荐、政治教育。商会参与或指派代表参与政府决策的听证。对会员反映的带有共性和普遍性的问题以及事关经济社会发展的重大问题，与政府及政府职能部门建立协商对话制度；商会还可以依法推荐代表担任各级人大代表、政协委员等职务。提高企业家的社会美誉度。另外，商会还应该定期组织会员学习党和政府的路线、方针、政策，提高会员自觉贯彻落实党和政府方针政策的意识。

人民调解和仲裁。党的二十大报告提出，要健全共建共治共享的社会治理制度，提升社会治理效能……完善正确处理新形势下人民内部矛盾机制。2019年1月，最高人民法院和全国工商联印发了《关于发挥商会调解优势 推进民营经济领域纠纷多元化解机制建设的意见》（以下简称《意见》），要求各级工商联加强商会调解组织建设，规范商会调解组织运行。《意见》的出台对完善商会职能，提升商会服务能力，培育和发展中国特色商会调解组织，推进商会建设具有积极意义。

此外，商会商事仲裁已是国际惯例，在我国历史上也曾经有较为成功的实践。早在1904年，《商会简明章程》便明文规定了商会仲裁制度。其时，商会受理商事纠纷的裁判权得到了清政府的正式承认，商事仲裁成为当时商会的一项重要职能。目前，我国商会的仲裁制度还仅限于国际商会针对国际领域产生的商业纠纷的国际仲裁。随着改革的进一步深化，探索建立我国商会仲裁制度，将仲裁权完全赋予商会，也许将成为可能。

畅通政商沟通机制，构建新型政商关系。党的十八大以来，中国经历了一场持续高强度的反腐败斗争。腐败的发生有很多因素，其中最重要的一个根源就是不当的政商关系。政商关系是一个十分敏感而又必须面对的话题，不当的政商关系所导致的，不仅仅是腐败，还有政治危机。习近平总书记在看望出席全国政协十二届四次会议的民建、工商联界委员并参加联组讨论时，重申"两个毫不动摇"，提出发展非公有制经济"三个没有变"，并首次用"亲""清"两个字阐述新型政商关系。

宋富锦说："重构新型政商关系是一项长期的、复杂的、难度较大的系统工程，其中最重要的就是把政商关系，从个体层面转化到实体（组织）层面，并用法制的形式予以规制。"在重构新型政商关系过程中，一方面商会可以和政府建立良性沟通互动机制，搭建和政府的制度化沟通平台，畅通和政府沟通渠道，反映企业困难和诉求，和政府一起营造"尊商、重商、亲商"的浓厚氛围。另一方面，商会可以发挥社会组织作用，制定行业自律规范，建立内部惩戒机制，约束失信和防治腐败行为，培养企业通过法律程序、运用法律手段解决矛盾纠纷的良好习惯。另外，商会还可以积极参与政策、规划、法规的制定，积极建议政府建立政府权力制约和监督机制。由此可见，商会组织作为沟通政商关系的桥梁和纽带，在构建政府和商会合理边界、推动政商良性互动、重建新型政商关系方面，将发挥不可替代的特殊作用。

2023年3月，天津市工商联为荣获全国"四好"商会的社会组织颁发了授权牌和荣誉证书，天津市河南商会等全市25家商协会荣获中华全国工商联2021—2022年度全国"四好"商会殊荣。这是天津市河南商会继2019—2020年度荣获全国"四好"商会之后再次获此殊荣。2023年11月8日，天津市河南商会荣获中国社会组织最高等级——5A级社会组织殊荣。

近年来，天津市河南商会在天津市工商联的正确指导下，以宋富锦会长为首的商会领导班子，始终坚持"团结、务实、创新"的办会宗旨，紧紧围绕"四好"商会的要求和标准开展工作，始终坚持政治建会、团结立会、服务兴会、改革强会，在商会发展的同时，积极践行会员企业的社会价值和责任担当，着力打造一流商会组织，多次荣获全国、省、市各级荣誉。

在"四好"商会建设中，政治引领是关键，队伍建设是根本，服务发展是目的，自律规范是保证。天津市河南商会通过强化"四好"商会建设，紧扣"两个健康"工作主题，认真开展以"政治引领好、队伍建设好、服务发展好、自律规范好"为主要内容的"四好"商会建设，扎实推进商会规范化建设，在服务会员创新发展、凝聚"豫商"力量、参与公益事业、发挥桥梁作用等方面做了大量工作。新冠疫情防控期间，天津市河南商会积极发动会员参与捐款捐物及抗疫防控工作，彰显了在津中原儿女强烈的家国情怀和社会担当。

天津市河南商会再次荣获全国"四好"商会殊荣，充分体现了全国工商联和天津市工商联对天津市河南商会工作的肯定，也是全体会员同心协力、团结奋进的结果。宋富锦表示，天津市河南商会在今后的工作中，一定按照"四好"的标准和要求，继续全面提升商会的整体水平，坚持政治引领，强化自身建设，提升服务能力，深化理想信念教育实践活动，积极参与公益事业，努力打造职能发挥更加明显、社会形象更加良好的一流商会组织。天津市河南商会将珍惜荣誉，再接再厉，深入贯彻落实党中央关于促进工商联所属商会改革和发展的决策部署，围绕中心服务大局，全面加强自身建设，充分发挥商会职能作用和示范带动作用，不断提高商会建设水平，努力把商会建设成为中国特色一流商会，开创新时代民营经济统战工作新局面。

宋富锦说："天津河南商会是天津与河南合作的纽带，我们一定恪尽职守，不遗余力。我想对家乡的父老乡亲们说四个字：不忘初心。我们永远不会忘记从家乡走出来的这段路，我们把力量拧成一股绳，将我们家乡所有人的命运连在一起，始终不抛弃不放弃，这就是众志成城的凝聚力和向心力，这就是河南，这就是驻马店，这就是遂平县，这就是我们的家乡嵖岈山！"

常务副会长宋艳丽说，作为一名民营企业家，我在今后的企业经营管理工作中进一步增强自身的使命意识和责任意识，把思想和行动统一到企业发展建设上来；把握大势、坚守初心，带领企业员工集中精力把企业做优、做精、做强，发展新质生产力，提升企业核心竞争力，实现企业高质量发展。我相信，在党和政府的坚强领导下，我们民营经济一定会向着更健康、更繁荣、更有活力的方向不断进步。

立德树人的人，必先立己；铸魂培根的人，必先铸己。有生常感国恩宏，有劲儿愿往家乡使。无论我们走得多远，都不能忘记来时的路；无论我们走了多久，都不能忘记最初的心。宋富锦的心中，诗情激荡：

卸下军装泪洒沙场，
白发已将青春浸染。
双脚迈出精彩人生，
激情还是那般炽焰。
风狂雨骤笑迎苍天，
冰刀霜剑心藏温暖。
虎老雄心在，
壮士无暮年。
嵖岈铸铮骨，
战马未卸鞍。
心中牢记神圣站位，

崇高追求从未改变。

山河为碑，岁月为名，中国军人，永不褪色。宋富锦年轻时从军报国、冲锋在前；年老时舍我其谁、艰苦创业。他这种敢打必胜的优良作风，这种顽强拼搏的精神，感染着嵯岈山旅游集团公司的每一位员工。在采访的时候，他那有力的手势仍然像一把枪直指他要打的靶向，他的声音仍然像黄钟大吕一样震天响："生于世界上，存于宇宙间，你不比别人多，也不比别人少，同顶炎炎烈日，共沐皎皎月辉，心智不缺，心力不乏，只要你勇于展示自己的才能、个性及风采，给庸俗的日子以诗意，给沉闷的空气以清新。每天擦亮太阳，用大自然的琴弦，奏响自己喜爱的心曲。让个性伴着你，站着是一座山，倒下便是路基，完整时给人启示，粉碎时给人警醒。你不用注视别人的目光，在阳光下用自己的身影发表宣言，你就是一道风景。"宋富锦的话荡气回肠，自信豪放。

随着时光流逝，宋富锦已进入暮年，对此，他很豁达。在采访的时候，他自述，开发嵯岈山是他人生的第三次升华，而且是到了人生的冬季，能积极而坦然地对待生命的凋谢。步入老年，没有往日那样绚丽多彩，却不乏凝重与恢宏，少了一些浮躁与偏见，多了一些深沉与宽容。不论是与生俱来的缺陷，还是成长中的伤痛，都渐渐淡化，从回忆与沉思中重新发现和省察自己的人生体验。

宋富锦说："悠悠三万天，从出生到白头。漫漫人生路，坎坷何其多。有阳光就有阴影，只有心中的理想，才是永不熄灭的光明。无论成功与失败、胜利与挫折、艰险与平淡，作为人生体验都是财富。直到不期而至的那一天，闪烁在脑海中的灯火突然止熄，喧腾在胸中的心潮归于沉寂。在人生谢幕之时，可以坦荡地说：而今尔后，庶几无愧！至于有没有观众并不重要。我并不是说，自己已经完全达到这样的境界，是作为一种人生的感悟和追求而言的。中华民族是以先人的血泪洗面才得以容光焕发，比起先烈们壮丽的人生，我们是何等渺小；比起那些伟大的生命，我们又是多么微末。"

满腔热血洒嵖岈，铁骨铮铮硬脊梁。面对这位意志刚强的老战友，笔者想起了一首名为《我》的诗，感觉此诗直抒了宋富锦的胸臆：

我是一轮落日，
别看就要下山，
每天清晨，
一定给你一个鲜红的容颜。

我是一弯朔月，
别看还有缺陷，
十五天后，
一定给你一个称心的圆满。

崾崄锦

我是一片乌云，

别看皮肤灰黑，

忍受屈辱，

一定把甘霖送给人间。

我是一颗流星，

别看就要陨落，

毁灭自己，

一定要发出耀眼的光焰。

我是一道闪电，

别看生命短暂，

刹那的一瞬，

强烈对比着黑暗。

我是一个炸雷，

别看只有一声怒吼，

这怒吼，

让整个世界震颤！

在宋富锦前进的风帆上，悬挂着蓬勃的希望；在崾崄山古老的土地上，洒满了明媚的阳光。

宋富锦说："困住一个人的，从来不是年龄和身份，而是格局和观念。每个年纪，都是恰到好处的自己。趁未老，多经历。花开不是为了花落，而是为了绽放。生命不是为了活着，是为了活得精彩。"这豪迈的语言，仿佛化作《最美不过夕阳红》那脍炙人口的歌声，弥漫了嵖岈山："最美不过夕阳红，温馨又从容，夕阳是晚开的花，夕阳是陈年的酒，夕阳是迟到的爱，夕阳是未了的情，多少情爱化作一片夕阳红。"千百年来，人们把夕阳比作老人，以"莫道桑榆晚，为霞尚满天"来表达夕阳的美丽，如同宋富锦晚年的辉煌。尽管他已经从董事长的岗位退下来了，也即将从天津市河南商会会长的岗位退下来；但是，他的心中仍然装着"全景图"，眼睛盯着"大棋盘"，那种"放不下"的责任感、"往前赶"的主动性，驱使他愤然而前行。

往事如歌，初心如磐。20 年，时间砥砺信仰，岁月见证初心，有无数瞬间值得被记录，有竿头直上的酣畅淋漓，也有艰难时刻的心手相连。20 年，时间记录坚实的脚步，岁月镌刻奋斗的足迹。最难不过坚持，最美不过坚守。使命呼唤担当，榜样引领时代。漫漫征途忆峥嵘，声声嘹亮颂初心。宋富锦亲手书写在嵖岈山旅游景区北门牌坊上的四个大字——不忘初心，在明媚的阳光下熠熠生辉。他说，凡是过去，皆为序章；只有继往开来，才能再续华章。20 年，只能算作嵖岈山旅游景区大戏的序幕，更引人注目的戏还在后头。正所谓：千军万马靠指挥，攻坚克难听号令。廿年征途谋新篇，雄心壮志启新程。生命是一次历练，从青葱岁月到白发染鬓，人总是会在经历中成长，在经历中懂得，从而一步一步地走向成熟，修炼一颗波澜不惊的心。人总要学会睿智地去生活。人生的四季，怎能永远都是春天，一季有一季的味道，都是岁月的恩赐与馈赠。时光无言，岁月有知；往日锦成，未来可期。一如既往在嵖岈山旅游景区忙忙碌碌的宋富锦，仿佛听到梦想拔节生长，宛如看到希望竞相绽放。

微笑的眼睛，才能看见美丽的风景。简单的心境，才能拥有快乐的心情。宋富锦喜欢在秋高气爽的傍晚抬头看天，阳光收敛锋芒，褪去了夏日的炙热，晚风也变得温柔了起来。仰望星空是一种牵引，脚踩大地是一种实在。他抬头看嵖岈山上的蔚蓝天空，风轻云淡，一眼望去，尽收眼底的是一片橙色的余晖，看着晚霞自由自在地在天空飘浮，不自觉地就会发起呆来，想到走过的路，期盼着美好的未来，在这宁静的一片红彤彤天空中，仿佛把一切都看得通透了。看到漂亮的天空，他还总是忍不住拿出手机，把一张张美丽的图片收进相册，做成日历，再想想用什么样的优美文字配上这些美景分享到朋友圈，每天早晨发给亲朋好友。美丽的天空有一种治愈的能力，仿佛能抚慰一切的烦恼和疲惫！漫漫征程，颂赞出履职尽责的长歌短唱；神圣使命，弹奏出无私奉献的华美乐章。

夕阳在天磨湖里聚福，晚霞在嵖岈山上撒锦。火烧云下，嵖岈山层峦叠翠，景色美不胜收，真是醉了苍天，醉了红云，醉了太阳，醉了山林，也醉了游客的心！在落日余晖的映衬下，湖光山色，光影如诗，呈现一幅十分惊艳的美丽画卷。德高人长寿，心宽福自来。宋富锦对于人生的态度是：带着思想活，增加人生的厚度；带着思考活，增加生活的韧性；带着热爱活，增加生命的长度。成绩的获得不是结局，而恰恰意味着下一段努力的开始。只有那些始终渴望向着更高层次攀登，并且愿意脚踏实地为之奋斗付出的人，才能够最大限度释放自身的潜力。这段一往无前的历程，就是宋富锦有滋有味的人生。

有诗为证：

昨日少年今日翁，
红尘岁月快如风。
人老留住童心在，
晚霞夕照别样红。
只要舍得开口笑，
还是嵖岈不老松。

德高望重的宋富锦，他像一棵挺拔的青松，站在嵖岈山迎着光的地方；他像一尊时刻搜索的雷达，有更美的风景任观光；他像一匹剽悍的骏马，有广阔的天地任驰骋；他像一只威武的雄鹰，有更高的天空任翱翔。他生命中有足够多的云翳，必将创造出美丽的黄昏、璀璨的夕阳……